中央圖書館出版品預行編目資料

人口遷移／廖正宏著.--再版.--臺北
市：三民，民84
　　　面；　　公分.--(現代社會學
叢書)
參考書目：面
ISBN 957-14-0299-0 (精裝)
ISBN 957-14-0300-8 (平裝)

　1.人口

542.12　　　　　　　　　84003826

ⓒ 人 口 遷 移

著作人　　廖正宏
發行人　　劉振強
著作財產權人　三民書局股份有限公司
發行所　　三民書局股份有限公司
　　　　　地址／臺北市復興北路三八六號
　　　　　郵撥／〇〇〇九九九八一五號
印刷所　　三民書局股份有限公司
　　　　　復北店／臺北市復興北路三八六號
門市部　　重南店／臺北市重慶南路一段六十一號
初版　　　中華民國七十四年七月
再版　　　中華民國八十四年八月
編號　　　S 54012
基本定價　五元

957-14-0300-8 (平裝)

人 口

廖 正

學歷：國立台
　　　農村初
　　　美國
經歷：國立
　　　教
現職：

行政院新聞局登記證局版臺業字第○二○○號

ISBN

三民現代社會學叢書序

自 1903 年嚴復出版史本塞的「羣學肆言」以來，社會學在我國也有七十年的歷史了。七十年不是一個短時間，照理，我們應該早就建立了具有本土色彩的理論和方法，不必仍然高度仰賴西方的研究模式。可是，實際並不如此，一直到今天，我們不僅在理論和方法上依靠西方（尤以美國為最），即使在教科書方面，也以美國為主要來源。這種情形，對於國家的學術獨立發展來說，相當不利。不利至少牽涉到兩方面：一方面是，我們的許多研究淪為驗證美國社會學理論的結果，毫無創意，即使有些新的發現，也不過是多一點異文化的註解；另方面是，一般中國學生直接從英文教科書學習，總有隔靴搔癢的感覺，不僅語文能力有困難，進度慢，而且由於思想方式的不同，難以獲得啓發性效果。

為了這樣的緣故，也為了教學和研究，我們希望能夠逐漸擺脫西方學術上一些不必要的羈絆，建立自己獨立的教學與研究環境。我們認為，這當然不是說做就可以做到，但總得有個起點，然後一步一步的做下去。也許第一步就是先編一批互相有關聯的教科書，讓讀者可以直接從這裏獲得有關的社會學知識，並且可以做些有系統的思考。這樣做也許並不能完全擺脫西方社會學的傳統，但是希望至少可以做到兩點：一是建立一種從社會學觀點了解本社會所需要的架構，不必但事模仿；二是儘量使用研究本社會所得資料爲例證，以解釋現象。我們相信，這樣的處理和編輯社會學中文教科書、參考書、研究專書越多，對於中國社會學的發展將越爲有利。

這並不是說，我們要排斥外國學術，關起門來談社會學；相反，我們不僅要繼續吸收來自國外的新知識，還必須加強介紹和學習，無論是古典的、現代的，或美國的、歐洲的，因爲只有在接受、轉化、創造的過程下，才能產生屬於自己文化特色的社會學，也才能進一步發展爲世界性的社會學，一如今天美國的學術市場。

話雖如此，事實上目前臺灣的社會學界還面臨許多不易克服的困難。第一是教師的課業過重，準備功課的時間過多，教課之餘，往往抽不出時間做研究或撰寫教科書；第二是社會學者於教課之外，還得做一些社會學的推廣工作，如寫雜文、演講、或參加座談會之類，佔去不少時間；第三是相同主題學術人數太少，不僅無法相互問難或批判，連交換意見的機會都沒有，自然就影響某一部門的發展；第四是不易安排較爲深入的學術研討會，提出較具創見的學術論文，以爲進一步發展的依據，一般論文多流於陳述資料或驗證假設而已。諸如此類的問題，使社會學界表現一種無力感，何況由於待遇太低，有時還不得不兼顧生計。

這次能夠有計劃的出版這套叢書，一方面固然要感謝三民書局董事長劉振強先生的鼎力支持，另方面更感謝社會學界諸位先生的排除萬難，慨允相助。否則，還不知要拖到什麼時候才有可能出版這樣一套較有系統的中文社會學教科書。

「三民現代社會學叢書」目前並沒有訂定嚴格的編輯方針，大抵遵循兩個方向：第一步是出版社會學主要範圍內的教科書，以便於教學上的使用或課程上的發展；第二步是出版社會學的專門著作，以提升社會學的學術水準。至於出版的方式和程序，以及其他有關出版事項，完全按照三民書局原有的辦法辦理。

以單一學科出版叢書是一件值得提倡的事，我們盼望經由本叢書的出版，不僅對社會學的發展有些貢獻，就是對中國學術界也有點幫助。這才是我們大家工作的目標。

文　崇　一
葉　啓　政
民國七十三年二月於臺北

序

　　雖然有人類就有人口遷移，但是人口遷移的研究受到重視卻是晚近的事情。由於交通發達、運輸方便、各地區間訊息來往頻繁，人口遷移已成爲一種普遍的社會現象。不論是已開發國家或是開發中國家都經歷著不同形式和不同程度的人口遷移，任何形式的人口遷移與該地區之產業結構、人口分佈以及人民的生活都有密切的關係。

　　目前世界上重要的社會問題不少與人口遷移有關係，例如都市人口的過度擁擠，住宅、交通、教育、衛生等公共設施不足，農村勞力外流、農場勞力缺乏，以及開發中國家人才的流失等。我們若能了解人口遷移的影響因素、人口遷移對個人及社會可能造成的影響，且能正確的估計人口遷移的數量，將有助於計劃性社會變遷之規劃與執行。

　　國外有關人口遷移的著作可說汗牛充棟，國內有關這方面的研究亦不少，但是有些研究太專門且分散各處，研究結果未經過系統的整理，對初學者而言要閱讀那些艱深冷僻的研究報告不但非常吃力也頗不方便。筆者有鑒於此，乃不揣簡陋響應中國社會學社推動編纂一系列社會學教科書之計劃，蒐集整理國內外有關人口遷移之研究報告，撰成此書。

　　本書之撰寫兼採教科書和專書之性質，一方面希望能爲初學者提供系統性的人口遷移知識，另一方面希望對有興趣研究人口遷移的讀者提供基本的參考資料。全書共分十章：第一章到第四章對人口遷移的意義、基本概念、資料來源、估計方法和重要的理論做整體性的介紹，俾使初學者對人口遷移的概念和研究工具能有基本的認識。其中第二章和

第三章有關境內遷移和國際移民的資料與估計方法，大部份摘自Henry
S. Shryock和Jacob S. Siegel 所著 *The Methods and Materials
of Demography*，對這部份有興趣的讀者不妨進一步詳讀該書。 第五
章到第八章對人口遷移既有之研究發現做扼要的整理，有關差別遷移、
遷移的影響、遷移的調適和人口遷移與都市化等問題乃是研究人口遷移
的學者經常討論的重要問題，本書參考國內外學者對上述諸問題之研究
發現做系統的整理、分析和說明，對有興趣從事人口遷移研究的同學提
供最直接和最基本的參考資料。第九章說明人口遷移政策的理論基礎和
檢討各種遷移政策的利弊得失，內容大部份摘自 Population Reports
之 Migration, Population Growth and Development, 對人口遷移
政策有興趣的讀者除了參閱該報告外，尚可參考 Daniel Kubat 所著之
The Politics of Migration Policies. 第十章是一研究實例，利用次
級資料解析光復以來臺灣農業人力資源之變遷，間接闡明人口遷移與社
會變遷之關係。

　　本書之作承前中國社會學社理事主席文崇一教授之鼓勵，撰寫期間
承高毓秀小姐不分寒暑費心蒐集、整理和計算各項統計資料並代為謄
稿，高小姐認真負責的精神誠令人感佩，又楊麗秀小姐校讀本書之手抄
稿並代為蒐集、整理第七章之相關文獻，內子王千惠全力的支持與鼓
勵，使本書能順利脫稿，筆者在此表示由衷的謝忱。

　　本書倉促付梓，謬誤之處在所難免，尚請學者專家不吝指正。

廖 正 宏 謹 識

民國七十四年三月

人口遷移 目 次

序

第一章　人口遷移的意義與分類

第二章　境內遷移的資料與估計方法

第三章　國際移民的資料與估計方法

第四章　人口遷移理論

第五章　差別遷移

第一章　人口遷移的意義與分類

一、人口遷移的意義

在人口學的研究領域中，人口遷移的意義最模糊、最不清楚。人口遷移的意義不像出生和死亡那麼具體明確，一個人出生，人口數量就增加一個，若死亡，人口數量就減少一個，而且一個人一生當中，出生和死亡各只有一次，很好認定，但是一生中卻可遷移好幾次。在什麼情況下，一個人應該被認爲遷移人口或非遷移人口就沒有一致性的看法。研究者常因研究旨趣或遷就研究資料的性質而對人口遷移有不同的認定。

人口遷移 (human migration) 簡稱遷移 (migration)。在人口遷移的研究中，遷移 (migration) 和流動 (mobility)、移動 (movement) 三個名詞經常交替使用。大體來說，遷移乃是一種通稱，可包括長距離的遷移，也可包括短距離的移動。不過習慣上，movement 往往指在較小的地理範圍內，所做的短距離的移動，例如在同一鄉鎮內之搬家，在統計分類上將之列爲本地移動 (local movement)，而不稱本地遷移 (local migration)。至於 mobility 的用法，爲與社會流動 (social mobility) 有所區別，通常在前面再冠以 geographical 一字，換句話說，地理移動 (geographical mobility) 也就等於一般所稱的人口遷移 (human migration)，而社會流動則不一定含有人口遷移的意思，社會流動乃是指一個人或一羣人社會地位的變動而言。社會地位的改變不一定發生居住地點的改變，而居住地點的改變也不一定改變社會地位，雖然二者之間有某種程度的關係存在。

前述 migration, mobility 和 movement 在英文用法上雖然有如此的區分，但是中文對人口遷移的用字並無嚴格的分別，「人口遷移」與「人口移動」也是交替使用，若要有所區別，則在前面再冠以適當的形容詞，如長距離的人口遷移和短距離的人口遷移。本書在名詞的用法上，將同時兼顧英文的原意與國人的習慣，在通稱上概使用人口遷移或遷移，若要區分不同類型的遷移，則在前面冠以適當的形容詞，如鄉村到都市的遷移、長距離的遷移，而短距離的遷移則盡量以「移動」一詞代之。

在進一步討論遷移的意義之前，讓我們先來看看一些遷移研究較常見的定義：

一、遷移乃是指個人或團體從一個社會移到另一個社會，這種改變通常包括放棄舊的社會環境進到另外不同的社會環境[1]。

二、遷移乃是一個人的住處從一個地區換到另外的地區[2]。

三、遷移在本文乃指個人或家庭自願從 一 個國家移到另 一 個國家

[1] S. N. Eisenstadt, *The Absorption of Immigrants: A Comparative Study Based Mainly on the Jewish Community in Palestine and the State of Israel, Glenocoe, Ill., The Free Press*, 1955, p.1.

[2] David Hannerberg, Torsten Hägerstrand, and Bruno Odeving (eds.), *Migration in Sweden: A Symposium, Lund Studies in Geography*, Series B., Human Geography, No.13, Lund, The Royal University of Lund, 1957, p. 28.

❸。

四、遷移乃是永久住處的改變, 若是臨時的, 則也要有一段相當長的時間, 如季節工的遷移。遷移乃是象徵人類生活從一個環境到另一個環境的改變❹。

五、遷移乃是人們在一特定時間內, 遷移一特定距離以改變其永久性之住處❺。

六、遷移者乃是 一個人 爲了改變住處從一個地方搬到另 一 個地方❻。

七、遷移者乃是指一個人在某一段時間內, 期初與期末有不同的住處❼。

這些定義所包含的意義大致可歸納爲下列幾點:

1.遷移是人在地域上的移動。

2.遷移是永久性住處的改變。

3.遷移可爲個人的行動, 也可能是團體的行動。

---

❸Brinley Thomas, "International Migration,"in *The Study of Population*, by Philip M. Hauser and Otis Dudley Duncan, Chicago, University of Chicago Press, 1959, p. 510.

❹Abraham A. Weinberg, "Migration and Belonging: A Study of Mental Health and Personal Adjustment in Israel,"*Studies in Social Life V*, The Hague, Martinus Nijhoff, 1961, pp. 265-266.

❺William Petersen, *Population*, New York: MacMillan Publishing Co, Inc., 1975, p. 80.

❻Thompson Peter Omari, "Factors Associated with Urban Adjustment of Rural Southern Migrants," *Social Forces*, 35:47-53 (October), 1956, p. 48.

❼Ralph Thomlinson, "The Determination of a Base Population for Computing Migration Rates," *Milbank Memorial Fund Quarterly*, 40:356-66 (July), 1962, p. 357.

其實遷移所涵蓋的意義更廣，除了住處的改變外，與個人的動機也有密切的關係。再者，遷移使個人放棄舊有的社會環境，遷移的結果，可能改變人口結構和職業結構。因此比較完整的定義應包括心理因素和互動因素，而上述的定義並未具有此種特點。孟加南 (Mangalam, 1968:8) 嘗試將心理因素及互動因素明顯的納入遷移的定義當中，孟氏認爲「遷移乃是遷移者衡量各種價值，做成決定後從一個地方做相對的永久性（relative permanent）的遷到另一個地方，而導致遷移者互動系統的改變」❽。這個定義包括四個重要的概念：卽時間因素（相對的永久性）、地理因素（住處的改變）、心理因素（對價值評估後所做的決定）和互動因素（遷移者互動系統的改變）。就表面上而言，這個定義似乎已經很完全了，但是在實證研究上仍然遭遇到不少的困難。遷移經常被強調的就是永久性住處的改變，強調永久性乃欲排除通勤、推銷員、旅客等臨時性的遷移。但是如何界定「永久性」則是一個問題，幾天？幾個月？還是幾年才算得上永久性，在時間上並無劃分的標準。關於時間久暫的問題，社會學家在做研究時通常以一年、二年或五年爲標準，而其中以採用五年的居多，亦卽遷到新的地方未滿五年都算遷移者。這種五年的標準與美國普查局 (Bureau of Census) 對境內移民 (internal migrants) 的定義一樣，該局在一九八〇年的普查對境內移民的界定，乃指在同一州內一九八〇年的住處與一九七五年不在同一縣 (county) 者。遷移的定義所以要指定一特定時間除了實際操作上的方便外，另具有社會學的意義，因爲若遷移者遷到一個地方居住太久，例如超過五年，則遷移者對於遷入地之適應問題多半已能克服，且對原住地與遷入地之社

---

❽ J. J. Mangalam, *Human Migration: A Guide to Migration Literature in English*, 1955-1962, University of Kentucky Press, Lexington, 1968, p. 8.

會經濟結構，經過長時期的調整與適應，所產生的問題不若新遷移者明顯。

　　與時間因素有密切關係的就是地理因素，亦卽遷移的久暫必須與住處的改變相配合考慮才有意義。通常所稱住處的改變乃隱含遷移超過特定距離的意思。所以強調住處的改變必須超過一特定距離，乃是因爲遷移者超過一特定距離時，其社會關係或工作環境發生很大的改變，與社會結構所發生的相互影響也較大。但是「特定距離」，同樣也缺乏標準可循。究竟要離開原住處多遠才算遷移?從街頭到巷尾算不算?從新店到木柵又是如何？從高雄遷到臺北與從臺灣遷到美國又有什麼分別？這種特定距離，在學術研究時，常須由研究者給予主觀的判斷。通常採用超越某種特定的行政區做爲區分遷移的標準，但是行政區大小相差懸殊，或是遷移者原先居住的地點各不相同，有者遷離一條街就已超越行政區的範圍，而被認定是遷移者，有者雖然已遷離一、二百公里，仍然在同一行政區域內，因此並不被認定是遷移者。既然特定距離的標準難以認定，難怪美國人口學家高賽達（Goldscheider）認爲乾脆採用最簡單的方法將遷移定義爲所有住處的改變❾。爲了同時兼顧時間因素與地理因素以及研究上的方便，美國人口遷移學者許賴約克（Shryock）等人，乃將遷移定義爲「在特定的行政區或統計區域間居住地點有較永久性的改變」❿。這個定義的彈性很大，可依資料的性質或研究者的需要來認定遷移者。

❾Calvin Goldscheider, *Population, Modernization, and Social Structure*, Boston: Little, Brown and Co., 1971, p. 64.
❿Henry S.Shryock, Jacob S.Siegel and Associates, Condensed Edition by Edward G. Stockwell, *The Methods and Materials of Demography*, Academic Press, New York, 1978, p. 349.

除了時間和地理因素之外，心理因素亦受到相當程度的重視，美國人口學家鮑格 (Bogue) 對遷移的討論亦特別重視動機的成份。鮑氏認為遷移是住處的改變，此種改變同時包括個人與社區關係之完全改變或重新調整⓫。而孟加南對遷移的心理動機做了更詳細的闡述。孟氏認為遷移並非隨機的行為，而是一種理性的決定。遷移者衡量各種利弊得失之後，依照自己的價值判斷而做遷移的決定⓬。遷移的決定乃是相當主觀的。客觀的事實與遷移者主觀的認識之間可能有很大的距離。遷移者在遷移之前有些基本需要得不到滿足，於是可能會考慮遷到能滿足其需要的地方。假如遷移後此種「不滿」的感覺仍然存在，則容易產生適應不良的情形，反之，若遷移後「不滿」的感覺消失了，則能有較好的適應。簡言之，遷移者在遷移之前的決策過程至少對某些重要的價值感到不滿，而又認為原住地無法滿足其需要，乃想到選擇可以滿足其需要的地方遷入。這種價值判斷是主觀的、內省的。價值判斷會左右一個人對某種行為的取捨，可以說是社會組織文化的一部分。換句話說個人的價值判斷，往往受社會文化的影響。

這種為滿足需要自願遷移的概念，無形中排除了古時候為逃避天災人禍的遷移或現代社會大量難民逃離暴政或戰火的遷移，而把遷移的範圍縮小到只為了改善個人生活，滿足需要的理性行為。證諸當今浩瀚的遷移研究所列舉的遷移類型，遠超出這種理性行為的認定。這個概念雖然有助於我們對遷移動機的了解，但是對遷移的認定不一定有幫助。

最後談到互動因素，遷移者互動體系的改變乃強調社會系統對遷移

⓫Donald J. Bogue, "Internal Migration,"In *The Study of Population: An Inventory and Appraisal*. (eds.) Philip Hauser and Otis Dudley Duncan, Chap. 21, pp. 486-509, Chicago; University of Chicago Press, 1959, p. 489.

⓬J. J. Mangalam, op. cit.

者的重要性。這個概念可幫助我們對遷移後調適問題的研究，但是對遷移的認定卻沒有幫助。孟加南認為住處的改變不一定就是遷移者互動系統的改變。遷移者的住處可以搬到很遠的地方而仍然與以前的互動系統一樣，亦卽社會系統內的主要結構因素仍然保持不變。例如大學教授從一個學校換到另一個學校，其互動系統中的幾個要素仍舊和以前一樣。因為在他的職業角色、社區關係、宗教參與及其他之重要活動並無明顯的改變。兩地的社會結構基本上很類似。在這種情況之下遷移的結果並不產生調適的問題[13]。

依照孟氏的說法，若互動系統未改變，則不能算是遷移，這種說法很難為一般遷移研究者所接受。蓋遷移研究者對遷移的認定乃是採用「在一定的時間內遷移特定的地理範圍」，亦卽先找到研究對象，然後再進一步分析其他相關的因素，並非先分析互動結構是否改變，然後再據以界定是否遷移。不過互動系統的觀念對遷移適應問題的了解卻有很大的幫助。大致來說，遷移後互動系統改變大者在適應上會遭遇較多的困難；反之，互動系統改變少者在適應上遭遇的困難較少。

由以上的討論，我們不難看出遷移的認定看似簡單，實際上並不單純。真正的遷移應該包括在一特定時間內，地理及社會環境的改變。理想上，這兩種改變應當能同時被觀察或測度的，但是由於測度的方法和資料的限制，研究者常被迫只採用地理上的變動做為界定遷移的標準。假若遷移的定義過於狹窄，則會排除許多其他種類的遷移。例如，若強調自願的遷移，則被迫的遷移就不能包括在內，這樣與人類實際遷移的情形就有很大的出入。

雖然「永久性住處改變」的定義相當有用，但是有些場合卻不見得

---

[13]Ibid. p. 10.

適用。如遊牧民族並無固定的住所，就某種意義言，他們是永久的生活在遷移狀態之中，因此這種性質的遷移必須與普通的遷移分開討論。包含時空概念的遷移定義雖然較完整，因其注重永久性，忽略臨時性的遷移現象，但是在實際操作時仍會遭遇不少的困難。除了前面已討論過「時間」與「距離」不好界定外，再看下面實際的例子。學生離開住家住到大學所在地，一年返鄉數次，季節工按收穫季節而改變住處。雖然這些人口的遷移是臨時性的，但是他們對相關地區的活動卻產生很大的影響。大學生和移動性的勞工都有永久住處可回去，他們與一般旅客的差別是在外停留的時間較長。所以原來看起來簡單可行的定義應用到實際情況時，難免會發生問題。雖然如此，時間和地理因素的概念仍是最重要的。「在一定的時間內超越行政單位的住處改變就是遷移」。至於行政單位的大小和時間長短的規定，就要看資料的性質和研究的需要而定。

二、人口遷移的分類

由上一節的討論，我們不難看出沒有一種遷移的定義可以適用於各種不同情況的遷移。因此研究人口遷移的學者乃試圖從遷移的分類著手，希望從分類當中能對遷移的現象理出頭緒。

遷移的分類通常使用的標準不外乎下列幾種：時間（永久性或臨時性）、距離（遠或近）、跨越的界限（國境內或國境外）、牽涉的單位(如鄉、鎮、縣、州或省、國家、文化)、人數（個人或團體）。此外，也有採用與遷移動機有關的分類標準，如遷移者的社會組織(家庭、氏族)、政治環境（自願、非自願）、社會經濟原因（經濟性或非經濟性)以及心理目標（創新的或保守的遷移）。

（A）按地理範圍分類

　　最常見的分類乃是先以地理界限爲大分類，然後兼採其他的特徵做參考。例如以是否超越國界可以把遷移區分爲國際遷移與境內遷移兩大類：

　　（一）國際遷移 (international migration)：指遷移超越國界而言。國際移民是一種通稱，可指移入，也可指移出，若就移入國的觀點，則稱爲移入或移（入）民 (immigration or immigrant)，若就移出國的觀點，則稱爲僑居或僑民 (emmigration or emigrant)。國際移民若按照遷移時間的長短則可分爲臨時性的移民或永久性的移民；若依遷移的對象則可分爲個人、家庭或團體的移民；若以遷移的動機爲標準，則可分爲自願的或強制的，爲求學、爲工作或爲其他目的遷移；若以遷移的形式劃分又可分爲和平或暴力的遷移。

　　較永久性的國際移民一方面是因爲移出國在種族、宗教、政治或經濟上的壓力，另一方面是受到移入國的吸引，一推一拉而產生永久性的國際移民。目前國際交通發達，各國間人民相互來往頻繁，在一定的時間內雖然有大量的人口出入國境，但是其中只有極少部分的人是眞正的移民 (immigrants 或 emigrants)。例如在歐洲大陸每天、每週，或是季節性的都有大量勞工跨越國界，美國與墨西哥、加拿大之間也有類似的情形，這些國際性的勞工遷移只能算是臨時性的遷移。他們雖然對移入國的社會經濟情況產生某種程度的影響，但是這種影響是較短暫的，因此在國際移民研究分類上，乃將之另外歸類以別於永久性的移民。

　　大體而言，國際移民可以分爲暴力式的集體移民、非暴力式的殖民和自由意願的個別移民三類。

　　(1)暴力式的集體移民：國際間集體移民的現象以暴力、強制性的遷移居多。此種遷移多由戰爭、侵略、征服或逃難所引起。如十一世紀諸曼人 (Normans) 之入侵英格蘭，二十世紀日本人入侵韓國、中國，十八世紀西半球之黑奴買賣，二次大戰期間德國將成千上萬的人送進勞工營。戰爭和政治動亂迫使人口遷移和難民逃亡。巴基斯坦在一九四七年與印度之間有一千八百萬人口的交換，希臘和土耳其在一九二〇年代初期的人口改變，以及一九四八年以色列建國後在巴勒斯坦阿拉伯難民之大遷移以及最近越南難民之大批逃亡，都是戰爭和政治迫害的犧牲者。

(2)非暴力式的殖民：另一種國際移民的方式就是殖民，殖民多半是團體行動的，一個部落或團體，也可包括個人和家庭，為到一個新發現、征服、人口較少的地方定居（如殖民時代歐洲人之到新大陸、二十世紀初英國人移到澳洲大陸）。另一類國際移民與殖民有密切關係的是苦力契約移民，理論上苦力移民是自願的，且常是永久性。此種移民在十九世紀由於殖民國家的發動，尤其是英、法、美等國。英國徵印度勞工到農場工作，在孟買、錫蘭、菲支 (Fiji)、東非等地徵集礦工。法國徵集印尼的勞工，美國徵菲律賓人、日本人到夏威夷，徵我國的勞工到新大陸為他們修築鐵路，徵墨西哥人到西部工作。

(3)和平的、自由意願的個別移民：這是現代社會所通行的國際移民方式。由個人或家庭依照當事國的規定，按照法定程序提出移民的申請。目前世界各國為保護其本國人民的就業機會，對移民的規定特別嚴格，因此除了美國和加拿大每年仍吸收大量的移民外，其他的國家幾乎採取閉鎖的政策。

(二) 境內遷移 (internal migration)：指遷移的範圍並未超越國界者。境內遷移的分類常因各國行政區域劃分單位的大小而有不同的名稱。例如我國在臺閩地區的境內遷移，依照內政部人口統計的分類可以分為縣市間之遷移、不同縣不同鄉鎮間之遷移、同縣內不同鄉鎮之遷移、同鄉鎮內之移動。又如美國境內之人口遷移，由大的地理範圍到小的地理單位可區分爲區域間之遷移、州間之遷移、州內之遷移、縣 (county)內之遷移。

此外，也可依照文化環境、產業結構等特徵加以分類，例如鄉村到城市之遷移、鄉村到鄉村之遷移、城市到城市之遷移、城市到鄉村之遷移。

（B）按遷移原因和結果分類

除了依照地理單位、 文化環境分類外， 境內遷移也與國際移民一樣，可以從遷移的原因和形式等加以區分，如自願的或被迫的、個人的或集體的、臨時的或永久的。

以地理範圍爲標準所區分之國際遷移和境內遷移兩大類，對遷移現象之了解及資料之搜集整理都很方便，但是仍嫌範圍狹窄，不足以涵蓋整個人類社會的遷移現象。因此學者們乃試圖建立能夠用來解釋整個人類遷移現象的架構。在所有的努力當中，最成功、最爲大家所熟悉引用的遷移類型 (typology of migration) 要算由皮得遜 (Petersen,1958)所提出來的五種遷移類型❷： 卽原始的遷移 (primitive migration)、強制的遷移(forced migration)、被迫的遷移(impelled migration)、自由的遷移 (free migration)、和大衆的遷移 (mass migration)。皮氏所提出的遷移類型， 主要的出發點是從遷移的原因， 和遷移的結果做爲分類的標準。他將遷移的原因分爲區位環境的壓力 (ecological push)、人爲的遷移政策 (migration policy)、個人改善生活的期望

---

❷William Petersen, "A General Typology of Migration," *American Sociological Review*, 23, 1958, pp. 256-265, 皮氏雖然將遷移分爲五種類型， 實際上被迫遷移和強制遷移有很多類似的地方， 故合併討論而成爲四種類型。

(higher aspirations), 和社會的集體力量 (social momentum)
四種，而將遷移的結果分為保守 (conservative) 和創新 (innovating)
兩大類。 保守係指遷移後仍舊維持以前的生活方式， 而創新則指遷移
後改變原來的生活方式。

(一) 原始的遷移 (primitive migration)：這一類的遷移並不僅
限於原始人的遷移方式。此種遷移的主要力量來自區位環境的壓力，主要
的關係是自然與人的關係。自然環境遭受破壞，人類所採取的應付方式不
外乎設法改善遭破壞的環境或逃離破壞的環境二種方式， 至於採用何種
方式來應付環境的變遷則要看當時人類的技術水準而定。在工業化以前
的人類比較保守， 又沒有能力來應付變遷的環境， 所以只好逃離到與原
來居住環境類似的地方，藉以維持和以前同樣的生活方式。這種遷移的
力量是來自區位環境的推力和人類對區位環境的控制力。環境的改變產
生外移的力量， 至於要遷往的地方則是要遷移者所能控制的， 這個新地
方必須與原來的環境類似， 以便維持和以前一樣的生活方式。史前人類
採集和遊牧的生活方式屬保守的遷移。假若完全逃離原來的自然環境，
到另一個地方開闢新天地，生活方式與以前不一樣則屬創新的遷移。

(二) 被迫的遷移 (impelled migration) 和強制的遷移 (forced
migration)：原始的遷移其遷移的力量是來自區位環境的壓力， 而被迫
和強制的遷移，其遷移的力量是來自國家或相當於國家的社會機構,主要
的關係是政府與人的關係， 這種來自政府的壓力， 如遷移政策， 對某些
遷移者而言， 他們有權決定是否遷移,對另外的遷移者而言,則無權作此
選擇。皮氏將前者稱為被迫的遷移， 將後者稱為強制的遷移。雖然在字
義上很難清楚劃分被迫與強制之差別， 但是在分析上這兩種類型的遷移
則有明顯的區別。例如大約在一九三三到一九三八年間， 納粹經由制定
反猶太人的法案， 鼓勵猶太人外移， 是屬於被迫的遷移， 蓋當時的猶太

人仍有權決定是否要離開德國，而到大約在一九三八年到一九四五年間，猶太人被強制送往集中營，自己已無權做去留的決定，是屬於強制的遷移⑮。

　另一種區分被迫或強制遷移的標準是從功能的觀點著眼，並非遷移者本人的觀點，而是促使遷移的個人或團體。有些人僅是被誘導離開，其生活方式並未改變，有些人被誘導離開乃是要利用其勞力到別的地方工作，其生活方式也跟著改變，前者如逃難，後者如亞洲的苦力到國外大農莊工作。前者屬保守的被迫遷移，後者屬創新的被迫遷移。

　強制式的遷移同樣可分爲保守與創新二類。納粹一方面將猶太人送往集中營，另一方面又強制從所佔領的地區輸入勞力，這種輸入的勞力稱之爲取代 (displacement) 屬保守的遷移，而以前的奴隸買賣則屬創新性的遷移。

　(三) 自由的遷移 (free migration)：前面所介紹的遷移類型很少涉及個人的自由意志。原始的遷移，人類因自然環境的變動，無法滿足基本的生理需要，不得不他遷謀生;被迫或強制的遷移,遷移者完全（或部分）被動，也少有自由意志可言。自由的遷移，人的意志是主要的動力。人類爲了改善生活或保有原來的生活方式而遷離原來居住的地方。十九世紀歐洲人往海外遷移，我國明清之際向南洋的移民屬之。一般而論，自由意志的遷移者都較年輕、富理想、具冒險性、社會文化背景較佳或是不滿當時的政治和經済環境，這種開路先鋒屬於創新型的遷移者，他們遷移的距離較遠，須要克服的困難也較多。

　這種開路先鋒的人數並不多，但是其克服遷移障礙的意義則特別重要。遷移的困難克服之後，對於後來成羣結隊的團體遷移方便不少。團體遷移比較保守，此種遷移的目的往往是爲了維持原來的生活方式，且

⑮Ibid.

爲了遷移過程中容易彼此照顧，常多數人集結在一起行動的，人數的多寡不拘，可從數十人至數百人不等。

（四）大衆的遷移（mass migration）：自由遷移的人數遠少於大衆的遷移，因爲生性好奇或爲了改善生活而願意離鄉背井、冒險到人地生疏地方的人爲數並不多。但是當開路先鋒開闢出遷移的路線時，遷移就成爲一種方式，一種成形的模式，是一種集體的行爲。這種行動一旦開始，就會半自動的持續下去，亦即只要有人移出，遷移的主要原因就是前人的遷移。當遷移成爲一種社會模式時，則個人的動機相形之下就不重要了。雖然交通運輸系統的改善有助於遷移，但是這種改善與遷移很可能都是由相同的力量所促成。交通運輸的改善縮短空間的距離，而遷移量的增加可減少社會距離，因此遷移者個人的適應問題也就減少。遷移量的增加更增進兩地間人民互動的機會，有利於遷移者在未遷移前即開始接受遷入地的涵化（acculturation）。這種社會動力（social momentum）是遷移的主要力量。如十九世紀瑞典人向新大陸之遷移，是一種「美國熱」，當時的瑞典小孩受教育的目的是要移民美國，他們認爲移民是很自然的事情，也是一種傳統的行爲模式。

大衆遷移的概念可同時適用於國際移民和境內移民。當遷移因遷入的地區不同，而可分爲保守的遷移和創新的遷移，移民墾殖（settlement）屬前者，遷往都市（urbanization）屬後者。」

表 1-1　遷移的類型

關　　係	遷移的力量	遷移的類型	遷移分類	
			保守的	創新的
自然和人	區位推力	原始的	採集、遊牧	逃離原住地
國家和人	遷移政策	強制的	移置	奴隸買賣
		被迫的	逃難	苦力買賣

人 和 規 範	改善生活的願望	自 由 的	團 體	開路先鋒
集 體 行 為	社會動力	大 衆 的	墾 殖	都 市 化

資料來源: 同⑭

　　表 1–1 摘錄上面所討論的遷移類型。這種分類較周延，對人類遷移現象提供較完整的分析架構，不致於因遷移定義的不同而導致不同的研究結果。

三、人口遷移研究的重要性

　　自古以來人口遷移是世界各地的普遍現象。但是人口遷移的研究受到重視却是晚近的事情，其重要性越來越顯著。人口遷移的研究之所以漸受重視至少有三個理由：第一，世界各國，不論是先進國家或開發中國家，人口自然增加率已緩和下來，因此在境內區域間的人口成長逐漸與人口遷移發生密切的關係；　第二，　開發中國家鄉村人口大量移入都市，使都市地區原有的失業、住宅、敎育、公共設施不足等問題更加嚴重；第三，先進國家住在大都會的人口有向非都會區分散的趨勢。這些人口變動的現象引起學者們對人口遷移的原因、遷移的過程以及遷移的結果發生濃厚的興趣。

　　一個地區人口的增減，除了原來人口出生、死亡互相抵銷的自然增長外，人口的移入和移出也是一個主要原因。尤其是現代開放的社會，交通發達，運輸便利，各地間訊息的來往頻繁，使境內人口遷移成為一種普遍的社會現象，也是一個地區人口變遷最重要的因素。因為在同一個國家之內，不同地區間出生率與死亡率之差異往往小於遷移率之差異，因此境內人口再分配的主要機制（mechanism）就是境內遷移。例如都市地區人口自然增加率（出生率減去死亡率）要比鄉村地區低，但是都市地區人口的增加率卻遠大於鄉村地區之人口增加率，這乃是人口遷移的結果。人口遷移的重要性不只限於人口本身的再分配。每一遷移者有其特定的特徵，如年齡、性別、家庭地位、職業、教育、宗敎、語言、態度和價值觀念等。這些特徵與相關地區之社會文化、政治和經濟活動都有密切的關係。再者，人口遷移具有選擇性，如年輕、高敎育程度及未婚者較易遷移，選擇性的遷移使受遷移影響地區之人口組成、分佈發生變化，也與社會經濟文化活動有密切的關係。

目前世界上的重要社會問題有不少與人口遷移有關，例如都市人口的過度擁擠、鄉村人口的外流、開發中國家人才的流失。人口遷移不僅會產生社會問題，也會解決社會問題。大量的人口湧入都市造成都市的住宅、交通、敎育、失業等問題，但是也提供都市地區發展工商業所需的勞動力而加速經濟發展。人口遷移牽涉的範圍很廣，所以不同的學門紛紛從不同的觀點來探討人口遷移的問題。人口學者關心人口遷移對人口的組成、數量和分佈的影響。社會學者關心社會因素和心理因素對遷移者的適應、涵化的影響。經濟學者對人口遷移與經濟景氣、勞動力的供需及職業結構的關係感興趣。地理學者對不同地方之空間流動，對遷入地與遷出地之地理尤感興趣。文化人類學者和區位學者則注重較小地理範圍內之人口移動與區位環境的關係。此外，立法者、政治學者對移民政策與法律的制定，甚至於移民的政治行為都有濃厚的興趣。簡言之，人口遷移的研究是一種科際間的領域（inter-disciplinary field）。不論是從那一種觀點，人口遷移的研究可歸納為探討下列幾個問題：

1.為什麼會發生人口遷移的現象？

2.什麼樣的人遷移？

3.遷入地和遷出地各有什麼特徵?

4.遷移者對遷出地有何影響?

5.遷移者對遷入地有何影響?

　經濟學者特別關心 1,4,5 的問題，因為勞力的遷移是資源再分配的重要形式。社會學者對 4,5 問題的研究感興趣，注重探討遷移者與其他團體之間的關係。人口學者對這些問題同樣感興趣，他們關心遷移者對人口變遷的影響。地理學者對第 3 問題感興趣，他們關心遷入地與遷出地之地理差異。

第二章 境內遷移的資料與估計方法

一、資料來源

人口遷移的資料來源大致可分為三種，即人口登記（戶籍登記）、普查、和抽樣調查：

(一) 人口登記（Population Registers）

所謂人口登記乃指政府機關對個人和家庭有關人口資料，做持久性之記錄。我國之戶籍登記制度屬之。我國的戶籍記錄除了對個人之出生、死亡、婚姻狀況、教育程度、職業、家中排行等記錄外，對於居住地點之變動亦有詳細之記錄。目前由內政部每年定期出版之人口統計資料即根據各戶政單位，每月按時呈報之戶籍資料編制而成。

此項統計報告共有三種。第一種為「臺閩地區戶籍登記人口統計月報」，其內容包括當月戶數、動態登記數、人口密度、性比例以及人口增加、出生、死亡、結婚、離婚比率，可應各界急需。第二種為「臺灣人口統計季刊」，所包含之統計項目與第一種月報的性質一樣，只是在時間上擴大為當季各月資料。第三種為「臺閩地區人口統計」，係年報性質，提供年終人口靜態及全年動態資料，且依國際標準計算有關資料之各種比率，便於引用。是項統計資料的內容豐富，有按各縣市或鄉鎮區分之年齡分配、教育程度、經濟特徵、婚姻狀況、出生、死亡、結婚、離婚、人口密度、境內遷移等資料，除了供政府施政、工商企業發展之參考外，更是國內研究人口問題的主要資料來源。

目前世界各國有人口登記的國家約有七、八十國之多，但是依照登記記錄發佈境內人口遷移的資料卻只有二十多國，在亞洲地區除了我國外，尚有日本、新加坡和以色列。在歐洲地區有丹麥、芬蘭、冰島、挪威、瑞典、比利時、荷蘭、西德、捷克、匈牙利、波蘭、蘇聯、意大利、西班牙等國。而東歐國家的登記制度所稱的遷移人口乃是指改變公社住處的人。

登記制度並非為獲得人口遷移的資料而設的，而是為當事國施政的參考，人口遷移的資料只是附帶的項目而已。登記制度的設立和維持需要龐大的人力、財力和較高的文化水準，而且登記的內容若非常詳細，則可能影響到個人的隱私權。我國的戶籍登記制度尚稱完備，但是就人口遷移的資料而言，係登記資料中誤差較多的一項。由於遷移者遲報戶口、或雖已遷移但是戶口並未遷移，或雖未遷移但是為了某種理由，如小孩子就讀學校或房地產的買賣，而遷移戶口的情形相當多，這種「遲報」、「漏報」、或「多報」的情形降低了遷移統計的精確性❶。

（二）普查 (The Census)

依照聯合國所下的定義，普查係指「由政府在一特定時間，對居住在

---

❶有關我國人口遷移登記資料品質的評鑑可參考
Alden Speare, Jr., "An Assesement of the Quality of Taiwan Migration Registration Data," March, 1971, *Taiwan Population Studies,* Working Paper No. 12.

特定領土上的居民, 同時記錄其人口資料」❷。皮得遜(Petersen,1969)對此定義進一步做引申說明, 皮氏認爲聯合國對普查所下的定義包括六個意思, 且爲現今世界各國所採用的標準❸。(1)普查係由政府所執行的, 唯有政府才有資格執行這種花費龐大、又須客觀、準確的計數工作。(2)普查的對象是特定領土範圍內的居民。(3)普查的計數是基於全面性的原則, 每一個人都包括在內且不能重複。不過這只是原則性的, 有時並非全面的普查而是嚴謹的以大樣本抽樣來推論母體的情形。(4)理想上, 普查要能對每一個人實際的計數。但是實際上, 普查人員往往只接觸到戶長或戶內的成人。在西方國家若在普查時一直找不到某一戶的人, 則由其鄰居代答。有些地方的普查並不一定由普查人員到每一戶去實際計算人數。如非洲一些殖民國家, 是由部落的酋長提供人口資料; 同樣, 美國對宗教團體的普查資料也是由各教會所提供的。(5)對全部人口的計數必須是在同一天同一個時間的。這在領土小的國家較容易辦到, 如我國六十九年臺閩地區戶口及住宅普查之標準時間定爲六十九年十二月二十八日零時起至六時止, 該段時間全國實施交通管制, 也在同一時間內完成全國的普查工作。在幅員廣大的地方如美國, 普查工作經常需要三、四星期的時間才能完成, 因此必須特定某一天爲普查日, 凡是超過普查日以後所發生的人口現象則予以剔除。(6)普查不僅提供某一特定時間的人口資料, 不同期間普查資料的相互比較更能顯出人口變遷的趨勢, 也使普查資料進一步發揮其利用價值。

　　我國的人口普查, 在民國五十五年以前並未直接列有人口遷移的項

❷United Nations, Department of Economic Affairs, Statistical Office, 1954. *Handbook of Population Census Methods.* Studies in Methods, Series F, No. 5, New York.

❸William Petersen, *Population,* 1969, New York: The MacMillam Company, p. 31.

目， 因此對兩次普查期間區域間人口遷移之估計， 乃利用間接方法推算。民國六十四年的抽樣普查對遷移的問項考慮更周詳，分別列有受查記人口五年前及查記時的住處，做爲計算人口遷移的根據（問項內容請參考附錄4）。

（三）抽樣調查 (Sampling Surveys)

普查雖然可以獲得較完整的資料，但是人力、物力的花費很大，不可能年年舉行，因此很多國家都每隔十年才舉行一次。我國也是十年舉行一次普查。在這十年的間隔之間，若要了解人口有關的資料則可採用抽樣調查得之。抽樣調查係利用機率原理抽取部份的人做爲樣本，並加以調查，由調查所得的資料經過分析後可以推知母羣體的情形。抽樣調查比普查的好處爲①經濟；②快速；③對調查員的品質較易控制，因此調查結果較精確， 因爲普查所需的人力很多， 工作人員的素質參差不齊， 調查的品質不易控制；④可以針對特殊需要設計問卷加以調查。但是抽樣調查的缺點乃是代表性較低，容易令人誤解。由抽樣調查所獲得的資料只代表少部份的個人、團體或較小範圍的地理區域，此外一般人不了解抽樣調查的限制，而容易對資料產生錯誤的解釋。爲補救抽樣調查的缺點， 經常從樣本數和抽樣過程着手，亦卽在可能的範圍內盡量增加樣本的數量，同時抽樣時盡可能採用隨機抽樣，讓每一個人或每一戶被抽到的機率都一樣，使抽樣的誤差盡可能減小。

介於兩次普查之間的抽樣調查，一方面可以用來驗證普查資料的準確性，另一方面可以提供前後次普查之間資料不足。抽樣調查，依實際需要可由政府執行，或民間工商團體或研究機構的個人或團體主持。我國行政院經濟建設委員會的「臺灣地區人力運用調查」，行政院主計處的「勞動力調查」，還有各學術研究機關的調查研究資料，都是屬於抽樣調查的（國內遷移調查問項請參考附錄5）。

在人口遷移的研究中，抽樣調查特別重要，因爲普查或登記資料所提供遷移的資料是「靜態」的，只能告訴我們有多少人和什麼樣的人從什麼地方移到什麼地方。至於爲什麼要遷移，如何遷移，遷移的適應問題就得靠抽樣調查才能獲得較詳細的資料。

二、常用的名詞和基本公式

在介紹人口遷移的估計方法之前，本節擬先介紹一些常用的名詞和基本公式。

1.常用的名詞

短距離的遷移者 (short-distance or local mover)：在行政區內搬家的人。

遷移者 (migrant)：住處的改變超越行政區的人。

原住地或遷出地 (area of origin or departure)：遷移者原來居住或移出的地方。

目的地或遷入地 (area of destination or arrival)：遷移者遷入的地方。

遷入者 (in-migrant)：在同一國境內遷入符合遷移定義的地理範圍者。

遷出者 (out-migrant)：在同一國境內遷出符合遷移定義的地理範圍者。

淨遷移 (net-migration)：指遷入與遷出人數互相抵銷的結果，若遷入多於遷出人數，其差數爲正，以「＋」表示，稱爲淨遷入 (net in-migration)，若遷入少於遷出人數，其差數爲負，以「－」表示，稱爲淨遷出 (net out-migration)。

總遷移 (gross migration)：遷入與遷出人數的和。

終生遷移 (lifetime migration)：從出生到普查或調查時的遷移。一個終生的遷移者 (lifetime migrant) 是指他現在的住處與出生時的住處不同，此一定義排除中間的遷移。換句話說，一個人出生時與接受調查時都住在同一個地方，卽使在這期間內他曾經遷移到別的地方去，就是非遷移者。一個地區之終生遷移人數同樣可以計算其淨遷移、總遷移、遷入、遷出等人數。

遷移流向 (migration stream)：在一特定的遷移期間內，一羣具有共同的原住地和目的地的遷移者。雖然一個流向是代表兩個地理範圍之間的遷移，它也可用來表示兩個不同住宅地區之間的遷移，例如從非都會區到都會區之間的遷移。 與一個流向做反方向的遷移稱爲反流向 (counter stream)。例如在同一時間內，從甲地到乙地的遷移流向，其反流向爲從乙地到甲地的遷移。通常我們把遷移量較小的流向稱爲反流向。事實上流向與反流向的數量有時候幾乎相等，甚至反流向大於流向。流向有時候也稱爲主流向 (dominant stream or main stream) ，乃指遷移量較大者。

兩地之間流向與反流向遷移量之差稱爲淨流向 (net stream) 或淨互換 (net interchange)。同樣，流向與反流向遷移量之和稱爲總互換 (gross interchange)。

回流遷移 (return migration)：回流的遷移者乃指一個人遷回以前居住的地點。普通的遷移資料不一定能辨認回流的遷移，至少要有遷移者兩個遷移時期原住地與目的地的資料，才能計算回流遷移的數量。

2.基本公式

在一段時間內，兩地人口之遷移率 (mobility or migration rate) 可由(1)式表示。

$$m = \frac{M}{P}K \cdots\cdots\cdots\cdots\cdots\cdots\cdots\cdots\cdots\cdots(1)$$

(1)式中 m 代表遷移率，M 代表遷移人數，P 代表基礎人口或相關的人口數 (population at risk)，K 是常數項，如 100 或 1000，表示每百人或每千人。

由(1)式可以導出三種類似的遷移率

$$m_i = \frac{I}{P}K \cdots\cdots\cdots\cdots\cdots\cdots\cdots\cdots\cdots\cdots(2)$$

$$m_o = \frac{O}{P}K \cdots\cdots\cdots\cdots\cdots\cdots\cdots\cdots\cdots\cdots(3)$$

$$m_n = \frac{I-O}{P}K \cdots\cdots\cdots\cdots\cdots\cdots\cdots\cdots\cdots(4)$$

m_i, m_o, m_n 分別代表遷入率、遷出率和淨遷移率。I、O 分別表示遷入人口數和遷出人口數。P 代表基礎人口，若遷移時間較短如一年，則用期初人口或期末人口做為基礎人口並無多大區別，但是若所用的時期較長如五年，則使用期初人口或期末人口做為基礎人口，其結果會有很大的差別。為減少選用基礎人口所產生的誤差，通常採用年中或期中人口做為基礎人口。再者，究竟用原住地的人口做為基礎人口，還是用遷入地的人口做基礎人口也有很大的差別。如計算遷出率，則用原住地的人口做基礎人口，其意義很清楚，但是計算遷入率，則以遷入地的人口做為基礎人口。事實上遷入地的人口與遷入的人口原來並不屬於同一母羣體，亦卽遷入地的人口並非與遷移有直接關係的人口 (population at risk)。

這裏有必要對英文 population at risk 的意義做一說明。這一名詞的意思是指可能享有或經歷某種經驗的人口。例如計算臺灣地區人口的死亡率，那麼在臺灣地區的每一個人都有死亡的可能，因此臺灣地區的人口數就是計算死亡率時所用的基礎人口或相關人口，也就是英文所謂的 population at risk。同理，我們若只要計算公教人員的死亡率，則公教人員的總數就是基礎人口。在計算遷移率時，有時候遷移的人數並不被包括在基礎人口裡，如前面有關遷入率的計算，分母所用的基礎人口是遷入地的人口，但是分子的遷移人口則是遷出地的人口，二者並不屬於同一母羣體。

三、間接估計淨遷移的方法[4]

測度遷移數量的方法可分直接與間接兩種。直接法較簡單，係從人口登記、普查或調查資料直接計算的。但是在沒有人口登記或缺少遷移資料的地方要估計地區間人口遷移數量，就得利用其他的資料間接加以估計。鑑於世界各地人口遷移的基本資料並不完整，所以要了解遷移的情形常須依賴間接的估計，因此間接法的使用在人口遷移的研究中也就顯得特別的重要。

本節所要介紹的間接法，包括全國成長率法(the National Growth Rate Method) 和殘差法 (the Residual Method)。 殘差法又可分爲生命統計法 (the Vital Statistics Method) 和活存率法 (the Survival Rate Method)。另外有一種方法稱爲出生地法 (Place-of-Birth Method)，有時也被歸類爲間接法，但是因爲使用出生地統計法需要特別的項目和包括一些直接的測度，所以將列入直接法討論。」

(一) 全國成長率法 (the National Growth Rate Method)

[4]本節所介紹之統計方法主要取材自 Henry S. Shryock 和 Jacob S. Siegel 所著 *The Methods and Materials of Demography*, Vol. 2, 1973, U.S. Department of Commerce, Chapter 21, "Internal Migration and Short-Distance Mobility," pp. 616-666.

　　這是一種簡略但是很常用的估計方法，假定在一國之內各地區人口之自然增加率都一樣，不需要出生和死亡的資料卽可計算。

　　P_T^0 和 P_T' 分別表示全國人口在前後二次普查期間之期初和期末人口。$P_1^0, P_2^0, P_3^0, P_i^0 \cdots\cdots$ 爲各地理或行政單位之期初人口，而 $P_1', P_2', P_3', P_i' \cdots \cdots$ 爲各地理或行政單位之期末人口。則 i 地之淨遷移率 (m_i) 爲：

$$m_i = \left[\frac{P_i' - P_i^0}{P_i^0} - \frac{P_T' - P_T^0}{P_T^0} \right] K \cdots\cdots\cdots(5)$$

　　此率通常乘以常數 100 或 1000，表 2-1 的例子是乘以 100。就一個小於全國的地理單位而言，其人口成長率大於全國平均人口成長率者，卽可解釋爲淨遷入，反之，則爲淨遷出。同樣的方法也可應用到特殊年齡層或性別遷移率之計算。

　　表 2-1 以臺灣地區爲例說明計算過程。(1)至(5)欄卽是這一方法的應用。第(5)欄表示計算結果。

　　用此法估計淨遷移人數乃是將第(5)欄各地區人口變動率與臺灣地區人口變動率之差值乘以第(2)欄前後二期人口之期初人口。

　　爲避免計算時銷去小數點的誤差，實際計算時，小數點必須比表中所列更多位，例如：

　　民國65-70年間人口變動率爲：

　　（a）臺灣地區：0.1005

　　（b）縣轄市合計：0.7122

　　（c）＝（b）－（a）之差值：0.6117

　　（d）＝2,251,469×(0.6117)＝1,377,224 表示在民國 65-70年間，臺灣地區所有縣轄市淨遷入的人口。

　　另一種估計淨遷移的方法是將上面的方法略加改變而已。假如從三次的普查得到全國總人數，則比較一個地區之人口成長率和全國之自然增加率，可粗略獲得該地區之淨遷移。這個方法假定全國各地區之自然增加率都相同。

$$m_i = \left[\frac{P'_i - P^0_i}{P^0_i} - \frac{B_T - D_T}{P^0_T} \right] K \cdots\cdots(6)$$

(6)式之末項代表全國之自然增加率，B_T，D_T 分別代表總人口之出生率和死亡率。表2-1第(6)欄即採用此方法所計算之淨遷移率。這個公式對淨遷移之估計值除了包括境內淨遷移率外，還包括國際移民的因素。因此第(6)欄的估計值會比第五欄的估計值稍高些，但是在少有淨國際移民（net immigration）的地方，則二種估計值相同。臺灣地區，國際移民的數量雖不多，但是移出人數大於移入人數，所以(6)欄的數值稍低於(5)欄。

當國際淨移民(net immigration)或自然增加 (natural increase)的數字得不到時，可以由總人口增加數減掉其自然增加數。以民國65-70年臺灣地區國際淨移民之估計爲例，表 2-1 第(8)欄之數 8,661 乃是(3)欄減去(7)欄之結果，亦卽總成長減掉自然增加所得到對國際淨移民之估計值。

全國成長法之缺點是當前後二次普查資料的完整性不一致時，如第二次普查做得比第一次好，則用此法所估計的淨遷移數與實際的情況會有較大的出入。

(二)殘差法 (the Residual Method)

利用殘差法估計淨遷移的方法，又可分爲生命統計法和活存率法二種。

(1)生命統計法 (the Vital Statistics Method)

採用生命統計法必須要有前後二次普查期間有關出生和死亡的完整登記資料。出生和死亡的資料應以實際發生的日期，而非以登記的日期

表 2-1　淨遷移率估計值之比較，民國65-70年，臺灣地區，按行政區域分

| | 年中人口數 | | 人口變遷 | | 淨遷移率 | | | | |
| | | | | | 全國成長率法 | | 生命統計法 | | |
	民國70年 (1)	民國65年 (2)	差值 (1)-(2)=(3)	比值 $\frac{(3)}{(2)}\times100$ =(4)	以人口變遷為基準 (5)	以自然增加為基準 (6)	自然增加 (7)	淨遷移(民國65-70年) 數量=(3)-(7) (8)	比率 (9)
臺灣地區總計	17,970,288	16,328,946	1,641,342	10.05			1,650,003	-8661	0.053
市合計	8,851,483	6,812,472	2,039,011	29.93	19.88	19.83	720,395	1,318,616	19.36
五大都市合計	4,996,441	4,561,003	435,438	9.55	-0.50	-0.55	423,454	11,984	0.26
縣轄市合計	3,855,042	2,251,469	1,603,573	71.22	61.17	61.12	296,941	1,306,632	58.03
鎮合計	3,138,944	3,742,813	-603,869	-16.13	-26.18	-26.23	348,691	-952,560	-25.45
鄉合計	5,979,861	5,773,661	206,200	3.57	-6.48	-6.53	580,917	-374,717	-6.49

(5)欄=(4)欄內各地區人口變動率減去臺灣地區人口變動率 (10.05%)

(6)欄=(4)欄內各地區人口變動率減去以自然增加率計算之臺灣地區人口變動率 $\left[\frac{1,650,003}{16,328,946}\times100=10.104\right]$

(8)欄=(3)欄-(7)欄；(9)欄=$\frac{(8)}{(2)}\times100$

資料來源：
1. 65年度中華民國台閩地區人口統計，表24，內政部編印。
2. 70年度中華民國台閩地區人口統計，表24，及表41,55，內政部編印。
3. 66年～69年度中華民國台閩地區人口統計，表41，及表55 內政部編印。
4. 中華民國65年度高雄縣統計要覽，表9,15,16,高雄縣政府。
5. 中華民國66、67年度高雄縣統計要覽，表8,11,12,高雄縣政府。
6. 中華民國68年度高雄縣統計要覽，表10,11,12,高雄縣政府。
7. 中華民國68年度高雄市統計要覽，表15,25,高雄市政府主計處。
8. 64,65年度中華民國台閩地區人口統計，表6，內政部編印。

附　註：(1)高雄市係於民國68年7月改制成直轄市，此時高雄縣小港都亦併入併入高雄市，改稱小港區。加數均已配合台閩地理界限的改變加以調整。
(2)有關人口統計的資料，很少國家像我國一樣，有完整的戶籍登記制度，藉以每年定期對設籍人口資料，上表之65年年中人口數及自然增加數可直接或間接獲得，所以常須從普查資料。本表所蒐計之人口統計資料，故不採用普查資料。

為準。即使從普查中只能獲得事件發生時的人口數 (de facto popula-
tion)，將此一人口數和出生、 死亡人數按照居住地點區分，可以得出
對人口淨遷移更有意義的估計值。

生命統計法所用的公式乃是一種最簡單的衡等式的形式。

$$M = (P' - P^0) - (B - D) \cdots\cdots\cdots\cdots\cdots\cdots(7)$$

(7)式中M表示淨遷移人數， $(P' - P^0)$ 表示前後普查期間人口改變
的數量,(B－D) 表示同一期間之人口自然增加數。換句話說,一個地區
之淨遷移人數乃是該地區之人口變動數減去自然增加數。由此方法所估
計的淨遷移已自動剔除在第二次普查之前死去的遷入人口和遷出人口。
同時此法估計所得的淨遷移除了境內之淨遷移外，亦含有國際移民之淨
遷移。因此在國際移民數量多的地區若資料不足， 則不易區分國際移民
和境內遷移的數量。這個方法引起爭論的地方並不在公式(7)在理論上的
正確性， 而是在於式子右邊 (B－D) 之誤差對估計值正確性之影響。

用生命統計法估計淨遷移的例子可參考表 2-1 之第(8)欄和第(9)欄，
其中(8)欄的數目乃是從第(3)欄減去第(7)欄得到的， 而第(9)欄則是得自(8)
÷(2)。將(9)欄的結果和(6)欄的結果互相比較， 二種方法計算的結果頗為
相似。例如一個國家有完整的生命統計資料， 同時前後二次普查的資料
也很完整，那麼採用生命統計法所得到的估計值要比採用全國成長法的
結果精確。

誤差的減少

行政區域的改變乃是估計淨遷移時誤差的來源之一， 所以人口數和
自然增加數必須隨著行政區的改變而調整， 調整的方式通常是以新的行
政區為標準。未經過調整的估計值， 其淨遷移的數量含有因行政區改變
所產生的誤差。假如行政區的改變很清楚， 則所需要的統計資料較容易

獲得。但是有時候行政區的改變不一定和以前的法定界限一致，因此就
得採用粗略的修正方法。例如用新舊地圖比較面積之差異，以做為估計
新地區人口數及出生、死亡數應增減之比例。這種行政區改變的情形，
在前後二次普查之間經常會發生。表 2-1 所引用 65-70年之資料亦遇到
行政區改變的情形，即高雄縣小港鄉在68年 7 月當高雄市改制為院轄市
時併入高雄市，所以在計算之前必須先將這部份的資料加以調整。

　　另一種誤差的來源是國際淨移民，如前所述用生命統計法所估計的
淨遷移含有國際移民的成份，因此必須設法將之分離。有二種方法可分
離國際移民，第一種方法就是只計算本國人口，採用這種方法必須是二
次的普查都要本國人口數，同時死亡的資料也要區分本國人和外國人。
換句話說就是要有下列的資料:

(1)第二次普查之本國人口數

(2)第一次普查之本國人口數

(3)前後二次普查間隔之總出生數

(4)前後二次普查間隔本國人之死亡數

根據這些資料所估計本國人之淨遷移為:

$$(1)-(2)-(3)+(4)$$

　　第二種分離國際移民的方法就是直接減去國際淨移民的數目。要使
用這種方法，不僅要知道移民總數目，同時也要知道移民的居住地點，
並且假定他們到第二次普查時都一直住在同一個地方。而移出的僑民（
emigrants) 之計算，則以其在上一次普查之住處為準[5]。

　　淨遷移的估計值，乃是幾個相關數目前後相減的結果，因此假若普

---

[5]有關此種計算之實例可參考 Henry S. Shryock, *Population Mobility
Within the United States,* Chicago, Community and Family Study
Center, University of Chicago, 1964, pp. 79-81,

查時的人口統計或是出生、死亡的統計發生一些誤差，則對估計值會產生較大的誤差。好在這種誤差常會互相抵銷。例如前一次的普查若對人口總數有低估的情形，在後一次的普查也很可能有同樣的情形，同樣的低估或同樣的高估對實際淨遷移的影響較小，若一低估，一高估就會大大的影響對淨遷移估計的準確性。就百分比誤差的觀點而言，人口統計的誤差對淨遷移估計值的影響要比由生命統計誤差所產生的影響大。

(2)*活存率法* (the Survival Rate Method)

人口統計資料較不齊全的國家常應用活存率法來估計淨遷移，因此使用這個方法不需要精確的生命統計資料。在統計資料齊全的國家也常使用這種方法，因此它能按年齡、性別估計淨遷移，而且比使用年齡別死亡率的資料更省事。

活存率法的基本公式為：

$$M_{x+t} = P^t_{x+t} - sP^0_x \cdots\cdots\cdots\cdots\cdots\cdots (8)$$

x：表示年齡或年齡層

t：表示前後二次普查間隔之年數

M_{x+t}：表示 x＋t 歲之淨遷移人數

P^0_x：表示第一次普查 x 歲之人數

sP^0_x：表示在沒有淨遷移的情況下，第二次普查 x＋t 歲之期望人數。

P^t_{x+t}：表示第二次普查 x＋t 歲之人數

s：表示活存率，活存率是表示 x 歲的人口中，經過 t 年之後，亦即活到 x＋t 歲的生存機率。

經常使用的活存率有兩種，一種是從生命表的資料直接引用的，稱

爲生命表活存率❻ (life table survival rate)，另一種是由普查資料所
導出的，稱爲普查活存率 (census survival rate)。因爲不同時間、不
同地區人口之生存機率或死亡機率總會有出入，所以在計算某一地之淨
遷移時要儘量採用該地區同時間之生命表。假若沒有小地區的生命表，
則可以用較大地區的生命表來代替。例如我們若要利用生命表活存率的
方法計算臺灣地區某一鄉鎮之淨遷移，因各鄉鎮的生命表不可得，故可
用該縣之生命表代之。同理，若要計算某一縣市之淨遷移，又得不到該
縣市之生命表，則可用全省之生命表代之。

　　普查活存率表示同一人口年齡組(cohort)在前後二次普查之比例，
利用普查活存率計算就不需要用到生命表或生命統計的資料，也不受人
口統計誤差的影響。

　　使用活存率法估計淨遷移與生命統計法不同，卽使主要的人口統計
資料和生命統計都沒有錯誤，由生命表活存率和普查活存率所估計的淨
遷移並不完全一樣。

a. 生命表活存率法 (Life Table Survival Rate Method)

公式(9)表示生命表年齡之分組，以 5 年爲單位，10 年間隔之活存率。

$$S_x = {}_5L_{x+10} \div {}_5L_x \cdots\cdots\cdots\cdots\cdots\cdots\cdots(9)$$

S_x：　x 年齡組人口在 10 年後之活存率

${}_5L_x$：　x 年齡組人口之總生存年數

${}_5L_{x+10}$：　x 年齡組人口在 10 年後之總生存年數

---

❻生命表係假定一羣人(通常假定 100,000 人)同時出生，而這一羣人按某一時
期各年齡層死亡機率生存下去或死亡，直到無生存者爲止。所計算出來的死
亡生存表，內容包括各年齡層的生命期望、活存機率和死亡機率……等。有
關生命表之建立程序及所包括之內容可參考 George W. Barclay 所著 *Te-chniques of Population Analysis*, New York; John Wiley & Sons.
Inc., 1963, Chapter 4, pp. 93-122.

(9)式中 L 前面之 5 表示生命表之年齡分組，以 5 年爲單位。

利用公式(8)和(9)可以分別計算各年齡層之淨遷移人數。例如我們要知道現在 20-24 歲人口之淨遷移人數，則可用下式計算之❼。

$$M_{20-24} = P^{10}_{20-24} - \left[\frac{{}_5L_{20}}{{}_5L_{10}} \times P^0_{10-14} \right]$$

假如生命表是屬開放式的間隔 (open end interval)，那麼要計算老年人口的活存率，以 70 歲爲例，則可用下式表示。

$$S_{70} = T_{75} \div T_{70}$$

S_{70} 代表 70 歲人口之活存率，T_{75} 和 T_{70} 分別代表 75 歲和 70 歲人口「隨後之總生存年數」，所謂隨後總生存年數係指某年齡人口到死亡時所能活的總年數。

當普查的間隔與生命表分組的間隔一致時，如五年或十年間隔，則人口學者較喜歡使用生命表活存率來估計淨遷移；當普查間隔不是五年或十年，則計算手續較麻煩，因爲生命表的活存率必須配合普查的間隔調整後才能用來估計淨遷移。

此外，卽使在沒有國際移民的情況下，全國各地理區域各年齡層淨遷移人口的估計值加起來的總和並不等於零。因爲資料本身的誤差如年齡申報、查記人數之錯誤都會影響結果的準確性。因此，最後的步驟就是必須調整淨遷移的人數，使全國各地區每一年齡組淨遷移人數的總和等於零或等於國際淨移民的人數。再者，爲避免年齡資料的錯誤，在普查時應改用詢問出生的年、月、日，而避免直接問其歲數。不過，若是遇到的資料是從歲數直接統計的，就得先觀察年齡的次數分配，看其分配是否合理勻稱 (smooth)，若不勻稱，如十歲的人數遠多於九歲或十一歲的人數，就須先加以調整，讓年齡層的人數勻稱之後，再用來計算淨

❼其他有關利用生命表計算活存率之不同方法，以及特殊情況之處理方法，請參考註❹所引之資料。

遷移率。

　　有一點必須注意的就是應用活存率估計淨遷移人數時，經常忽略在普查間隔所出生的小孩之正確活存率的算法。卽使有正確的出生登記亦不例外，因爲在普查間隔出生的小孩，其活存率與年紀較大的小孩之活存率不同。例如普查間隔若爲十年，則在前五年出生的小孩應屬於 5-9 歲的年齡組，而在後五年出生的應屬 5 歲以下的年齡組，這兩組的小孩之活存率有很大的差別，故其活存率可分別用下面二式計算：

$$S_{5-9} = \frac{{}_5L_5}{{}_5l_0}$$

$$S_{0-4} = \frac{{}_5L_0}{{}_5l_0}$$

式中 S_{5-9} 及 S_{0-4} 分別代表 5-9 歲及 0-4 歲之活存率，${}_5L_5$、${}_5L_0$ 分別代表 5 歲及 0 歲人口活到下一個年齡組之總生存年數，l_0 表示生存數，卽生命表一開始時假設之出生人口數，通常爲 100,000，在字母 L 或 l 前之 5 表示年齡組之分組以 5 歲爲一組。

　　b. 普查活存率法 (Census Survival Rate Method)

　　普查活存率是第二次普查年齡爲 x+n 歲的人數與第一次普查時年齡爲 x 歲的人數之比，n 代表前後二次普查之間隔年數，故普查活存率可用⑽式表示

$$S_x^n = \frac{P_{x+n}^{t+n}}{P_x^t} \quad\cdots\cdots\cdots\cdots\cdots\cdots\cdots\cdots\cdots\cdots (10)$$

　　t 代表第一次普查的日期。普查活存率必須以全國人口爲基礎，假如有明顯的國際移民，爲求活存率能符合事實，應以本地人口爲計算的基礎。由閉鎖人口 (closed population)，卽無國際移民人口，所獲得之活存率可以用來估計全國或地方性之淨遷移人口，估計所得的淨遷移人口也包含國際淨移民的人數在內（此係假定外國人與本國人有同樣的

活存率）。

　　普查活存率法有兩個重要的假定：①全國及地方性之活存率是一樣的；②前後二次普查有關年齡資料之誤差也是一樣的。第一個假定與使用生命表活存率的假定一樣，即把根據較大地區資料所做成之生命表，用來計算較小地區之淨遷移人數。第二個假定係指一個國家或地區，在二次的普查對某一人口年齡組數量上之相對變動是相同的，例如第一次普查時對 10 歲人口數量多報31％，在第二次普查時也同樣多報31％。

　　由於普查時查記時的誤差和年齡資料的誤差或從國外淨移入的關係，活存率有時大於一。就活存率本身的意義言，這是不可能的，但是就估計淨遷移的目的而言，遇到這種情形，我們也必須加以採用。如表2-2 第(3)欄，0-4歲女孩之活存率為 1.01824，可能表示國內的人口登記資料在五歲以下較不完整，亦即有遲報出生登記的情形。在五歲以上較完整❸。假若此一資料係來自普查資料，則表示在普查計算人數時年幼的小孩（五歲以下）比年紀大的小孩（五歲以上）較容易被低估。這種不合理的活存率正可以反映普查資料或登記資料誤差的地方，不過在計算淨遷移時，這種誤差往往會自動被消除，對估計的結果不會有太大的影響。

　　由全國人口統計所計算之普查活存率包含國際淨移民的數量和死亡數。因此對淨遷移之估計除了反映境內遷移外，還包括由國際淨移民所產生的影響，這種影響可為正值，亦可為負值，表示淨移入或淨移出之意。這是普查活存率法與生命表活存率法最大不同之處，由普查活存率法對任何年齡之性別組羣淨遷移之估計值，所有地區加起來應等於零。

　　對全國各地區死亡率或活存率都一樣的假設應用在死亡率高的國家

---

❸為舉例方便起見，表 2-2 之計算資料係來自人口統計，而非普查資料。

應特別注意。在死亡率高，或地區差別大或淨遷移率低的地方，必須對活存率做適當的調整。既有的全國性和各地區間之差別死亡率可用來調整普查活存率，其中生命統計和樣本調查資料乃是調整活存率最好的根據。調整的方法是分別算出地區性生命表活存率和全國性生命表活存率，前者對後者之比做爲全國普查活存率的調整值。

　　表 2-2 以臺灣地區民國 65-70 年之人口統計資料爲例，說明利用五大都市和全省女性生命表活存率來調整普查活存率之過程，並藉以估計五大都市在此期間內之女性淨遷移人數。

誤差的來源

　　用活存率法估計淨遷移和用生命統計法一樣會受行政區劃改變的影響，同時估計結果也包含國際移民的成份，除非另做特別處理的程序。在平衡方程式中各項目所受誤差的影響互有不同。使用活存率法必須考慮到一個地區前後二次普查人口統計資料相對誤差 (relative errors) 的情形，例如某一年齡或性別組的資料在第一次普查所產生的誤差與第二次不同，則淨遷移的估計值無形當中就包含此種差異的成份。此外，使用活存率的另一種差異，就是將全國資料應用到國內某一地理區的適用程度。例如，就死亡率言，在第一種情形，我們所關心的是死亡統計的完整性和死亡年齡報告的正確性，但是在第二種情形，我們所關心的是把全國活存率的資料，應用到某一地區之適用性。換句話說，普查活存率正確性的關鍵在於其假設的適用性(本節第一段所提的二個假設)。

不同方法估計結果的比較

　　活存率的方法依照年齡、性別所估計的淨遷移數，有時候經過調整，然後加到用生命統計法所估計的淨遷移人數上。在理論上，生命統計法

表 2-2 女性淨遷移人口之估計，臺灣地區，五大都市，按年齡分：民國65-70年

年齡	臺灣地區中女性人口 民國65年 (1)	民國70年 (2)	臺灣地區普查女性活存率 (2)÷(1)=(3)	五大都市生命表女性生活存率 (4)	臺灣地區女生命表性活存率 (5)	五大都市活存率與臺灣地區之活存率比值 (4)÷(5)=(6)	調整後之五大都市之活存率 (3)×(6)=(7)	五大都市女性人口 民國65年 (8)	民國70年期望數 (7)×(8)=(9)	民國70年普查實際數 (10)	五大都市女性民國65-70年淨遷移之估計 (10)-(9)=(11)
所有年齡	7,776,687	5歲以上 7,640,301									
0-4	874,203	890,146	1.01824	0.98883	0.97731	1.01179	1.03024	235,193	242,305	249,894	7,589
5-9	925,054	922,715	0.99747	0.99845	0.99821	1.00024	0.99770	252,893	252,311	254,142	1,831
10-14	975,943	975,013	0.99904	0.99811	0.99783	1.00028	0.99931	255,007	254,831	249,892	-4,939
15-19	941,559	941,179	0.99959	0.99741	0.99664	1.00077	1.00035	238,299	238,382	257,343	18,961
20-24	865,062	855,107	0.98849	0.99631	0.99581	1.00050	0.98898	244,801	242,103	270,640	28,537
25-29	619,127	610,613	0.98624	0.99641	0.99549	1.00092	0.98714	205,148	202,510	207,295	4,785
30-34	439,531	434,826	0.98929	0.99439	0.99340	1.00100	0.99027	142,511	141,124	138,960	-2,164
35-39	443,017	438,720	0.99030	0.99191	0.99082	1.00110	0.99138	135,507	134,339	130,472	-3,867
40-44	386,435	381,019	0.98598	0.98689	0.98528	1.00163	0.98758	108,573	107,225	103,709	-3,516
45-49	338,517	332,086	0.98100	0.97914	0.9779	1.00127	0.98224	91,186	89,567	87,575	-1,993
50-54	275,336	266,666	0.96851	0.96768	0.96521	1.00255	0.97097	75,289	73,103	71,775	-1,328
55-59	211,427	201,080	0.95106	0.94746	0.94457	1.00305	0.95396	54,421	51,915	51,509	-406
60-64	174,362	160,215	0.91947	0.91385	0.91361	1.00026	0.91970	42,568	39,150	39,472	322
65-69	132,212	114,362	0.86387	0.86869	0.8601	1.00999	0.87250	29,281	25,548	25,731	183
70-74	87,059	67,029	0.76992	0.78216	0.81831	0.95582	0.73590	18,966	13,957	15,056	1,099
75-79	51,704	33,550	0.64888	0.65643	0.63895	1.02735	0.66662	11,288	7,525	7,416	-109
80-84	36,139	16,015	0.44564					7,984		3,730	

資料來源：65年、70年中華民國台閩地區人口統計，表23、表24，表87

附 註：(1)五大都市生命表女性生命活存率係65年和70年之平均值。

(2)為計算之方便，民國65年和70年之人口資料並非引用普查資料而是引用台閩地區人口統計資料。

對淨遷移的估計較正確。但是，在實際情況究竟那一種方法能給予較精確的估計值則無定論。耶兒邃治 (Eldridge)、漢彌兒頓 (Hamilton) 和塔佛 (Tarver) 等人用美國資料均發現使用活存率法比使用生命統計法對淨遷移的估計值低❾。因為遷入量和遷出量二者相比數量較大的一方通常會有較多的死亡數，所以用普查活存率法對淨遷移的估計值通常比由生命統計法所得到的估計值小，然而對各年齡層混合的資料而言，用這二種方法對淨遷移的估計值究竟何者較正確很難做一通則性的說明。

殘差法在應用上的限制

簡言之，殘差法不能用來估計遷入量、遷出量或遷移的流向，而且所估計的遷移期間必須是前後普查的間隔。這個方法可用來估計某一地區某一羣人（性別、種族、國籍、年齡）之淨遷移，但是通常不適合應用到社會和經濟團體，因為相對應的特徵，如婚姻狀況、職業、收入等資料在普查間隔的期間內經常在改變又無法預測。不過在多數國家，成年人的教育很少改變，因此依教育程度區分對成年人口淨遷移之估計，可有相當高的正確性。

在開發中國家，鄉村到都市之遷移是境內遷移相當重要的部份，估

---

❾ Hope T. Eldridge, *Net Intercensal Migration for States and Geographic Divisions of the United States, 1950-60: Methodological and Substantive Aspects.* Analytical and Technical Reports, No. 5, Philadelphia, Population Studies Center, University of Pennsylvania, 1965.

Horace Hamilton, "The Vital Statistics Method of Estimating Net Migration by Age Cohorts." *Demography*, 4(2): 464-478, 1967.

James D. Tarver, "Evaluation of Census Survival Rates in Estimating Intercensal State Net Migration," *Journal of the American Statistical Association*, 57(300):841-862, December 1962.

計此種遷移的方法也不少。和其他的方法一樣，殘差法在這方面的應用也有不少的缺點。除了前述的缺點外，也可能有其他的誤差。當其他情況一樣時，以整個行政單位來界定都市和鄉村的範圍，而且行政單位又少有變動，則殘差法可得到最好的效果。若在普查間隔，城鄉行政區域發生變動時，則須對變動的行政區域重新調整之後才能利用此方法。

　　如前面所說的，普查的分類和普查計數方面的誤差會影響淨遷移的估計，各地區或團體之死亡統計資料又不易獲得，而且較大地理區人口之生命表又不見得適合應用到較小的地理單位，這些因素都限制了殘差法的使用。

　　㈢、直接估計法

　　在間接估計法所提到的方法，不需要有人口遷移的資料，即能估計淨遷移的數量，可說是一種「無中生有」的方法。本節所要介紹的方法是直接估計法，也就是當資料與人口遷移有直接的關係時，所使用的估計方法。常用的直接估計法有三種，即出生地法 (Place of Birth)、居住時間和上次住處(Duration of Residence and Last Prior Residence)及其他直接調查資料。

（一）出生地法 (Place of Birth)

　　傳統上在計算人口遷移時，直接用到的相關項目就是出生地。在國外的普查資料裡，出生地是長久以來一直被採用的項目，出生地可分國內和國外，在國內出生的地點可依省（州）、縣（市），或更詳細的分類加以區分。我國的人口普查資料，並未特別註明出生地，而以「籍別」或「籍貫」代之，但是由於子女的籍貫與家長相同，女孩子結婚後籍貫改為與丈夫一樣，因此籍貫與出生地所代表的意義，對人口遷移的估計頗不相同。倒是戶籍登記資料有出生地的記載，唯此種記載並未像國外的普查結果公佈出生地和現住地的資料。假如有出生地和普查時居住地的資料，卽可將之做成交叉表以估計遷移人口。以這種方法所估計的數值可視為自出生到普查時之遷移流向 (migration stream)。為說明方便起見，表 2-3 係利用國外普查資料加以修改後做成的例子。表中所列之數目字用來代替出生地及現住地之地名。

由表 2-3 可計算甲國各地區之各種遷移率

(1)區域間遷移率 (Interregional migration rate)

$$m_r = \frac{\sum N_{ij} - \sum N_{i=j}}{N} \times 100 \quad\cdots\cdots\cdots\cdots\cdots (13)$$

N　代表本國總人口

i　代表現在居住地區

j　代表出生地區

N_{ij} 表示在 j 區出生但住於 i 區的人，且包括那些住在出生地的人 (i=j)，所以 $\sum N_{ij} = N$。

$\sum N_{i=j}$是指住在出生地區之本國人數。

$N_{i \neq j}$表示區域間之遷移人數，可用 M_{ij} 表示，因此(13)式可寫成

$$m_r = \frac{\sum M_{ij}}{N} \times 100 \quad\cdots\cdots\cdots\cdots\cdots\cdots (14)$$

(14)式乃是二個步驟之濃縮。

步驟 1，將表 2-3 對角線的數目相加得 372,031，代表非遷移的人數 $(\sum N_{i=j})$（就區域觀點而言）。

步驟 2，將本國總人口數減去步驟 1 之數目

428,910－372,031＝ 56,879 卽得區域間遷移人數 $(\sum M_{ij})$。

步驟 3，將上式結果除以本國總人口數，再乘以 100，卽得區域間遷移率 13.3%

$$\frac{56,879}{428,910} \times 100 = 13.3\%$$

表 2-3　甲國1980年人口之出生地及現住地資料

現住地	出　　　　生　　　　地											
	1	2	3	4	5	6	7	8	9	合　計	國　外	總　計
1	74,609	526	21	52	562	—	47	83	201	76,100	2,211	78,311
2	4,899	32,688	825	1,288	2,070	2,339	1,674	6,373	2,900	55,057	5,960	61,075
3	191	1,180	22,612	2,623	118	2,294	1,506	5,830	2,184	38,538	2,946	41,503
4	121	207	918	24,003	659	1,537	362	4,751	1,100	33,656	392	34,057
5	113	79	11	124	34,160	23	45	79	11	34,646	509	35,154
6	—	48	48	10	84	35,846	269	58	38	36,365	77	36,662
7	—	—	—	—	148	271	40,565	—	—	40,984	1,132	42,189
8	62	561	413	523	58	1,109	66	72,747	2,011	77,550	1,092	78,642
9	—	66	115	197	—	—	—	836	34,801	36,014	640	36,670
合計	79,995	35,355	24,963	28,820	37,823	43,419	44,534	90,757	43,246	428,910	14,959	444,264

(2)一個地區之遷入率 (In-migration rate for a region)

$$m_1^i = \frac{\sum M_{1j}}{N_1} \times 100 \cdots\cdots\cdots (15)$$

M_{1j} 代表住在第 1 區而出生於 j 區之遷移者

N_1 則是原來住在第 1 區之本國人口

注意：$\sum M_{1j} = \sum N_{1j} - N_{11} = N_1 - N_{11}$

步驟 1，表 2-3 就一個區域來說，如第 1 區，將住在此區之本國人口減去非遷移人數，即可得到普查時之遷入人數

　　　76,100-74,609 = 1,491

步驟 2，將上式結果除以該區之本國人口數，再乘以 100，即得遷入率，為 2.0%

$$\frac{1,491}{76,100} \times 100 = 2.0\%$$

(3)一個地區之遷出率 (Out-migration rate for a region)

$$m_1^0 = \frac{\sum M_{11}}{N_1'} \times 100 \cdots\cdots\cdots\cdots\cdots(16)$$

$\sum M_{11}$ 代表從 1 區到 i 區之遷移人數

N_1' 表示在 1 區出生之總人數

$\sum M_{11} = \sum N_{11} - N_{11} = N_1' - N_{11}$

步驟 1，　以第 1 區為例，　將在第 1 區出生之總人口減去非遷移人數，得到遷出人口數

$\qquad$ 79,995 − 74,609 = 5,386

步驟 2，將上式結果除以在第 1 區出生之人數，即得到遷出率為 6.7%

$$\frac{5,386}{79,995} \times 100 = 6.7\%$$

(4)一個地區之淨遷移率 (Net migration rate for a region)

$$m_1^n = \frac{\sum M_{1J} - \sum M_{11}}{N_1} \times 100 \cdots\cdots\cdots\cdots(17)$$

步驟 1，將(2)之遷入人數減去(3)之遷出人數

$\qquad$ 1,491 − 5,386 = −3,895

步驟 2，將上式結果除以住在第 1 區之人數，即得淨遷出率 −5.1%。

$$\frac{-3,895}{76,100} \times 100 = -5.1\%$$

假如已經有用住在第 1 區之本國人口做基礎所算出之遷出率之資料，則可以直接用遷出率減去遷入率，而得到淨遷移率。例如:

$\dfrac{5,386}{76,100} \times 100 = 7.1\%$ ……以住在第 1 區人口為基礎之遷出率

$\qquad$ 2.0% − 7.1% = −5.1%

(5)互換率 (Turnover rate) 或稱總遷移率

$$m^1_T = \frac{\sum M_{1j} + \sum M_{i1}}{N_1} \times 100 = m^1_1 + m^0_1 \cdots (18)$$

m^1_1 M^0_1 分別表示第 1 區之遷入率和遷出率。

計算 M^0_1 的基礎人口是用 N_1 而不用 N'_1。

$$\frac{1,491 + 5,386}{76,100} \times 100 = \frac{6,877}{76,100} \times 100 = 9.0\%$$

總遷移率沒正負號之分。總遷移率也可由遷入率和遷出率相加而得，如 2.0% + 7.1% = 9.1%，此值與 9.0% 之差係小數點進位的關係。

使用出生地法對遷移流向的統計，通常都用下列兩種方法加以歸類，例如①住在某一地區，而在別的地方出生，②在某地方出生，而住在別的地方。這種歸類的結果可分別視為終生遷入 (lifetime in-migrants) 和終生遷出 (lifetime out-migrants)。

出生地法的應用和限制

這裡所關心的問題並不在於出生地統計資料的正確性，而是其是否適於境內遷移估計之用。假定統計資料是正確的，出生地法真正所測度的是什麼東西，用這個方法所測得的結果對人口現象的了解有何用途？

出生地法的用途比殘差法大，殘差法只能估計淨遷移，而出生地法則可分別計算遷入、遷出和特別的遷移流向。例如表 2-3 所示，在普查時有 2900 出生於第 9 區的人住在第 2 區。不過出生地法並不能顯示同一區內短距離之遷移。此外，此種統計並未考慮到介於出生與普查之間的遷移次數，以致在此期內遷移又回到出生地的人就被當做非遷移者。總之，出生地法並不能指出在某一特定期間內從出生地遷移到其他地方的總人數。

有一點必須特別注意的就是有關遷移期間的問題。假若普查的資料沒有依照年齡表列，則無從獲知何時遷移。即使有年齡資料，應用出生地法，唯一能推論遷移的時間也只有年齡本身，例如一個三十五歲的遷移者就被認定是在普查之前三十五年遷移，而真正遷移的時間卻無法得知。遷移者的年紀越大越難確知其遷移的時間，年紀大的遷移者越有可能在其他類似地區之間有遷移的行為。雖然前後二次普查資料都依年齡表列可增加資料的價值，但是尚不完全適合用來測度在普查間隔所發生的遷移行為。

資料的正確性

一個人的出生地終生不變，所以不容易被遺忘，但是除了小孩子之外，年紀越大時出生地比過去居住的地點所涉及的年代較為久遠，除非當事人本身及其父母，其他的人較難獲知某人的出生地。

出生地統計資料，同樣也有申報和資料處理的誤差，除此之外也有獨特的誤差來源。例如一個人出生時，其出生地區界限不明確，或是小孩子出生的地方與其父母親經常居住的地方不相同，這些因素都會影響出生統計資料的正確性。

採用重複訪問的方法可以得悉資料誤差的來源。美國對 1950 年普查資料曾做過追踪調查 (Post-Enumeration Survey)，結果發現把人口區分為「本國出生」和「外國出生」的分類上有高度的正確性，只有 0.6% 被歸錯類。不過在出生州別的申報上，則有較大的誤差，有 3% 的人在前後二次調查時，對出生州別的回答不一致，唯這種程度的誤差，對整個統計結果的影響並不大。

另一個與資料品質有密切關係的就是行政區域的改變，就測度境內遷移的觀點而言，若出生地的資料能根據現有行政區整理最理想，否則一個人住在甲縣，後來行政區域被併入乙縣，則不管實際上他是否遷移，用出生地法他就被歸入遷移者。普查的資料很少有關行政區域改變情況的說明，但是出生地法所估計的終生遷移，遇到行政區域改變的機會汰大，必須特別留意加以調整。

出生地點與父母親經常性的住處不同也會影響統計資料的正確性。在現代化的社會，小孩子常在醫院出生而不在家出生，醫院與住家可能分屬二個不同的行政區。因此對出生地的認定，容易產生混淆不清的現象。其實，遷移所重視的是經常性住處的改變，而非臨時性住處的改變。因此，有關出生地的申報應以父母親經常的住處為準，而非醫院的所在地。因為醫院大多位於都市地區，除非也有父母親經常性住處的資料，不然在都市地區出生的申報量會偏高。當然醫院與住處屬同一行政區則無此問題。在印度有一個習慣就是出嫁女孩子要回到父親的家生第一胎，有時甚至第二、三胎，若用出生地法估計，遇到這種情形就會產生假遷移 (spurious migration) 的現象。

抽樣的誤差和偏誤 (sampling error and bias) 也是誤差的來源之一。有些國家，有關出生地的資料是由很大的樣本普查搜集的，其結果難免會受抽樣誤差和偏誤的影響。加彭 (Gabon) 在 1960-61 年 10% 抽樣的普查，因為發生數字偏低的情形，所以估計全國人數時，為了修正偏低之估計值乃將報告的數值乘以 11.6 而非 10。而各區域間之修正值則介於 9.5 到 24.6 之間，這種情形很明顯的表現出抽樣誤差和偏誤的情形。

美國在 1950 年的普查，有關遷移的項目是 20% 的人口樣本，1960 年則為 25% 的住戶樣本。每一次都發生抽樣不足 (undersampling) 的情形。抽樣不足即表示由樣本所推測之母體數常有偏低的現象。

使用出生地法估計遷移率，除了公式(13)到(18)所介紹的五種方法外，另外一種指數也經常使用，即出生—住處指數 (Birth-Residence Index)。

出生—住處指數 (Birth-Residence Index)

這個指數只是表示一個地區經由區域間人口遷移之淨增或淨損失之人口。換句話說就是終生遷移對現有人口之淨影響 (net effect)。

1區之出生——住處指數可用下式表示

$$BR_1 = \sum M_{1j} - \sum M_{i1} = I_1 - O_1 \cdots\cdots (19)$$

此式卽爲(17)式淨遷移率之分子。所以在一個國家之內所有地區之出生——住處指數之總和爲 0 。

$$\sum BR_1 = 0$$

一個地區之淨遷移（淨增或淨減）可能是長久以來遷入與遷出量不同所致。例如淨遷移等於零，至少有下列幾種原因：

(1)在過去歷年之遷入與遷出量都相等。

(2)最近之遷入量被以前之遷出量所抵銷。

(3)最近之遷出量被以前之遷入量所抵銷。

(4)或是更複雜之遷入、遷出模式的影響。

出生地法通常並不直接用來測度一般時間內之遷移變動。若要獲知二個地區在一般時間內遷移之變動情形則可應用普查間隔出生——住處變動指數 (Intercensal Change in the Birth-Residence Index) 表示，所謂普查間隔出生——住處變動指數乃指一個地區前後二次普查期間出生——住處指數之差異，其原理乃將出生地資料與一固定期間（如普查間隔）合併考慮。 將(19)式只利用一次普查資料， 平面分析的原理，擴大爲縱面的探討，加入時間因素的考慮，則一個地區普查間隔出生——住處變動指數可以(20)式表示。

$$BR_2 - BR_1 = (I_2 - I_1) - (O_2 - O_1) \cdots\cdots (20)$$

1， 2分別表示前後二次普查。

I，O分別表示遷入和遷出人數

BR$_2$−BR$_1$ 表示普查間隔出生——住處變動指數

出生地法雖然有不少的缺點，但是要了解一國之內各地區間之遷移流向和總遷移量，唯一可以用的資料往往是有關出生地的統計資料。所以若能進一步對此資料加以修正調整，仍能得到準確的估計值。而在計算過程中從一次普查終生遷移的資料，加入第二次普查考慮時間上的變動，乃是由直接法和間接法的混合使用。這種計算過程可以分爲二個步驟：第一，將此次普查之數值減去上一次普查相對應之數值。例如在某一國境內有 10,301 人在 1980 年住在甲地而出生於乙地，而在 1970 年時此一數值爲 2,329 人，兩數相減可初步得到在 1970 年到 1980 年間由乙到甲地的遷移者 7,972 人。此一估計值含有偏誤 (bias) 成份，所以第二步就是要消除偏誤的成份，調整的過程同時考慮到普查間隔死亡率 (intercensal mortality)，但並未考慮到回流的遷移 (return migration)。爲考慮普查間隔死亡率乃將⑳式改寫成㉑式。

$$BR_2 - BR_1 = (I_2 - S^I I_1) - (O_2 - S^O O_1)\cdots\cdots㉑$$

S^I 和 S^O 分別代表終生遷入和終生遷出人口在第一次普查計算所得之活存率。㉑式可用來計算在一個區域內、外出生人口之淨遷移，也用來計算某一出生年齡組(birth cohort)和全體國民的遷移情形。只要有普查活存率和出生地的資料即可應用此方法。

聯合國所出版的計算人口遷移的手冊⑩提供在三種不同情況下的調整方法：

1.前後二次普查都沒有依年齡別表列的出生地資料：

遇到這種情形，只能用普查活存率或生命表活存率加以調整。此乃

⑩United Nations, *Methods of Measuring Migration*, February, 1968.

假定遷移者之年齡分佈和年齡別死亡率和一般人口或生命表一樣。雖然這種假設並不切實際，但是比沒有調整好。

2. 只有一次的普查有依年齡別表列出生地的資料:

這種表列的資料往往是後一次的普查才有，此時可計算第二次普查在 k 年以上人口對第一次普查總人口之比例，而得到以 k 年為期之普查活存率。表 2-4 舉例說明這種方法的計算過程。其基本假設為在一個地方出生的人有相同的活存率，並不考慮出生後的遷移經驗。因此在某一地方出生而住在新英格蘭之美國男性十歲以上白人之期望值是由其出生地之活存率所決定。

3. 兩次普查都有依年齡表列出生地的資料: 其計算方法與第二種方法類似，只是計算過程更詳細，按照各年齡層分別計算淨遷移人數。

表 2-4　1950-60美國男性白人到新英格蘭之淨遷移，依出生地區分

出生地區	美　國　大　陸			新　英　格　蘭　區			
	1950年人口數 (1)	1960年十歲以上人口數 (2)	十年活存率 (2)÷(1)=(3)	1950年人口數 (4)	1960年十歲以上人口		淨遷移 (6)−(5)= (7)
					期望值(4) ×(3)=(5)	實　數 (6)	
新英格蘭區	4,018,516	3,696,112	0.919770	3,448,223	3,171,572	2,984,526	−187,046
中大西洋區	12,526,609	11,505,221	0.918463	223,158	204,962	264,743	+59,781
東 北 中 區	13,070,675	11,914,402	0.911537	46,661	42,533	63,772	+21,239
西 北 中 區	7,882,937	7,145,528	0.906455	20,915	18,959	28,311	+ 9,352
南 大 西 洋 區	7,373,565	6,766,652	0.917691	34,110	31,302	45,401	+14,099
東 南 中 區	5,183,050	4,677,577	0.902476	10,759	9,710	15,270	+ 5,560
西 南 中 區	6,015,384	5,640,579	0.937692	10,293	9,652	15,132	+ 5,480
山　　　區	1,980,217	1,894,899	0.956915	6,083	5,821	7,856	+ 2,035
太 平 洋 區	3,186,973	3,074,806	0.964805	10,833	10,452	13,988	+ 3,536
合　　　計	61,237,924	56,315,776	0.919623	3,811,035	3,504,963	3,438,999	−65,964

資料來源: United Nations, *Methods of Measuring Migration*, tables B.4, and B.5, 1968.

（二）住地時期法

　　住地時期法是以一個人在 某 一 地 點居住時間的長短來區分是否遷移。這個方法又可分爲二種，卽固定日期 (Resident at a Fixed Past Date) 和居住時期 (Duration of Residence and Last Prior Residence)。

　　⑴固定日期 (Residence at a Fixed Past Date)

　　固定日期之遷移可以由以下的問題形式得到答案，例如"在 1965 年十二月三十一日你（或他）住那裡？"這個問題可以分爲好幾個部份，以美國 1970 年之人口普查爲例：

19a.　在1965年四月一日你是否住在這個房子？ 若在大學就讀或入伍，請將當時的住處列出。

　　（　）在1965年四月或以後出生

　　（　）是，住這房子　　　　　　　　　跳到20

　　（　）不，不同房子

　b.　在1965年四月一日，你（或他）住在那裏？

　　⑴州名或國名＿＿＿＿＿＿＿＿＿

　　⑵縣名　＿＿＿＿＿＿＿＿

　　⑶在市、鎮、村範圍內？

　　　　（　）是　　　（　）否

　　⑷若回答是，請將市鎮名稱列出＿＿＿＿＿＿＿＿

　　固定日期問項的方式可提供具體的人口遷移資料。這種方法可以表示在一固定期間內的遷移人數，卽總遷移和淨遷移，但是總遷移並不包括在此期間內之所有遷移人數，因爲有些人在此期間內遷移多次，最後回到原來的地方，卻沒被計算在內。不過，許多有用的估計值可由此種資料導出。例如，分析地區間之遷移流向，或不同時間之遷移量等。

　　雖然此種問法有其缺點，但是在普查或樣本調查使用這種方法的人越來越多，只是所界定地理區域之大小，移動期間之長短，和移動性質

（永久性或臨時性）各有不同。

固定日期法的應用與限制

這個方法是測度人口遷移最有效的方法之一。

由固定期間法所測得之總遷移量有偏低的傾向，因為循環的遷移者（circular migrants）以及那些在此一固定期間內死亡的遷移者並未被計算在內。此外，多次遷移的人只被計算一次，而且在固定日期以後出生的小孩也未被包括在內。

我們在選擇遷移期間時常發現「用途」與「精確性」在某些方面是互相衝突的。從人口分析的觀點，前次普查的日期是很好的參考點，因為人口成份的變遷可以很快的用普查間隔（intercensal period）加以分析。假如普查期是 10 年而不是 5 年，因為時間太長則記憶的錯誤和對以前住處不清楚的比例會增加很多。為補救這種缺點，人類學家告訴我們，把所要探討的現象與重要歷史事件相關連，則較容易被記憶。例如戰爭爆發或國慶日。但此種不規則的時間間隔，卻不適合人口分析之用。

若遷移間隔（migration interval）越長，則更多的小孩不被計算在內，而且遷移時的特徵如年齡、婚姻狀況等被記錄的可能性也較少。反之，若時間過短，如一年或一年以內，也許無法產生足夠數量的遷移者，供詳細分析之用。另外，必須考慮的是一年期之意義與代表性。美國在 1950 年普查時採用 1949 年四月到 1950 年四月一年間隔做為測度人口遷移的依據，結果顯示由此資料所獲得的遷移率、遷移流向，和有關遷移選擇性的資料均不具代表性[41]。

---

[41]Henry S.Shryock, Jr.,*Population Mobility within the United States*, Chicago, Community and Family Study Center, University of Chicago, 1964.

美國人口普查局 (The U. S. Bureau of Census) 和很多人口專家都認為五年期的遷移間隔 (mobility period) 較適合普查之用。

用固定日期法，在計算平均年遷移人數或遷移率時也要特別小心。假如遷移人數是由幾年來之登記資料所統計出來的，則很自然的，將遷移人數除以登記年數，卽得年平均資料。但是當遷移人數是由固定日期法所定義時，卽某人在某一特定時間之住處與普查或調查時的住處不同，則以遷移量除以間隔年數所得到的年平均遷移人數會產生低估的現象，且時間越長，誤差越大，其理由為：

1.一大部份之遷移者在較長時期內比較短時期之死亡數高，且時間長也會影響移民國外的人數。

2.時間長，遷移者回到原來住處的可能性較大，因此每年遷移人口之比例，由較長間隔計算得到的數值比由短期間隔計算所得的數值小。

3.因為遷移者不管遷移多少次，只被計數一次，因此當每年的遷移率不變時，我們可預期以一年為期所計算之遷移率一定比以五年為期所計算遷移率的五分之一大。

4.在遷移間隔 (mobility interval) 出生或在某一日期以後出生的小孩就不被當作遷移者看待，也不被算為基礎人口，所以採用的遷移間隔越長，被認定為遷移者的小孩也就越少。

固定日期法雖然有這些缺點，不過從不同時間長度所計算之平均遷移人數在分析時若能小心處理，仍有許多用處。假若長時間之平均值比短時間之平均值大。則我們可推論，真正的差異是同一方向，至少有同幅度之差。

這些影響因素同樣會影響由出生—住處指數法所獲得普查間隔之年估計值，也會影響由活存率法所得對淨遷移之估計值，只是活存率法唯一的干擾因素是死亡率，而遷移次數的多寡並不是干擾的因素。

　　有關固定日期法所使用資料的品質問題與普查或調查報告在表列人口、社會、經濟特徵時所遭遇的問題一樣。此外，此種項目容易受到對於過去事件及發生時間申報上的誤差之影響。

有關流向的遷移率

　　從中華民國69年臺閩地區戶口及住宅普查報告❷，我們可獲得五歲以上人口五年前居住地的資料。

　　　　臺北市，民國69年人口數……2,045,404

　　　　高雄市，民國69年人口數……1,076,790

　　　　遷移人數，民國64-69年，臺北市遷到高雄市……10,026

　　　　遷移人數，民國64-69年，高雄市遷到臺北市……15,088❸

　　最後兩行的資料代表遷移的流向 (migration streams)，根據這些資料我們可計算各種偏遷移率 (partial migration rates)，偏遷移率是指原住地或目的地每一千人（或每百人）從某一特定地區移到另一地區，或從某一地區移到一特定地區之人數。偏遷出率 (partial out-migration rate) 可用(22)式表示：

---

❷資料來源：中華民國69年台閩地區戶口及住宅普查報告，表30，臺灣地區五歲以上人口五年前居住地及性別按現在居住地區分，pp. 668–677.

❸高雄市於民國68年7月改制，此時高雄縣小港鄉併入高雄市內，改稱小港區，為避免因行政區改變所產生之誤差，此處之遷移人數已經經過調整，其計算方法如下：

　(1)先找出民國64年底住高雄市，69年底住在臺北市之五歲以上人數：14,454人
　　及(2)民國64年底住高雄縣，69年底住在臺北市之五歲以上人數：10,442人

　(3)$\dfrac{64\text{年底小港鄉人口數 (57,250人)}}{64\text{年底高雄縣人口數 (943,650人)}} \times 10,442\text{人} = 634\text{人}$

　(4)將(3)之值與(1)之值相加，即得調整值

　附　註：步驟(3)所用小港鄉及高雄縣人口數係取自64年台閩地區人口統計（內政部編印），表2,因64年台閩地區戶口及住宅普查報告缺乏有關資料之故。

$$m_{ij}^0 = \frac{M_{ij}}{P_i} \times 1,000 \quad\cdots\cdots\cdots\cdots\cdots(22)$$

M_{ij} 表示從地區 i 移到地區 j 之人數

若 P_1 代表臺北市的人口數，P_2 代表高雄市的人口數，則從前者移到後者之偏遷出率爲：

$$M_{21}^0 = \frac{10,026}{2,045,404} \times 1,000 = 4.902\text{‰}$$

偏遷入率 (partial in-migration rate) 可用(23)式表示：

$$m_{ji}^1 = \frac{M_{ji}}{P_i} \times 1,000 \quad\cdots\cdots\cdots\cdots\cdots(23)$$

M_{ji} 是從 j 地區移到 i 地區之人數

則從高雄市移入臺北市偏遷入率爲：

$$M_{21}^1 = \frac{M_{21}}{P_i} = \frac{15,088}{2,045,404} \times 1,000 = 7.38\text{‰}$$

如前所述，遷入率之相關人口 (population at risk) 實際上是指原住地之人口，因此，從高雄市到臺北市之偏遷入率可以從另一個角度來看，亦卽可用從高雄市到臺北市之偏遷出率表示，卽 $\frac{15,088}{1,076,790} \times 1,000$ = 14.01‰

總人口互換率 (gross rate of population interchange) 可用(24)式表示：

$$GRI_{i \leftrightarrow j} = \frac{M_{ij} + M_{ji}}{P_i + P_j} \quad\cdots\cdots\cdots\cdots\cdots(24)$$

則引用前面的例子，高雄市與臺北市之總人口互換率爲．

$$\frac{10,026 + 15,088}{2,045,404 + 1,076,790} \times 1000 = \frac{25,114}{3,122,194} \times 1,000 = 8.04\text{‰}$$

淨人口互換率 (net rate of population interchange) 則爲：

$$NRI_{i \leftrightarrow j} = \frac{M_{ij} - M_{ji}}{P_i + P_j} \quad\cdots\cdots\cdots\cdots\cdots(25)$$

從臺北市的觀點，此例為：

$$\frac{15,088-10,026}{3,122,194} \times 1,000 = 1.62‰$$

反之，若從高雄市的觀點，則為 -1.62‰。

這個方法也可用來計算以一個地區人口為基礎的各種遷移率。例如可將一國之內從某地區到其他各地區之偏率 (partial rate) 相加，而分別導出該地區之總遷移率和淨遷移率。

遷移效率 (Effectiveness of Migration)

淨遷移對總遷移之比可視為境內遷移之效率 (effectiveness)，在一些特定的地區內，若這種比值越大，則要影響這些地區內固定人口再分配所需要的人口遷移也就越少。

比值的範圍從 0 到 100。同理，我們也可將之用來測度一個遷移流向和反流向的效率。因此臺北市和高雄市雙向的遷移效率為

$$\frac{15,088-10,026}{15,088+10,026} \times 100 = 20.16$$

通常反流向和流向的數量相當接近，所以淨遷移較少，遷移效率也就較低。

此外，我們也可測度一個國家內所有省份、縣市或地理區域之遷移效率指數，這是一種摘要性的指數。可由公式㊋表示：

$$\text{效率指數 (Effectiveness Index)} = \frac{各地區淨遷移人數總和}{地區間遷移人數總和} \times 100 \cdots ㊋$$

遷移偏向指數 (Migration Preference Index)

此指數乃是指一個流向實際遷移人數對期望遷移人數之比。期望數與原住地及目的地之人口數成正比。

這個測度只考慮人口數量，並未考慮距離的影響，由人口數量決定

流向之大小。但是我們可藉已知距離遠近的知識加以比較不同的流向，以了解各地區之相對引力[14]。

有好幾個方法可計算這種指數。最常用的就是只計算地區間之遷移人數。在計算時，我們假定地區間之遷移按照原住地及目的地人口之比例分配。採用全國性之遷移率，如全國性縣市間或區域間之遷移率。假定某一等級所有地區之遷出率都一樣。計算從一個地區到所有目的地之總移出人數之期望值。按照其他地區人口數之比例來分配此期望值。

遷移偏向指數 (The Preference Index) 以(27)式表示

$$P.\,I.=\frac{M_{OD}(\sum P_i - P_o)}{mP_oP_D}\times 100\cdots\cdots\cdots (27)$$

M_{OD}＝從原住地到目的地之實際遷移人數

P_o＝原住地人口數

P_D＝目的地人口數

$\sum P_i$＝全國人口

m＝地區間遷移數對全國人數之比例

　　　(proportion of interarea migrants in the national
　　　population)

此指數之範圍從 0 到 ∞。總移入數之期望值可從各地區遷入量之期望值相加而得，但是指數本身就不能用同樣的方法得到[15]。

表 2-6 以臺灣地區民國64-69年資料為例，將四個區域之偏向指數 (Preference Index) 列出。 表 2-5 則逐步列出其計算過程。所用之人

[14] Henry S. Shryock, Jr.,*Population Mobility Within the United States*, Chicago, Community and Family Study Center, University of Chicago, 1964, p. 267.

[15] Ibid. p. 268.

口數乃是以普查日爲準。此表顯示，臺灣地區在民國 64-69 年間從東部到北部的遷移最盛行，其次是中部到北部，而北部遷移到南部的則最不流行。

表 2-5　區域間偏向指數之計算實例，臺灣地區，民國 64-69 年

步驟 1：地區間移動比

　　5 歲以上人口數 ………… 15,871,986 ——①

　　地區間遷移數 …………… 793,738 ——②

　　比值（②÷①）…………0.050009

步驟 2：各地區之人口分布及各區之期望遷出數

民國69年	5 歲以上人口數 (1)	其他地區人口數和 (2)	外區人口與其他地區人口數和之比 (3) *	期望遷出數 (1)×0.050009 =(4)
北　部	6,264,212	9,607,774	中 0.4257 南 0.5149 東 0.0594	313,267
中　部	4,089,642	11,782,344	北 0.5317 南 0.4199 東 0.0484	204,519
南　部	4,947,339	10,924,647	北 0.5734 中 0.3744 東 0.0522	247,411
東　部	570,793	15,301,193	北 0.4094 中 0.2673 南 0.3233	28,545

* (3)欄之比值係由(1)欄之人口數除以(2)欄相關地區之「其他地區人口數」，
如4,089,642÷9,607,774=0.4257

步驟 3：移出人數之分佈，依現住地分

民國64年居住區 ＼ 民國69年居住區	期望人數（步驟2之(4)欄乘以(3)欄）			
	北	中	南	東
北	—	133,358	161,301	18,608
中	108,743	—	85,878	9,899
南	141,865	92,631	—	12,915
東	11,686	7,630	9,229	—

民國64年居住區 \ 民國69年居住區	實際人數 北	中	南	東
北	—	64,503	56,178	11,692
中	260,130	—	50,556	5,978
南	207,633	57,466	—	9,488
東	45,580	10,954	13,580	—

步驟 4：遷移流向偏向指數以步驟 3 為基礎；（實際人數÷期望人數）×100

原住地 \ 現住地	北	中	南	東
北	—	48	35	63
中	239	—	59	60
南	146	62	—	73
東	390	144	147	—

步驟 5：總遷入量及總遷出量之偏向指數（總值由步驟 3 導出）

地 區	總 遷 入 期望值	實際值	偏向指數	總 遷 出 期望值	實際值	偏向指數
北	262,294	513,343	196	313,267	132,373	42
中	233,619	132,923	57	204,519	316,664	155
南	256,408	120,314	47	247,411	274,587	111
東	41,422	27,158	66	28,545	70,114	246

步驟 5 說明：北部總遷入期望值262,294人，由步驟3導出，其計算為將民國64年住在中部地區，南部地區，東部地區，而民國69年住在北部地區的期望人數全部相加而得（108,743＋141,865＋11,686）；而北部總遷出期望值313,267人則為民國64年住在北部地區而民國69年住在中部地區，南部地區，東部地區等處之期望人數之和（133,358＋161,301＋18,608）。其餘，依此類推。

資料來源：中華民國69年台閩地區戶口及住宅普查報告，表2, p.296.

行政區域劃分：北部包括臺北市、基隆市、臺北縣、桃園縣、新竹縣、宜蘭縣。中部包括苗栗縣、臺中縣、臺中市、彰化縣、南投縣、雲林縣。南部包括嘉義縣、臺南縣、臺南市、高雄市、高雄縣、屏東縣、澎湖縣。東部包括花蓮縣。臺東縣。

上面五個步驟之計算結果，做成簡表，以表示區域間之遷移偏向指數，如表 2-6。

表 2-6　區域間遷移流向之偏向指數，臺灣地區，民國64-69年

現住地地區別	總遷入	原　　住　　地　　地　　區			
		北　　部	中　　部	南　　部	東　　部
總　　遷　　出	（×）	42	155	111	246
北　　部	196	（×）	239	146	390
中　　部	57	48	（×）	62	144
南　　部	47	35	59	（×）	147
東　　部	66	63	60	73	（×）]

（×）表示不適用

(2)居住時期 (Duration of Residence)

有關居住時期長短的問題，通常的問法是，「你在此地居住多久？「（指經常住處）。聯合國還建議除了問居住時間外，最好能同時問以前的居住地點 (last prior residence)，但是多數國家的普查有關居住長短的問題，往往只問出生地點。有了這種資料，我們可利用二種方法來界定遷移者。

　　a．在過去任何時間移入某一地區且一直住在那裏的人，這種遷移者包括初級的 (primary)、次級的 (secondary) 和回流的 (return) 遷移人口。用這種方法所得到的遷移人數會超過終生遷移者的人數。

　　b．在某一特定時間（如一年前、二年前等）移入某一地區的人。這可能包括，自出生到現在只遷移一次的人，也包括次級的或回流的遷移者。

　　在美國1960和1970之普查曾有問題調查遷到現在住處之年代，其形式爲：

18. 什麼時候這個人搬到這個房子？		
（　）1969或 70	（　）1965 或 66	（　）1949 或更早
（　）1968	（　）1960 到 64	（　）一直住在這個
（　）1967	（　）1950 到 59	房子

本方法的使用和限制

假如只有獲得最後住處的資料，其結果如同出生地的資料一樣，沒有固定參考點的時間，一生當中任何時間都有可能遷移。另一方面，此種資料顯示直接遷移 (direct move) 而出生地資料可能掩蓋中間遷移 (intervening moves)。居住長短的問項 (或最後遷移之年代) 最大好處就是能由最近一次的遷移顯示終生遷移的分佈情形。假如也有以前居住地點的資料，則能據以算出各種遷移的流向。這些統計資料只能描述現在住在某一地區之遷入人數，但是卻無法提供有用的時間數列資料。再者，只有記錄最近一次的遷移，乃嚴重的低估了遷移的次數，因為多次遷移或死亡的因素並未被考慮。原住地——目的地的表列，表示最近遷移間隔 (interval)，其結果與在同一段日期內利用固定日期法所得到的結果相似，間隔越短，兩者的數值越接近。此外，有關居住時期之百分比資料，使我們能區分那一個地區是新近移民的。若有依照居住時期和出生地二項而做成的表列資料，則可用來計算遷移流向、遷入、遷出、淨遷移，以及以現有人口為基礎的各種遷移率。至於資料的正確性方面，與其他的方法一樣，居住的期間和以前的住處同樣會受申報錯誤的影響。例如，在報告居住年數長短時，較有可能取整數，如 5 年、10年、15年等。

（三）其他直接調查資料——遷移歷史和遷移理由

普查的資料所包含遷移的資料相當有限，因此若要進一步得到更詳細的遷移資料就得靠調查。調查遷移的項目最普通的形式是遷移的歷史。亦卽列出以前經常住處和遷移的日期。這種歷史也可同樣列出以前所做過的所有工作。從這些資料可以整理出終生遷移的次數和在一段期間內之遷移次數。調查資料也可用直接探問和研究主題有關的項目。如暫時或永久遷移、一起遷移的家人數、遷移的月份、遷移的理由、遷移計劃或意願以及遷移成本。

要了解遷移的歷史，有時調查資料並不一定要包含以前所有的遷移次數或住處，可以做重點選擇，如只問出生地和最近幾次的住處，而且只記錄居住地區而不記錄詳細地址。同時也可加上一些條件限制，如除出生地外，居住時間超過一年的才記錄，在同一鄉鎮內之移動也不記錄，因服兵役之移動亦不記錄。

調查遷移的歷史最大之缺點為回答的誤差，尤其涉及越久遠的事情，誤差的程度越高。用回想的問題答覆過去情況的改變，往往有低估的情形，尤其超過六年以上的時間其錯誤更多。

除了遷移的歷史之外，遷移的理由也是經常被問到的問題。這種問題乃是問受訪者為什麼要搬家以了解遷移的動機，是測度遷移者主觀的感受。

到目前為止，用調查法對遷移理由的調查並未有一致性的分類標準。受訪者通常可自由回答遷移的理由。通常將與工作有關的理由和其他個人及社會的理由分開。

在調查遷移的理由時要注意樣本的代表性，同時對各種理由之分類要注意到互斥的原則。例如是為職業的理由而遷移、或為求學、婚姻或其他理由而遷移，研究者常因不同的研究需要而有不同的分類標準。

另外，有一種常用的分類方法將遷移者分為二類，一類為自己做決定的遷移者，另一類為由家長做決定的遷移者，那些隨家長遷移的叫做次級遷移者 (secondary migrants)，而前者則為初級遷移者 (primary migrants)⑯。

---

⑯Shryock, op. cit, p. 404.

　　以上有關境內遷移的分析方法，除了本章所介紹直接、間接測度方法之外，還可利用圖表表示以幫助了解。有關圖表表示的方法將在第三章國際移民的資料與估計方法一併說明。

第三章 國際移民的資料與估計方法

一、資料來源

國際移民的統計資料有各種不同的來源，大約可分為六類：

1.邊境管制資料，在出入境時對進出國界所搜集的統計資料。

2.旅客統計，由旅客所登記之交通工具而獲得的資料。

3.申請護照、簽證或工作許可等資料。

4.人口登記之統計資料。

5.普查或定期性對以前住處、出生地、公民資格之調查統計資料。

6.專為人口遷移所做調查之統計資料。

此外，在過去為某種用途對總淨遷移之估計或某特定人口之淨遷移之估計。如估計國家公民數量，軍隊數量，以及住在國外的公民人數。與第二章所討論境內遷移的原理一樣，國際移民的估計方法也分為直接法與間接法兩種，本節先介紹直接法所用統計資料之種類及資料間之相互關係。

一、邊境管制資料

　　邊境管制資料是直接測度國際移民最主要的資料來源。邊境管制資料又有兩種來源，一是來自陸地邊境資料，是有關跨越邊境的統計，另一是港口資料，是由海、空出入國境的統計。陸地邊境的資料比港口、機場的資料難收集，因為陸地交通流量大，又只有少數人是真正屬於移民。

　　由旅客的身分證件有助於辨認旅客的類別。通常區分臨時或永久的遷移，以及通勤。住在邊境經常出入國境的人所持的證件異於一般旅客。這一類人口的出入，在計算國際移民時就被剔除。

　　在國外搜集、整理移民統計的行政組織有幾種不同的形式。有由單一機構負責的，也有由許多機構共同負責，然後單獨出版或統一出版。每個國家各有不同的組織來負責移民資料的收集、整理和統計。移民局、警政機關、海關、公共衞生機構都有可能要求旅客填寫相關的表格。但是由這些單位所搜集獲得的資料並不一定完全可做移民統計之用。不同單位所發表的資料常有不一致的情形，因此，目前不少的國家都盡量減少發佈同一資料的機構，由某一單位統一發佈以使資料不一致的情形減低。我國有關出入國境的資料由內政部出入境管理局統一搜集整理，經由內政部對外發佈。

　　除了旅行證件或特殊報告外，也可收集旅客統計資料。旅客統計資料來自各航運公司所提供之旅客名單或統計報告。這種統計不易分別移民者和一般旅客。

　　聯合國認為邊境管制資料和人口登記資料是最適合用來測度國際移民的數量，因此建議各國統計總入境人數（包括移民和非移民）以及出境（移民和非移民），然後再將之細分各種類別，這種分類能正確反映一個國家每年之移民數量，以便做國際比較或與其他人口資料比較。

　　目前許多國家已有移民統計的資料，但是多數只為自己國家用途而搜集。有不少國家有關移民統計的資料卻由各種不同的機構出版。為促進對這些資料之利用，便於國際比較，聯合國建議各國出版統一之移民統計資料。

二次大戰以後，在聯合國歷年所出版之人口年鑑已有各國之移民統計資料，而1918到1947年間之移民資料則出現於聯合國之其他出版品❶。此外，對一些國家長期移民之經濟特徵資料也有收集❷。

由邊境管制所獲得有關國際移民的資料品質要比普查或生命統計的資料差，因邊境管制資料缺少完整性又不易做國際比較。資料品質不好的主要理由是：　①有許多形式的國際遷移，　但是卻不易加以分類；②遷移者停留時間的長短或遷移的目的與申報單上所填寫的內容不一定相符，③邊境長的國家如美國，有不少出入國境的人未被發覺，對出境的控制又比入境鬆得多，所以出入境人數的統計常有很大的誤差。

國際遷出登記係由設在機場港口之出入境管理單位將出境六個月以上者通報警察局，再由警察局轉飭戶政單位代辦國際遷出登記，又凡是在臺有戶籍者，遷入後十五日內應辦理國際遷入登記。此種出入境之登記資料即為國際移民基本資料來源。從登記過程不難看出這種登記與實際的國際移民數會有很大的出入，因為有不少進出我國國境者，雖屬臨時性的進出，但是只要停留超過十五日者後，出境超過六個月者都分別被登記為「國際遷入」和「國際遷出」。

二、人口登記資料

完備的全國人口登記資料，除了包括出生、死亡、境內遷移之登記外，也包括出入境的登記。目前這種登記尚少用做國際移民統計之用。

❶United Nations, *Sex and Age of International Migrants for Selected Countries*, 1918-1947, Population Studies, Series A, No. 11, 1953.
❷United Nations, *Economic Characteristics of International Migrants*, Statistics for Sel cted Countries, 1918-1954, Population Studies, Series A, No, 12, 1958.

因為世界上很少國家有持續性的人口登記可用來推算國際移民的資料。而且登記的方式各不同，很難互相比較。

三、普查或調查資料

普查或全國抽樣調查可提供在調查前一固定期間之移民資料，就理論上來說，得自此種來源之移民資料與邊境管制資料有別。後者統計在一定時間內之入出境人數。前者將某一特定時間內居住在國內或國外之人口加以分類統計。普查所得到的有關遷移的資料只包含那些在普查當時和在以前特定一段時間內活著的人。因此普查報告之移民數往往漏計那些在普查日及某一特定期間內在國外出生而移入的小孩以及那些曾經移入但是在這段時間內死亡或又回到原住地的人。普查及調查資料很難單獨用來估計淨移民人數，因為它並未包括那些在普查間隔離開國境的人。

由普查或調查所得到移民特徵的資料，如年齡、性別、國籍要比邊境管制的資料完全，且所收集的資料一致性也較高。不過有關以前在國外居住地點的資料往往只限於普查之前很短的一段時間，例如以「五年前的居住地點」來判定。雖然移民數量和移民特徵的資料簡陋不全，卻只有少數幾個國家具備這種資料。例如美國，有關這方面的資料是得自「以前的居住地點」，然後加以推算。然後將之分類為非移民、境內移民、國際移（入）民。美國普查資料所稱之 immigrants 係指在普查日住在美國境內而在以前一段時間內住處是在美國以外的人。而我國普查資料對國際移民之特徵並無詳細之分類，只列有出入國境之人數。

普查有關籍貫的資料，尤其是在國外出生者，可做為直接估計移民數量和特徵的指標。有些重要的資料在一般的移民資料不一定能得到，但是只有從普查資料才能找到，因此測度某些特定團體的移民數量和特徵只能靠普查資料。當一個國家同時具有普查和其他移民統計的資料時，則普查資料可以用來驗證一般移民資料的正確性，雖然這種驗證的工作有不少的困難。

很多國家有關在國外出生人口的普查資料已做得很詳盡而且可用來和國內人口互相比較之用，這種資料的品質遠勝過入境時所搜集的。這些資料包括出生地、母語言、移民年數、性別、年齡、職業、教育等。我國因為國際移民的人數相當有限。尤其是移入的人數更少，所以對已發佈的統計資料中除了移民人數的報導外，很少有遷移者其他特徵的資料。

一般國家普查資料所揭示的移民數乃是在外國出生人口的終生淨移民 (net lifetime immigration)，亦即目前人口一生當中的淨移民數。這種情形就臺灣地區當前的情況而言，有很大的出入，因為我國在二次大戰後有不少的人從大陸移居國外，取得外國國籍後又回到臺灣地區，從理論的觀點，這些人是屬於移入民，但是若利用出生地法的定義，他們就不列入移民的統計，因為其出生地仍屬中華民國。

普查資料未能顯示過去某一特定時間的移民數量。那些回到原住地或在普查前死去的人均未被計算在內。這些因素使對老年人移民數的估計遠低於實際的移民數。活著的移民雖然一生當中可能不只移民一次，但是只被計算一次。

總之，由普查資料所導出的淨移民人數乃是在國外出生，在上一次普查移出移入人數相減，和原屬移民但是在普查之前即已死去綜合影響的結果。

移民的特徵如年齡、性別、出生國、母語言、職業、教育等，有些特徵如職業和居住地在移入後發生變動，有些則根本不會改變（如出生地、母語言），有些改變可測出來（如年齡）或改變一些或不改變（如教育），但是其分佈情形則受各種類別移民死亡率之影響。因此，外國出生資料用以說明移民特徵之正確性因各種不同類別特徵而異。

在移民數量多的國家如美國、加拿大，若要研究移民對一個國家社會經濟結構之影響，普查資料有關在外國出生人口依年齡、性別、目前居住地等分類的資料特別有用。這種資料可以用來計算各種不同族裔團體 (ethnic group) 聚集的情形，有些職業資料可用來測度移民就業情形。有關移民勞動參與率，依行職業分，亦可用來測度移民對勞動力及經濟的影響。普查資料亦可用來研究移民社經地位之改變以及移民之同化情形。

四、其他資料來源

國際移民資料，除了上述三種外，尚有其他的來源可應用，例如特別調查、外國人之登記、在國外工作許可資料、護照簽證等表列資料。不定期之調查包括詢問國籍、以前居住地點、公民權。調查也可專為住在國外的公民而做，這種調查所得到的資料代表一國公民之終生淨移出人數 (net lifetime emigration)，同時還包括這些外移僑民之自然增加，但是並不包括早期已歸化外國之公民數。

特殊的登記也是移民資料的來源之一，例如美國移民歸化局 (the Immigration and Naturalization Service) 規定每一個外國人不拘入境日期和居住長短，每年一月都要提供有關住址、性別、出生日期、出生國家、公民資格、到達美國時間、永久或臨時定居，以及現職的資料。

在歐洲許多國家規定外國人必須有工作許可證才能工作。但是因為並非所有的許可證都被使用，利用這種統計資料研究國際移民的缺點較多。

再者，計算某一國家發出的護照和簽證數目，也不能反映移民的人數，因為並非所有的護照和簽證實際上都被使用，即使使用也無法獲知旅行者何時出發、何時回來以及有多少人回來。不過這種資料可與其他的資料來源對照比較。

　　總之，國際移民的資料品質遠不如境內移民的資料，而且各國收集資料的差異很大，要做國際間的比較所受到的限制較大。

二、資料的評估與淨移民之估計方法

一、資料的評估

　　如前所述，雖然有不少資料直接載有一個國家的國際移民，但是有關移入、移出或淨移民的資料並非經常可以得到、況且資料的品質參差不齊。為充實某一國家的移民資料，我們可以參考其他國家所發佈對該國移出、移入人數之統計，藉以互相驗證。這個方法乃是基於任何移民事件牽涉到兩個國家的事實——移入國和移出國，因此兩個國家都會有報告，這種比較可做為評定移民資料的基礎。

　　現在讓我們假設兩個數列代表世界各國之間的移民統計，一個數列代表移出、另一數列代表移入，假若統計資料是正確的，則世界各國的移入加起來應等於或接近移入的人數，同樣各國移入人數的總和亦應與移出人數的總和一致。

　　實際上許多國家缺少移民統計資料，而且即使有資料也常殘缺不全。國與國之間的資料缺乏共同比較的基礎，大大的影響國際移民的研究。各國對移民和移民特徵的歸類有很大的出入，一方面是因為定義移民和移民類別的方法不同，另一方面是因收集資料的制度不一樣。不同國家在某一個時間所發佈的移民資料有小部份的出入乃是因為離境的時間和到達目的地的時間不同所致，而且途中也會發生出生、死亡、改變目的地或不被允許入境的情形。有時候辨認原住國和目的國也有問題。

雖然移民統計資料通常指最後永久居留的國家，但是在某些場合卻指出生國或上次居住國或持有公民權的國家。這種差異使移民統計資料的比較更困難。僅管不同國家之間的移民資料有這些限制和缺點。兩國之間國際移民的資料常可用來評估一個國家移民資料正確性的基礎，或是用來補充所缺少的資料，特別是移出資料。

實際上，就國際移民而論，通常都可以找到幾個國家是主要的移入國和移出國。許多國家的普查資料列出在外國出生的國名，假若主要的移民只到一、二個國家，那麼只要檢視這些國家的資料即可用來估計該國之淨移民。例如 617,056 人在1960年住在美國是出生於 波多黎各（Puerto Rico），而 50,910 人在1960年住在波多黎各是在美國出生的。兩數相減為 566,146 人，乃表示一直到1960年為止，從波多黎各到美國淨移民之活存數。

二、淨移民之估計

因為許多國家在不同期間之移民統計資料不一定完整，所以必須利用特別的方法來估計移民的數量。以下介紹幾種常用的淨移民估計法。

(1)普查間隔成份法 (Intercensal Component Method)

此法可用來估計兩個普查期間之淨移民數量。公式(1)只是將人口平衡方程式中的各相關要素重新安排而已。

$$I - E = (P_1 - P_0) - (B - D) \cdots\cdots\cdots\cdots\cdots\cdots (1)$$

I 為移入數，E 為移出數，I−E 表示淨移民人數，P_0、P_1 分別代表前後二次普查總人口數，B,D 代表前後二次普查期間之出生和死亡人數。

淨移民是由殘差導出的，這個方法只是把普查間隔之人口變動（$P_1 - P_0$）減去自然增加（B−D）。假若所用的資料來源是正確的，則此法所估計出的淨移民數也是相當準確。但是普查所得的數據和生命統計都可能有某種程度的誤差，因此利用殘差對淨遷移的估計，也有實質上的誤差。尤其當移民數量少的時候，這種相對的誤差更大。表 3-1 舉例說明臺灣地區利用民國60年至70年資料所估計之淨移民數。

表 3-1　臺灣地區民國 60-70 年淨移民數之估計

1.	60年底臺灣地區人口總數	14,994,823
2.	70年底臺灣地區人口總數	18,135,508
3.	淨差　(2)-(1)	3,140,685
4.	出生數（61年初至70年底）	3,944,370
5.	死亡數（61年初至70年底）	782,777
6.	自然增加 (4)-(5)	3,161,593
	淨國際移民估計值	
7.	殘差估計值 (3)-(6)	-20,908

資料來源：民國70年中華民國台閩地區人口統計，表九十，p.1022
說　　明：本表未用戶口及住宅普查報告之資料，乃因其資料不全。

(2)普查間隔年齡組成份法　(Intercensal Cohort-Component Method)

這個方法可用來估計依照年齡和其他之人口特徵，如性別、種族、出生國區分之淨移民人數。

依年齡層估計淨遷移時，通常利用生命表活存率或全國普查活存率。利用前推法（forward method）之計算原理與第二章估計境內遷移之活存率法一樣。其公式為：

$$I_a - E_a = P'_a - SP^0_{a-t} \cdots\cdots\cdots (2)$$

I_a, E_a 代表期終某一人口年齡組(age cohort)之移入和移出人數。

P'_a 表示第二次普查某年齡層之人口

P^0_{a-t} 表示在第一次普查時比此年齡小 t 歲之人口數

S 表示此一年齡層人口在普查間隔 t 年之活存率

　（S是 $_nS^t_{a-t}$ 的簡單代表）

對新生嬰兒而言，則其計算公式爲:

$$I_s - E_o = P'_o - sB \cdots\cdots\cdots\cdots\cdots\cdots (3)$$

B代表在普查間隔所出生的人數。

表 3-2 舉例說明依年齡分別估計 1950到1960兩個普查期間波多黎各之淨移民數。表中所用之生命表活存率係採用期中 (1954-1956)波國之生命表，依公式 $\frac{5L_{x+10}}{5L_x}$ 計算而得，該式之意義可參考第二章第三節之說明。

表 3-2 應用生命表活存率計算年齡別淨移民人數，波多黎各，1950-60

年 齡		普查人口數		十年期生命表	前 推 法 (Forward method)		後 推 法 (Reverse method)		平 均
1950年	1960年	1950年4月1日 (1)	1960年4月1日 (2)	活存率 ① (3)	活存數 (1)×(3)=(4)	淨移民數 (2)-(4)=(5)	原來人口數 (2)÷(3)=(6)	淨移民數 (6)-(1)=(7)	淨移民數 [(5)+(7)]÷2=(8)
總　數	總　數	1,110,946	1,162,764		1,421,306	−258,542	1,247,507	−265,856	−262,201
1955−60出生	5歲以下②	196,140	179,619	.93747	183,875	− 4,256	191,600	− 4,540	− 4,398
1950−55出生	5−9歲③	206,277	165,930	.92024	189,824	−23,894	180,312	−25,965	−24,934
5歲以下	10−14	185,014	162,244	.97658	180,681	−18,437	166,135	−18,879	−18,650
5−9	15−19	161,446	122,602	.99004	159,838	−37,236	123,835	−37,611	−37,428
10−14	20−24	138,696	79,792	.98717	136,917	−57,125	80,829	−57,867	−57,496
15−19	25−29	108,984	61,971	.97984	106,787	−44,816	63,246	−45,738	−45,277
20−24	30−34	91,269	58,723	.97361	88,860	−30,137	60,315	−30,954	−30,546
25−29	35−39	76,528	61,592	.96898	74,154	−12,562	63,564	−12,964	−12,763
30−34	40−44	66,769	53,087	.96148	64,197	−11,110	55,214	−11,555	−11,333
35−39	45−49	67,324	53,781	.95196	64,090	−10,309	56,495	−10,829	−10,569
40−44	50−54	47,745	39,832	.94135	44,945	− 5,113	42,314	− 5,431	− 5,272
45−49	55−59	39,893	34,404	.92389	36,857	− 2,453	37,238	− 2,655	− 2,554
50−54	60−64	36,548	29,095	.88796	32,453	− 3,358	32,766	− 3,782	− 3,570
55−59	65−69	24,692	24,525	.81677	20,168	+ 4,357	30,027	+ 5,335	+ 4,846
60−64	70−74	25,636	16,370	.71369	18,296	− 1,926	22,937	− 2,699	− 2,313
65−69	75−79	16,270	10,275	.61203	9,958	+ 317	16,788	+ 518	+ 418
70−74	80−84	10,679	4,634	.52046	5,558	− 922	8,908	− 1,771	− 1,347
75以上	85以上	13,453	6,286	.28604	3,848	+ 438	14,984	+ 1,531	+ 589

資料來源: 摘自Henry Shryock & Jacob Siegel, 同前引, p, 595

說　明: ①從1954−56波多黎各之生命表導出

②1960年5歲以下人口數等於1955年出生數之四分之三加上1956, 1957, 1958, 1959 各年出生數及1960年出生數之四分之一

③1960年5−9歲人口數等於1950年出生數之四分之三加上1951, 1952, 1953, 1954各年出生數及1955出生數之四分之一

　　這些依年齡別區分之活存率（第3欄）乘以第一次普查人數（第1欄）卽得到十年之後第二次普查時該人口年齡組活存人數之估計值（第4欄），此估計值與第二次普查時所查記之各年齡層人數（第2欄）之差（第5欄），卽爲利用前推法（forward method）所獲得之淨移民人數。這是使用活存率法常用的計算程序。這種方法的缺點爲低估或高估普查期間之死亡數。對移出國而言，利用某一年齡層之原來人口爲標準會有高估在普查間隔可能移出之人口數（population at risk），但是若用期末人口爲標準，則有低估可能移出之人口數，因爲有些人已經移出去了。另一種估計方法稱爲後推法（reverse method），其計算程序乃是將表3-2 中第2欄除以第3欄，而將各年齡層人口「還原」成1950年（第一次普查）之期望人口數（第6欄），此數值與第1欄實際人口數之差卽爲淨移民之估計值（第7欄）。公式(4)表示後推法之計算原理，所用之符號意義與③式同。

　　比較理想的估計值乃是取前推法的估計值（第5欄）和後推法的估計值（第7欄）的平均值（第8欄）做爲淨移民之估計值。

$$I_a - E_n = \frac{P_a'}{S} - P_{a-t}{}^0 \cdots\cdots\cdots\cdots\cdots\cdots (4)$$

　　利用活存率法計算某一年齡層在普查間隔內所出生之活存數需要特別處理，當年齡組距小於普查間隔時尤然。表3-2 的普查間隔爲10年。通常五歲以下人口在期末之活存率可用$\frac{L_{0-4}}{5 l_0}$求得，5到9歲之活存率可用$\frac{L_{5-9}}{5 l_0}$表示，式中有關 L 及 l_0 所代表之意義請參考第二章之說明。

　　與第二章在計算境內遷移的方法一樣，普查活存率可用來代替生命表活存率。但是普查活存率係表示某一年齡層在某次普查人口數與前一次普查人口數之比，通常是爲本國人口計算的。所以並未包括國際移民的影響，而且普查活存率乃代表死亡和淨普查誤差（net census error）

（普查誤差，和前後二次普查誤差之改變）的綜合影響。其好處爲由此法所估計之淨移民會比由生命表活存率所估計者準確。因爲普查查記人數的誤差已被包括在普查活存率之內，在估計淨移民時，此種誤差會互相抵銷。

　　一旦計算出普查活存率，則其他計算步驟與利用生命表活存率之算法一樣。利用普查活存率計算時，在二個普查之間所出生的小孩同樣需要特別的處理。例如普查間隔爲十年，則在第二次普查時在國外出生的小孩年齡在 5 歲以下和介於 5 到 9 歲之間者，必須被「還原」到移入時的人數，而不是出生時的人數，此時只有後推法適合此種處理。表 3-3 舉例比較應用生命表活存率，普查資料和移民統計三種方法對淨移民的

表 3-3　普查活存率法、生命表活存率法和簽證資料對淨移民估計之比較，美國，1950－60，依性別、年齡分類

在1960年之年齡	淨移民估計值						與普查活存率法之差距(%)			
	普查活存率法		生命表活存率法		簽證統計資料		生命表活存率法		簽證統計資料	
	男	女	男	女	男	女	男 $\frac{(3)-(1)}{(1)}$ ×100=	女 $\frac{(4)-(2)}{(2)}$ ×100=	男 $\frac{(5)-(1)}{(1)}$ ×100=	女 $\frac{(6)-(2)}{(2)}$ ×100=
	(1)	(2)	(3)	(4)	(5)	(6)	(7)	(8)	(9)	(10)
所有年齡	741,986	707,529	927,410	877,329	1,013,200	1,225,100	+25.0	+24.0	+36.6	+73.2
5 歲以下	52,562	51,075	51,857	50,741	30,100	27,600	-1.3	-0.7	-42.7	-46.0
5～14	171,365	164,989	171,735	166,290	169,200	164,100	+0.2	+0.8	-1.3	-0.5
15～24	172,516	210,373	168,919	210,156	160,300	229,700	-2.1	-0.1	-7.1	+9.2
25～34	231,396	309,813	234,469	316,318	247,800	379,400	+1.3	+2.1	+7.1	+22.5
35～44	158,031	160,205	165,101	165,882	200,600	204,800	+4.5	+3.5	+26.9	+27.8
45～54	105,353	83,616	106,267	73,496	125,800	119,100	+0.9	-12.1	+19.4	+42.4
55～64	29,921	6,098	46,684	12,067	59,500	68,900	+56.0	+97.9	+98.9	+1,029.9
65和以上	179,158	278,640	17,622	117,621	20,000	31,400	+90.2	+57.8	+111.2	+111.3

資料來源: 同表3-2, p.599

估計值。

表 3-3 資料顯示用普查活存率法和生命表活存率法估計淨移民的結果，就多數的年齡層而言，其百分比之差異並不大，但是年紀越大則差距加大。而用簽證資料的估計結果與普查活存率的估計值差異更大。尤其是對女性和成年人淨遷移的估計，其差異都很大。

三、常用的分析方法

在人口學其他領域所使用的方法，尤其是境內遷移所使用的方法，同樣可用來分析國際移民的資料，這些方法在第二章已有詳細的說明，本節只簡要的指出一些分析的重點。

一、一般性質

國際移民的分析性質特殊，與出生、死亡之分析內容大不相同。定義「移民」遠比定義「出生」或「死亡」困難。再者，每個國家對國際移民所下的定義以及對移民資料收集體系互不相同，以致影響到國際間移民資料相互比較的價值。

與出生、死亡不同，移民通常牽涉到兩個國家，移出國與移入國。這個事實引起學者對某一特殊遷移流向、反流向和總移民量探討的興趣，為了研究上的需要，也要一併分析移入、移出、淨移民，並要檢討測度上所遭遇到的困難。遷移率之計算含有實際上和理論上的問題。與境內遷移的原理一樣，移入民 (immigration) 不能被視為與移入國之原來居民有同樣的出生或死亡的經驗，因為移入民乃是來自另外的國家。另一方面，移出民或僑民 (emigration) 則可視為與原來國家的人口有共同的經驗。為了解國際移民的情況，首先得從淨移民的分析著手，因為很多國家都缺少有關移入和移出的合適統計資料，所以利用第二節間接估計淨移民的方法是不可缺少的。淨移民的估計值可能為正或負，正號表示淨增加的移民數，負號表示淨減少的移民數。不過淨移民數並不能反映真正的總移民量，因為大量的移入和移出或小量的移入和移出都只能產生小量的淨移民數量。

再者，因為移民可以重複的在一個人身上發生，也可以一輩子都不發生。因此與境內遷移的研究一樣，在研究國際移民時必須分清遷移的次數和遷移的人數，而且要說明界定移民與非移民所依據時間的長短標準，因為定義不一樣對遷移率有很大的影響。

分析國際移民的流向需要有關移入民最後永久居住國的資料和移出民所到達的永久居住國的資料。有時候這些資料不一定能够得到，所以可以用出生國或國籍來代替以前居住國的資料。此外，不論就行政的目的，或人口研究的立場，有關國籍、移民類型如永久、臨時、通勤，以及入境理由的資料都是很重要的。

移民之人口、社會和經濟特徵一直是國際移民研究很重要的一個主題。移民之年齡、性別差異會影響移入國和移出國之人口組成。移民之職業地位和行業類別乃是研究移民對移入國和移出國經濟影響的重要資料。此外，移民之語言、宗教、種族、教育、婚姻狀況等資料對研究移民之同化（assimilation）或對當地文化的影響都非常有價值。

近來有些學者也考慮到非人口因素對移民研究的重要性，如移民立法之改變、對移入民之協助方案、移民方式、移民成本、移入國與移出國之政治、經濟情況以及很多其他社會經濟因素並未直接由人口普查或移民統計所得到的。

二、淨國際移民 (Net International Migration)，總國際移民 (Gross International Migration) 和國際移民比例 (International Migration Ratio)

移入和移出一個國家的人數相減稱為淨移入民(net immigration)
或淨移出民 (net emigration)，端視移出或移入何者為大而定，而一
般則簡稱淨國際移民或淨移民，並以正負號表示淨入或淨出。淨移民等
於零可表示大約等量的移入和移出或根本都沒有遷移。

總國際移民又稱為國際移民變動 (international migration turn-
over)，用來表示在一特定時間內出入國界的總人數，例如民國七十年
臺灣地區之國際淨遷移人數為 3,265 人，乃是 14,377 的移入民和11,112
移出民相減之結果，而移入和移出人數相加表示總移民量共有 25,489
人出入我國國境。

表 3-4　臺灣地區民國六十一年至七十年國際移入、
　　　　移出及淨移民人口數

	國際移入	國際移出	淨 移 入	總 遷 移	淨移入與國際移入或國際移出之比 *	淨移入與總遷移之比
	(1)	(2)	(3)	(4)	(3)÷(1)或(3)÷(2)=(5)	(3)÷(4)=(6)
民國61年	9,673	23,535	−13,862	33,208	−0.5890	−0.4174
62年	12,602	21,097	− 8,495	33,699	−0.4027	−0.2521
63年	18,355	30,604	−12,249	48,959	−0.400	−0.2502
64年	17,639	16,426	＋ 1,213	34,065	0.0688	0.0356
65年	15,466	15,426	＋　 40	30,892	0.0026	0.0013
66年	14,272	21,875	− 7,603	36,147	−0.3476	−0.2103
67年	15,818	22,371	− 6,553	38,189	−0.2929	−0.1716
68年	14,281	18,166	− 3,885	32,447	−0.2139	−0.1197
69年	13,847	15,988	− 2,141	29,835	−0.1339	−0.0718
70年	14,377	11,112	＋ 3,265	25,489	0.2271	0.1281

資料來源：計算自中華民國台閩地區人口統計，民國七十年，表八十六，pp. 990−999
說　　明：本表為中華民國臺灣地區人口之國際遷徙資料，本來計算國際遷移時應包括
　　　　　外國人資料，但是由於受資料之限制，且外國人出入臺灣之移民數不多，故
　　　　　計算時並未包括外國人口。此外，因為我國出入境管制之通報係以出入境之
　　　　　人次為計算單位，因此與實際遷入遷出或淨遷移人數會有差別。
　* 分母用移入或移出視兩者數值之大小而定，以數目大者當分母，其意義請參考文
　　中之說明。

各種比例 (ratio) 可用來表示移入（I）、移出（E）和淨移民數量 (I-E) 及總移民數量 (I+E)。至於選用何種比例則視移民的性質和研究的目的而定。 一個移入民為主的地區， 則淨移民對總移民之比例可用來表示總移民量對人口增加的影響比例，亦即未為移出民所抵銷的部份。同樣，在一個高度移出民的地區，則淨移民對移出民數量之比，可用來測度由移出民當中眞正減少人口的比例，亦即未為移入民所補償的部份。

一般常用的比例有下面幾種：

$$\frac{\text{移出民 (Emigration)}}{\text{移入民 (Immigration)}}=\frac{E}{I} \quad\cdots\cdots\cdots\cdots\cdots\cdots (5)$$

$$\frac{\text{淨移入 (Net Immigration)}}{\text{移入民 (Immigration)}}=\frac{I-E}{I}, \ \text{當 } I>E \cdots (6)$$

$$\frac{\text{淨移出 (Net Emigration)}}{\text{移出民 (Emigration)}}=\frac{E-I}{E}, \ \text{當 } E>I \cdots\cdots (7)$$

$$\frac{\text{移入民 (Immigration)}}{\text{總移民 (Gross Migration)}}=\frac{I}{I+E} \quad\cdots\cdots\cdots\cdots\cdots (8)$$

$$\frac{\text{移出民 (Emigration)}}{\text{總移民 (Gross Migration)}}=\frac{E}{I+E} \quad\cdots\cdots\cdots\cdots\cdots (9)$$

$$\frac{\text{淨移民 (Net Migration)}}{\text{總移民 (Gross Migration)}}=\frac{I-E}{I+E} \quad\cdots\cdots\cdots\cdots (10)$$

公式(10)是測度移民的效率 (migration effectiveness)，表示經由移民所增加或減少人口之相對差別，比值介於 0 與 1 之間，比值越高，越不需要經由移民來增加或減少一個國家之人口。比值若為負，表示移出多於移入，比值太大，若是因分母太小所引起的，則必須小心解釋；比例太小，若是因為分子很小的關係，則表示由人口移動所產生之人口增減的數量很小。

三、遷移率 (migration rates)

遷移率對國際移民或國內人口成長之分析用途較小，實際上並沒有標準的遷移率。就理論而言，計算出生率或死亡率所用的原理也可用來計算遷移率。國際移民計算遷移率的方法可比照境內遷移的方法，因為所分析的問題頗為類似。

國際移民各種遷移率可以由一國之移入民（I）、移出民（E）以及年中人口數（P）計算各種粗率以代表年中人口每千人之遷移率，其公式如下：

$$移入率 \ (\text{immigration rate}) = \frac{I}{P} \times 1,000 \quad \cdots\cdots\cdots\cdots (11)$$

$$移出率 \ (\text{emigration rate}) = \frac{E}{P} \times 1,000 \cdots\cdots\cdots\cdots\cdots (12)$$

$$淨移民率 \ (\text{net migration rate}) = \frac{I-E}{P} \times 1,000 \cdots\cdots\cdots (13)$$

$$總移民率 \ (\text{gross migration rate}) = \frac{I+E}{P} \times 1,000 \cdots\cdots (14)$$

以上四個公式是屬於粗率 (crude rates)，亦即未依照人口結構或組成調整的簡單算術式。

以臺灣地區民國 70 年資料為例，該年之移入民數為 14,377,移出數為 11,112，而在年中（七月一日）之人口估計數為 17,970,288，代入(11)式 (14,377÷17,970,288×1,000＝0.8)，得移入率 0.8‰，代入(12)式(11,112÷17,970,288×1,000＝0.6)，得移出率為0.6‰，兩者之差即為淨遷移率0.2‰,兩者之和為總移民率1.4‰。 淨移民數可為正亦可為負,表示一個國家經由移民所增加或減少的人口比率。總移民率 (gross migration rate)是一種測度移民總量對總人口數相對量的影響。

粗率的計算原理亦可用來計算各種特殊之遷移率， 如依年齡、 性別、種族，或移民之其他特徵之遷移率。例如年齡別淨移民率是由某一年齡層之淨移民數（淨入或淨出）佔每千人年中人口數。即

$$\frac{I_a - E_a}{P_a} \times 1{,}000 \cdots\cdots\cdots\cdots\cdots\cdots\cdots\cdots\cdots \quad (15)$$

Ia, Ea 表示年齡a之移入和移出數，Pa 表示a歲之年中人口。

公式(15)是一種特殊率，因以某特定對象而計算，不似計算粗率時並不限定特定對象，而以一般人口爲計算的基礎。使用邊境管制資料或護照簽證資料計算遷移率時，做爲分母的人口通常以年中人口爲準。年中人口代表在遷移間隔時，有可能遷移 (at risk) 的平均人口。

由普查或調查所得到的移民資料，通常僅限於在期初與期末都活著的人，而不包括在此期間內出生、死亡或移出之移入民。因此用年中人口當分母反而不適當或不方便，尤其是遷移間隔超過一年以上時，遇到這種情形就得用別的代替，通常都以普查人口做基礎。由普查或調查所得到有關以前某段時間（如 t 年以前）住在國外而現在住在本國的數目，在計算遷移率所使用的基礎人口乃是普查或調查時，t 歲以上之人口數。此種移民率可解釋爲在此期間內移入此地區人口佔該地 t 歲以上人口之比率，或更確切的說，在普查或調查日之移入民所佔 t 歲以上人口之比率。不過當淨移入民數是由國籍別算出的，則普查時的人口總數可做爲計算移民率的基礎，而不必用 t 歲以上人口做基礎。

嚴格來說，有些移民率並不能算是「眞正」的移民率或移民機率，因爲在計算移民率所使用的基礎人口，與做爲分子的移民並不屬於同一母羣體。換句話說，所計算的比率並不代表某一時間所觀察的人口在以後的某一特定時間內，將會移入或移出某一地區的機會。通常機率是用在相對上較嚴格限制的人口分類，如年齡組，不過在實際計算時，我們卻將之應用到一般的人口。假若要算遷移的機率，那麼何種人口應當做分母，一般都不很明確。比較合理的計算方式是把遷移間隔初期的人口加上在此期間之移入人數做爲分母。以這種方式所處理的基礎人口與原來可能有機會遷移的人數較爲接近，亦卽用移入人數來彌補在同一期間因移出而減少的人數。假若只計算一年期之年齡別移民率，則可用該年齡組之年中人口加上同一年齡組在這年內死亡人數之半數做分母。因此由年齡 a 到 a+1 歲之移出機率可以用公式(16)表示：

$$\epsilon_a = \frac{E_a}{P_a + \frac{1}{2} D_a} \cdots\cdots\cdots\cdots\cdots\cdots\cdots\cdots\cdots\cdots\cdots (16)$$

ϵ_a 表示年齡 a 在一年之內之移出機率

E_a 代表年齡 a 之移出人數 (emigrants)

P_a 代表年齡 a 之年中人口

D_a 當年年齡 a 之死亡數

　　這個式子把移入民在這年內到達者含在年中人口數 (P_a) 中，這樣處理較爲合理，因爲這種年中人口在理論上較接近可能移出人口的母羣體。

　　移出率或移出機率用公式(16)表示，在理論和實際兩方面都能說得通。但是移入率就不一樣了。在一段時間內移入某一個國家之機率不能用該國之期初人口做爲基礎人口，因爲移入民並非該國期初人口之一部份，兩者之經驗並不相同。一個國家的移（入）民數目在邏輯上與世界各國之期初人口有關，或至少與那些移出國有關。這些移入民與原住國之期初人口才是屬於享有同一人口經驗的母羣體。依此原理所計算的移入民率雖能符合理論上的興趣，但是對分析一個國家的人口成長則毫無實際用處。旣然移入民的機率難以計算又無實際的用途，所以在實際應用上乃改爲計算一個國家可能接受移入民的機率。這種機率之計算是一國在遷移間隔之期終人口做爲基礎人口。

　　以上的討論很清楚的指出，在計算移出民率時所用的分母以期初人口爲主，必要時再加上在遷移間隔之移入民數。計算移入民率時，則以遷移間隔的期終人口做分母。但是計算淨移民率時又當如何呢？雖然我們可以把淨移出比照移出民看待，把淨移入比照移入民看，卽計算淨移出率時可與遷移間隔之期初人口發生關聯，計算淨移入率時與期末人口發生關聯，但是這樣的做法旣不合理論又不實用。因爲就一個國家而言，長時間的淨遷移，歷年來可能有些年代有淨移入，有些時候則有淨移出，而要隨著淨移入或淨移出來更動基礎人口旣不方便又增加困擾。同樣，就國與國之間的比較而言，有些國家有淨移入，有些國家有淨移出，要依國別之淨移入或淨移出來選用基礎人口亦頗不實際。所以實際應用上並不計算淨遷移的眞實機率 (actual probabilities of net migration)，而採用年中人口做爲基礎人口。雖然採用年中人口，但是在實際計算上並不就沒有困難，因爲不少的普查資料或調查資料往往以年終人口爲主，因此在應用時必須統一加以調整，以便比較。

四、移民和人口成長

移民是人口成長的因素之一，用百分比來表示影響人口成長各因素之相對重要性有很大的用途。對人口成長有正影響的因素有出生和人口的移入，負影響的因素有死亡和人口的移出。我們可以計算移民自然增加對人口成長貢獻的百分比。

一個國家在一段時間之淨移民對該國人口成長的重要性若以其對自然增加之比例 (ratio) 來表示當更敏感。這種比例乃是表示淨移民佔自然增加的百分比，可用公式(17)表示：

$$\frac{M}{B-D} \times 100 \quad\cdots\cdots\cdots\cdots\cdots\cdots (17)$$

M代表淨移民數，B、D分別代表出生和死亡數。其他計算移民與總人口變遷的關係可用總移民的觀念(卽移入與移出之總和)、總自然變動 (natural turnover) (出生加死亡) 及人口總變動 (卽出生、死亡)

移入、移出四因素之和)。這些值可能彼此間有關連，也與總人口數有關，爲了測度基本人口變遷之程度，至少應分析超過一年以上的資料。

在估計移民對總人口的影響，除了測度淨移民絕對數的影響之外，更應詳細的估計涉及移民對人口變遷的淨影響。換句話說，除了移入、移出本身的人數外，這些移民的出生、死亡也是總人口自然增加的一部份，正確的估計值應將這種影響因素也一併考慮。估計移民對人口減少的影響必須包含移出人口的自然增加數，因爲這些自然增加及外移人口本身才是眞正因移民而減少的人口數。

在固定的一段期間內遷移者的子女所出生之小孩子數目也應一併加以考慮調整，也必須以長時間的觀察考慮。一般的統計資料並未有移民的死亡和移民小孩的出生數。要估計一段期間由淨移民對人口增減的淨影響，可經由：①用活存率法利用原來普查之人口推算出下一次普查人口之期望值，並估計普查間隔之期初人口出生數，②將後一次普查實際所查記的人口數減去期望活存人數的估計值。在計算人口期望值時慣用生命表活存率或普查活存率，但是並不用死亡統計，因爲計算時所需要的是期初人口之死亡數，而非平均人口之死亡數。表 3-5 和表 3-6 利用加拿大資料說明估計淨移民對人口變遷的影響之估計方法。

表 3-5　加拿大男性人口淨遷移對人口淨增加之估計值，按所選的年齡別計算, 1951-61

年　　　　齡		普 查 人 口	10年生命表	假設沒有淨移民時的活	普查人口數	由淨移民所
1951	1961	1951, 6月1日	活 存 率 *	存數	1961, 6 月1日	增加之人數
		(1)	(2)	(1)×(2)=(3)	(4)	(4)-(3)=(5)
總　　數	總　　數	7,088,873	(x)	8,501,340	9,218,893	717,553
出生數, 1956-61	5 歲以下	** 1,118,692	0.96163	1,075,768	1,157,091	81,323
出生數, 1951-56	5～9 歲	** 1,052,780	0.95509	1,005,500	1,060,840	55,340

0～5	10～14	879,063	0.98964	869,956	948,160	78,204
5～9	15～19	713,873	0.99156	707,848	729,035	21,187
10～14	20～24	575 122	0.98762	568,002	587,139	19,137

資料來源: 同表3-2 p.609

*得自加拿大1951和1961生命表

**不包括移入民所生的小孩。由表3-6 小孩出生數所導出。此數值乃是將每五年期出
生男孩佔小孩出生數的比例乘以當期期初婦女人口在五年當中所出生小孩總數。例如
計算1951-61之男孩數, 是將表3-6第五欄最後一行2,176,951乘以男孩的比例0.513880
而得到1118,692, 同樣1951～56之男孩數爲 0.513997×2,048,222＝1,052,780。

表 3-6 加拿大移民人口小孩出生數之估計值, 1951－61（6月1日）

年　　代	以6月1日爲準15到44歲之女性人口估計數 (1)	小孩出生數 (2)	一般生育數〔(2)÷(1)〕×1000 (3)	15～44歲女性人口之期望數 * (4)	原來女性人口所出生小孩數〔(3)×(4)〕÷1000(5)
1951	**3,103,807	381,092	122.78	3,103,807	381,085
1952	3,171,600	403,599	127.25	3,126,669	397,869
1953	3,228,600	417,884	129.43	3,149,531	407,644
1954	3,291,500	436,198	132.52	3,172,393	420,406
1955	3,349,700	442,937	132.23	3,195,255	422,509
1956	3,405,100	450,739	132.37	3,218,119	425,982
1957	3,496,600	469,093	134.16	3,253,029	436,426
1958	3,567,800	470,118	131.77	3,287,939	433,252
1959	3,616,800	479,275	132.51	3,322,849	440,311
1960	3,670,300	478,551	130.38	3,357,759	437,785
1961	**3,721,651	475,700	127.82	3,392,667	433,651
1951, 6月1日～1956, 6月1日	(×)	2,110,732	(×)	(×)	2,048,222
1956,6月1日～1961, 6月1日 移入女性人口	(×)	2,358,177	(×)	(×)	2,176,951

所出生小孩數估計值:
報告出生數（第2欄）…4,468,909
原來女性人口所出生小孩
數……………………… 4,225,173
差值…………………… 243,736

資料來源: 同表3-2 p.609

（×）不適用

*每年人口之期望值未考慮淨移民之調整, 以1951年普查人口爲依據, 計算活存至1956
年和1961年之活存人數, 並以內插法插入相關之年份。

**實際查記之人口數

表 3-6 計算原來女性人口所生小孩數目之步驟為:

1.計算一般人口在十年內每一年之一般生育率 (general fertility rates)。((1)、(2)和(3)欄)

2.用活存率法計算女性人口之活存數。((4)欄)

3.將(3)欄的一般生育率乘以(4)欄的女性活存人數卽得原來女性人口所生小孩數。((5)欄)

以上步驟1.之計算必須要有按年齡、性別區分之歷年普查人口估計值，本例採用加拿大官方所發表之資料。步驟(2)計算15到44歲婦女，每年之期望活存數，必須要有活存率的資料，本例採用生命表活存率，先計算1951到1956及1956到1961之活存數，然後由直綫內插法(interpolating)補足逐年之活存數。由此估計所得之小孩出生數與普查查計小孩出生數之差，卽得淨移民所生之小孩數目。玆將詳細的計算過程摘錄如下:

	男	女	總 計
(1)普查人口，1951年6月1日	7,088,873	6,920,556	14,009,429
(2)原來人口小孩出生數	2,171,472	2,053,701	4,225,173
(3)活存人數（假定沒有淨遷移）	8,501,340	8,414,786	16,916,126
(4)普查人口，1961年6月1日	9,218,893	9,019,354	18,238,247
(5)由淨移民之淨人口增加(4)−(3)	717,553	604,568	1,322,121

另一種估計由淨移民所產生對總人口淨增加的影響可用下列的計算過程表示:

(1)利用殘差法所得淨移民之估計值

(b) − (a) − (c) + (d)·················· 1,082,904

（a）1951年6月1日人口數······14,009,429

（b）1961年6月1日人口數······18,238,247

（c）出生數……………………… 4,468,909

（d）死亡數……………………… 1,322,995

⑵淨移民所生小孩數 (a)－(b)………………………243,736

（a）出生數……………………… 4,468,909

（b）原來人口之出生數…………… 4,225,173

⑶淨移民之死亡數 (a)－(b)………………………4,519

（a）死亡數………………1,322,995

（b）原來人口及其所生小孩之死亡數……1,318,476

⑷＝⑴＋⑵－⑶由淨移民所增加之人數…………1,322,121

⑸＝(1b)－(1a)＝淨人口增加數…………………4,228,818

⑹＝⑷÷⑸由淨移民所增加之人數與淨人口增加數之比值…… .313

　　如前所述，淨移民之小孩出生數可由原來人口小孩出生數之估計值和普查所得小孩出生數之差得之。同樣，淨移民之死亡數也可由普查之死亡數與期初人口所發生之死亡數之差得之，後者乃是期初人口及其出生數與活存數之差。

　　另一種估計國際移民對人口數之淨增加或減少的方法乃是將生命表活存率應用到淨移民的數目。依照年齡、性別分配活存率的方法可以得到在一段期間（如5年或10年）依照年齡、性別區分之淨移民在期終的活存數，然後應用一般生育率的資料，可以求得按年齡區分之女性淨移民在整個期間所出生之小孩數。不管用那種方法都必須借用適當之比率（rates)，通常是借自一般人口。

　　遷移者進出國境的時間都不一樣，假定我們所研究的期間為十年，則遷移者在這十年當中的任何一年都有可能進出國境；同樣在這十年當中的任何一年都有可能生小孩或死亡。我們可以假定其出生或死亡是在期中發生，亦即第五年發生，這樣遷移者的年齡在這十年期的資料中只增加五歲，即估算期間之半。同時婦女在此期間所出生之小孩亦以此中點時間計算其歲數，然後將小孩出生數換算成期終年齡人數再加上原來淨遷移的活存人數，即為淨遷移對總人口增加之淨影響。

人口遷移之淨增減對預測人口變遷及擬定人口政策有密切的關係。人口遷移對預測總人口成長的比例可經由假設沒有人口遷移的預測值與另一系列有淨遷移的預測值之差得之。例如美國1966到1990由移民對總人口的累積數目，按照各成份之變動計算，約有九百六十萬之淨移民（每年四十萬人，共二十四年）到達美國，但是淨移民的自然增加為四百萬（四百六十萬出生數減掉六十萬死亡數），因此對人口之淨增加為一千三百六十萬。到1990年時，有些由移民所出生的小孩已是第三代了。

五、圖表分析

一般之圖表，包括各種圖形，可用來說明分析境內遷移和國際移民的資料，例如使用地圖再配以箭頭，以說明移民之方向及數量。箭頭之粗細代表數量之多寡，箭頭之長短及位置代表原住地及目的地。

人口金字塔亦可約略的表示歷次到一個地區的移民潮及其相對數量。金字塔上端若特別寬，表示好幾十年前的移民潮，因為移民多半發生在年輕的時候。

圖3-1利用地圖和箭頭表示世界各國自1500年以來的移民狀況，這種圖形的好處是簡單明瞭，一目了然；缺點是缺少精確的數據。若要知道精確的移民數量，則必須在箭頭的頭尾標明數字，以表示移出量和移入量或是註明線條的寬度所代表的移民數量。圖3-2和圖3-3借用美國境內移民的資料表示這種圖形的用法。圖3-4則是利用人口金字塔表示由外國移到美國夏威夷州的人口結構。該人口金字塔顯示就所有外國人而言，在1950年，34歲到64歲之間的男性有特別高的比例。這種不尋常的人口結構表示，在二、三十年前有大量的移民潮從國外移入夏威夷。

若比較菲律賓人和日本人在夏威夷的人口金字塔，很明顯的可以看出日本人大量移入夏威夷的時間約比菲律賓人早二十年。而且早期移入夏威夷的日本人男性多女性少，晚期則女性多，男性少，但是移入夏威夷的菲律賓人則一直是以男性爲主，女性所佔的比例極少。

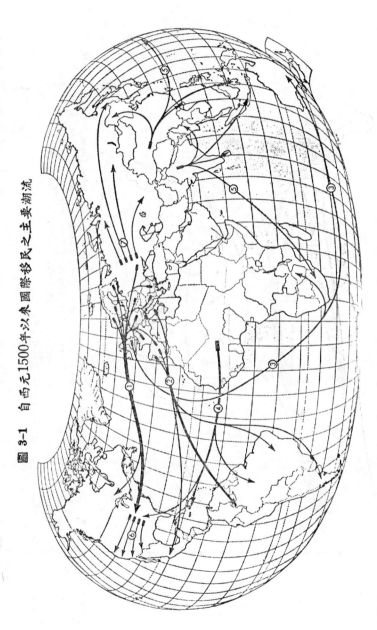

圖 3-1 自西元1500年以來國際移民之主要潮流

資料來源：W. S. Woytinsky and E. S. Woytinsky, *World Population and Production: Trends and Outlook*, p. 68. ⓒ 1953 by The Twentieth Century Fund, New York. 引自Henry S. Shryock and Jacob S. Siegel, 同前引，p. 612.

註：①從歐洲各地移到北美洲；②從歐洲之拉丁國家移到中南美洲；③從英國家移到非洲和澳洲；④從非洲移到美洲；⑤從中國和印度到其他地方；⑥美國境內向西部遷移；⑦蘇俄境內向東部遷移。

圖 3-2 美國大陸在1950到1960年間，十歲以上本國白人地區間之淨遷移

資料來源： Hope T. Eldridge and Yun Kim, *The Estimation of Intercensal Migration from Birth-Residence Statistics: A Study of Data for the United States, 1950 and 1960, Philadelphia*, University of Pennsylvania, Population Studies Center, Analytical and Technical Reports, No. 7, February 1968, figure 7, p. 62., 引自Henry S. Shryock and Jacob S. Siegel,同前引, p.669.

註： 數字以1,000人為單位，淨遷移量在10,000人以下者未列出。

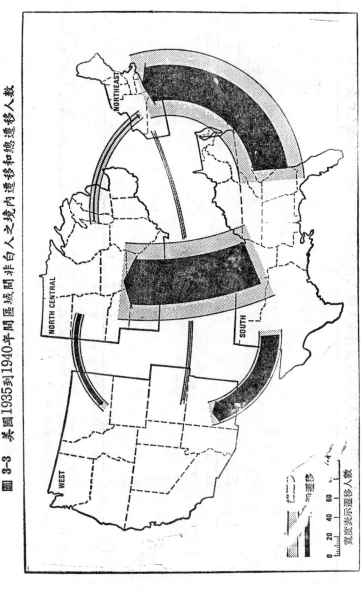

圖 3-3 美國1935到1940年間區域間非白人之境內遷移和總遷移人數

WEST

NORTH CENTRAL

NORTHEAST

SOUTH

等遷移
淨遷移

0 20 40 60
寬度表示遷移人數

資料來源：Henry S. Shryock, Jr., *Population Mobility Within the United States*, Community and Family Study Center, University of Chicago, 1964, figure 8.3, p.242, 引自 Henry S. Shryock and Jacob S. Siegel, 同前引, p.670.

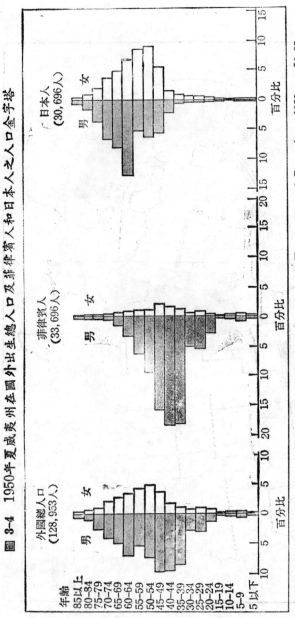

圖 3-4 1950年夏威夷州在國外出生總人口及菲律賓人和日本人之人口金字塔

資料來源: U. S. Census of Population 1950, Vol. II, Parts 51-54, *Territories and Possessions,* 1953, p. 52-35,
引自 Henry S. Shryock and Jacob S. Siegel, 同前引, p. 614.

第四章　人口遷移理論

　　大部份的學者談到遷移理論都一致認爲到目前爲止，遷移的理論和
遷移的實證研究相當不完整，而且因爲理論的缺陷，大大的影響實證的
研究。這些理論往往只適用於某一特定的時間和特殊的文化背景，而且
多數屬於描述性的[①]。遷移理論之不完整，一方面是因爲人口遷移的現
象相當複雜，與出生、死亡相比，人口遷移涉及的因素更多，它包括原
住地因素、目的地因素、中間阻礙因素和遷移者的動機、行爲，而且遷
移的定義不像出生或死亡那麼明確，另一方面，由於人口學者實證研究
的取向，一部份由於資料的不足，大部份的遷移研究都傾向於企圖發現
通則、事實的報告，在資料許可的範圍描述不同地區的遷移量、遷移的
特徵、差別遷移率等現象。由於這些限制，要提出一套完整且深具說服
力的遷移研究頗爲困難。在這種限制下，什麼樣的遷移理論較正確，則
難有定論，由於時代背景和社會發展階段不同，有些理論較適合用來說
明發展程度較低社會的人口現象，有些則較適合用來說明發展程度較高

[①]J. J. Mangalam and Harry K. Schuiarzweller, "General Theory in
the Study of Migration: current needs and difficulties," *International
Migration Review* (New York) 3(1); 3-18, Fall, 1968.

社會的人口現象。

　　人口遷移的理論多偏重遷移原因的探討，也有少部份討論遷移現象本身，但是解釋遷移結果的理論並不多見。因爲遷移現象本身相當複雜，並且又涉及社會、文化、政治、經濟、心理和環境因素，所以不同觀點之理論每有重疊之現象，很難截然分出某一理論是純屬社會觀點或經濟觀點，不過爲了便於說明起見，本章將較常談到的理論分爲三大類：推拉理論 (push-pull theory)、引力模型 (gravity model)，和經濟觀點之遷移理論。

一、推拉理論 (Push-Pull Theory) ❷

　　簡單的說，推拉理論認爲遷移發生的原因是由原住地的推力或排斥力 (push force) 和遷入地的拉力或吸引力 (pull force) 交互作用而成。遷移者之所以要離開原住地，可能因爲原住地的排斥力所致，排斥力的種類很多，而且因人而異，不同的人對不同的排斥力有不一樣的感受。例如對某些人而言,缺少就業機會是排斥力；對另外的人而言,農作物收成不好可能是排斥力，其他的推力如不良的社會關係，不良的政治情況等都屬之。有了排斥力之後也要有吸引力才能決定遷移者遷入的地

---

❷贊成推拉理論的學者很多，如以下幾個學者的著作均持有這種觀點。
Dorothy Swaine Thomas, "Sccial and Economic Aspects of Sweedish Population Movement 1750-1933," 1941, New York: MacMillan Company.
Harry Jerome, Migration and Business Cycles, National Bureau of Economic Research, New York, 1926.
Brinley Thomas, Migration and Economic Growth, Cambridge; Cambridge University Press, 1954.

點，對吸引力的感受也是因人而異，有些人對某地方的就業機會嚮往，而被吸引移入，有些則受公共設施或氣候的吸引而移入。在諸多種類的遷移者當中，有些人的遷離原住地完全是因為推力的作用，另外一些人則完全是因為遷入地吸力的影響，也有人是同時受推力與拉力的影響而遷移的。

推拉理論隱含著二個假設，第一個假設認為人的遷移行為是經過理性的選擇，第二個假設認為遷移者對原住地及目的地的訊息有某種程度的了解。由於對客觀環境的認識，加上主觀的感受與判斷，最後才決定是否遷移。推拉理論雖然對遷移的原因能提出相當大的說服力，尤其對原住地及目的地社經情況的了解有助於解釋人口遷移的現象，但是美中不足的是，對遷移過程有關的問題卻不能從中得到合適的答案，例如存在於原住地與目的地之間的中途障礙如何影響一個人的遷移行為，推拉理論並未能提供有力的說明。持推拉理論的概念可溯自拉文斯坦 (E. G. Ravenstein) 的遷移法則 (The Laws of Migration)，後來經過不少的學者補充修正，直到李氏 (Everett S. Lee) 截長補短集大成，而完成較有系統的遷移理論。本節擬介紹與推拉理論有密切關聯的三位學者之遷移理論。

1. 拉文斯坦 (E. G. Ravenstein) (1834-1913)的遷移理論

談到人口遷移的理論，拉文斯坦的遷移法則(The Laws of Migration) 被公認為人口遷移的先驅。拉氏的遷移理論雖然未刻意闡明推拉理論，也未特別使用這個名詞，但是卻含有這種概念。

拉氏的理論是根據一八八一年英國人口普查有關人口出生地及居住地資料分析、歸納而成的。初步的研究發現在 1885 年三月英國皇家統

計學會 (the Royal Statistical Society) 發表❸。之後，拉氏參考二
十多個國家的資料，另寫成一篇文章，仍稱爲 "The Laws of Migra-
tion"❹。他當時自己也認爲人口的 "法則"或經濟學上的"法則"並不如
物理學定律之嚴謹。拉氏所發表的遷移法則可以歸納成以下七則，前五
則是他在 1885 年的文章中明確指稱爲"法則"的，後二則乃是由 1889年
文章之結論而獲得的

(1)遷移與距離 (migration and distance): 人口遷移受距離的影
響，一般都傾向於短距離的遷移，長距離的遷移也只移往工商業都市的
中心，離中心越遠，遷移人口愈少。

(2)遷移成階段性 (migration by stages): 人口遷移常成階段性，
大商業中心吸引周圍鄉鎭的居民遷入，當這些人遷到大都市後所留下的
空缺則由更遠處村莊的居民所遞補，如此逐步影響到更偏遠的村莊; 反
之大城鎭人口之向外擴散亦是階段性的，由近而遠向外擴散。以臺灣的
情形爲例，人口遷移先由鄉村到小市鎭，然後再由小市鎭到大都市，而
較少由鄉村直接到大都市的。

(3)流向與反流向 (stream and counterstream):每一人口遷移的
流向 (stream) 同時也有反流向(counterstream)存在❺。

(4)城鄉遷移傾向之差異 (urban-rural difference in propensity

---

❸E. G. Ravenstein, *"The Laws of Migration,"* *Journal of the Royal
Statistical Society*, XLVIII, Part 2(June, 1885), 167–227. Also Reprint
No. S–482 in the "Bobbs-Merrill Series in the Social Sciences."

❹E. G. Ravenstein, *"The Laws of Migration,"* *Journal of the Royal
Statistical Society*, LII (June, 1889), 241–301. Also Reprint No. S–483
in the "Bobbs-Merrill Series in the Social Scinces."

❺Ravenstein 所用之原文爲 current and countercurrent, 唯目前英文著作
都慣用 stream and counterstream.

to migrate)：城鎮居民比鄉村居民較少遷移。

(5)短距離的遷移以女性居多 (predominance of females among short distance migrants)。

⑹技術與遷移 (technology and migration)：運輸、交通工具與工商業的發展使人口遷移增加。

(7)經濟動機為主 (dominance of economic motive)：雖然受歧視壓迫，沈重的稅負、氣候不佳、生活條件不合適等因素也是促使人口遷移的原因之一；不過其中仍以經濟因素最重要，人們為了改善物質生活而遷移的情形佔最多數。

以上七個法則之正確性及適用性各有不同，就遷移與距離的關係而言，大多數的研究都能支持拉氏的說法，亦即絕大多數的遷移都是短距離的遷移。遷移量隨著技術的改進、工商業之發達而增加，技術改進克服遷移的障礙，縮短空間的距離，工商業之發達增加選擇的機會，都會促使遷移量的增加，不過他們之間的關係，並非直線的。證諸人類社會的實際情況，遷移量與技術、工商業之關係是Ｓ型的曲線。

此外，遷移的方向也非一成不變的。例如，鄉村到都市的遷移只適合快速都市化的時期，一旦大多數的居民都變成都市人口時，則遷移的方向可能改為都市到鄉村，或都市到都市，目前美國的遷移方向即是最好的例子。同樣，婦女比男性的遷移率高乃是英國 19 世紀後期的特殊現象，那時很多年輕婦女做短距離的遷移去從事服務業的工作，所以女性有較高的遷移率。唯就短距離的遷移而言，拉氏的說法仍是正確的。

拉氏雖然認為遷移是階段性的，在城市周圍鄉鎮的人口移到城市去，更遠的鄉鎮的人再移到城市周圍，如此逐漸擴及僻遠的鄉村。但是他所用的普查資料並不能做如此解釋，因為普查只有終生遷移 (life-time migration) 的資料，所以拉氏的"法則"只能算是一種推測❻。

階段性的遷移也可用信息傳遞 (information flow) 的觀念來說明。當遷移者從鄉村遷到鎮之後，他從鎮裡可以獲得更多有關城市的消息，而奠下以後再往城市遷移的基礎，不過這種說法卻意示著遷移是單一方向的。

遷移並非單向而是雙向的。有關這個說法雖然很難找到合適的資料加以證實，但是就旣有的研究結果亦能支持拉氏的法則，例如歐爾生 (Olsson, 1965) 用瑞典的資料發現約有 21.6% 的回流遷移 (return migration)❼。

回流的遷移者之特質與原先的遷移者不同，通常回流的遷移者已在原來的目的地住過很長的一段時間，因此年紀較大，但是並非所有回流的遷移者都是來自原住地的，回流的遷移者只是人口遷移的一個小團體 (subgroup) 而已，並非這些人都是年紀大的。李契蒙(Richmond, 1968) 研究英國和加拿大之間的遷移，發現回到英國的遷移者多 爲 年輕、未婚、專門職業團體的人，而且其中很多人願意再回到加拿大，而那些回到英國的人有 85% 相當滿意在加拿大的生活❽。

拉氏遷移法則中之第七個法則含有推拉理論的概念。拉氏認爲拉力對遷移的影響比推力大，雖然不良的政治環境、自然環境或不合適的生活條件會迫使人們遷移，但是多數的遷移卻是起因於人類改善生活的動

---

❻P. E. White and R. I. Woods, "Spatial Patterns of Migration Flows," in P. E. White and R. I. Woods (eds.) *Migration*, London: Longman Group Limited, 1980, pp. 21-41.

❼G. Olsson, "Distance and Human Interaction: A Migration Study," *Geografiska Annaler*, 47B, pp. 3-43, 1965.

❽A. H. Richmond, "Return Migration from Canada to Britain," *Population Studies*, 22, pp. 263-271, 1968.

機，且相信遷移後能滿足這種願望。

拉氏的遷移法則給後人很大的刺激，因為簡明，對遷移的流向、誰遷移、遷到那裡的說法尚稱合理。但是他的說明在本質上屬歸納而非演繹，從一個社會在一定期間之出生資料加以分析而得到的結論，並非從抽象的理論層次演繹而成。雖然如此，拉氏遷移理論的信度仍獲得許多不同社會實徵研究的支持，也引起後來學者探討遷移理論的興趣。唯學者對遷移理論的討論，大抵無法脫出拉氏遷移法則的範疇。

2. 顧里社（Eugen M. Kulischer）的理論

俄籍社會學者顧里社在他有關人口理論的論述中，也有幾個地方提到人口遷移的理論，只是未曾系統整理，或引證經驗資料，故其論述較少受重視或知道的人並不多❾。顧氏提到人口遷移的概念，有幾個地方與拉氏的主張頗為類似。

(1)若技術保持不變，經濟結構也可能保持不變，則在一個特定的地理範圍內，只要有未被利用的自然資源，則人口會繼續增加，直到自然資源被用盡時，人口就會往其他地方遷移。假如他們能遷到一塊空曠的地方，且此種遷移是和平的，則人口增長的過程會再重複。假若臨近的土地已被人佔用，則戰爭將隨之發生。假若攻擊者勝利，則被攻擊者將逃亡而攻擊其近鄰，如此連鎖反應波及到數千里之外。假如攻擊者失敗，則一連串的戰爭將延長很長的一段時間，終至人口減少。原來的土地足以維持地上人口之生活，就不會有遷移發生。

(2)假如技術改變，經濟結構也可能改變，人口也跟著調整。經濟擴充，人口增加；經濟萎縮，人口減少，不過人口並不一定增加到馬爾薩

❾有關 Kulischer 人口理論的介紹請參考 A. J. Jaffe, "Notes on the Population Theory of Eugene M. Kulischer,"The Milbank Memorial Fund Quarterly, Vol. 40, No. 2, April, 1962, pp. 187-206.

斯所稱的經濟所能負擔的極限。人類對生活水準的期望乃是人口數量的決定因素，因此擴充經濟可以代替戰爭和移民。

(3)有三種技術的創新對人口的遷移有不同的影響：

a．直接增加經濟基礎之技術創新；

b．改進交通運輸之技術創新使遷移更容易；

c．與軍事有關之創新發明，使一個人口更容易攻擊另一人口。

(4)與經濟無關之政治社會結構改變（如宗教迫害）對人口數量、經濟情況、技術、遷移等事件會有連鎖性的影響。

顧氏有關人口遷移的理論係從研究歷史的觀點，較偏重強制性的遷移。顧氏認為遷移乃是人們為平衡人口數與可運用資源之反應。他更認為遷移不可能用人為的移民法律永遠加以阻止。歷史的經驗顯示，人類的遷移乃是移向充滿機會的地方 (lands of opportunity)，這種經驗將一直持續下去。

自從二次戰後，成千百萬的人移到新的天地，有些是自願的，有些是被迫的。若依照顧氏的觀點推論，只要世界上有些國家在經濟上比其他國家更發達，則人口遷移仍將繼續永無止境。換句話說，只要具有吸力的地方，就永遠會有人移入。

3. 李氏 (Everett S. Lee) 的理論[10]

自從拉文斯坦提出遷移法則之後，不少的學者試圖嘗試對遷移的原因或現象提出更進一步的說明，但是在基本觀念上仍難脫離推拉的觀點，只是分類較完整、涵蓋的範圍較廣而已。其中以李氏的人口遷移理論 (A Theory of Migration) 對人口遷移的解釋較有系統，分類較詳細。李氏的遷移理論共分為四大部份，即遷移的因素 (factors in the

---

[10]Everett S. Lee,"A Theory of Migration," Demography 3(1),1966, pp.45-57.

act of migration)、遷移的數量 (volume of migration)、遷移的流向 (stream and counterstream) 以及遷移者的特徵 (characteristics of migrants)。

A、遷移的因素

依照李氏的解釋，遷移的因素共有四種，即原住地的因素、遷入地的因素、中間阻礙因素 (intervening obstacles) 及個人因素。前三種如因素圖一所示。

圖 4-1　影響人口遷移之因素

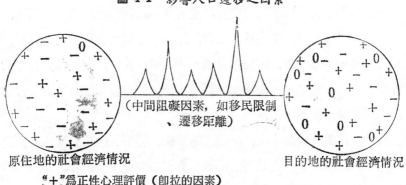

　　　　原住地的社會經濟情況　　　　　　　　目的地的社會經濟情況

"＋"為正性心理評價（即拉的因素）

"－"為負性心理評價（即推的因素）　　"0"表示無所謂

在每一個地方同時存在著吸引某些人的因素（用＋號表示）以及排斥某些人的因素（用－號表示），也有一些因素對某些人而言，並無關緊要（以 0 表示）。例如好的氣候可能對每一個人都具有吸引作用；好的學區對於有些學齡兒童的父母而言，可能是吸力，但是對沒有學齡兒童的父母而言，可能是推力，因為這種地方往往要付較高的房地產稅，但是對未婚的年輕人而言則無關緊要，因為他們既不必付房地產稅，也沒有子女就讀學校。

兩地之間所存在的因素，因個人主觀的感受而有別，雖然很難明確的區分何者為原住地的因素，何者為遷入地的因素，但是仍可大致區分

出某一類的遷移者對某種社區特徵的反應較敏感；再者，原住地的人對
其自己的社區可能較清楚，對遷入地的因素所知有限，或一知半解，因
此對其相關的因素就更難有正確的判斷。

對兩地正負因素評斷的差別可能與個人生命週期 (life cycle) 的階
段有關。就大多數人而言，原住地是他成長的地方，沒有煩人的負擔，
年輕、健康，因此可能有高估正的因素，低估負的因素；相反的，遷入
地乃是他創業、奮鬥、掙扎和適應的階段，可能會有錯誤的判斷，而高
估負的因素，低估正的因素。

除了對兩地正負因素的評價外，還有存在於兩地之間的阻礙因素，
例如距離或遷移費用。對某些人而言，距離並不構成重要的阻礙因素，
但是對另外一些人而言，距離卻是重要的因素；同樣，對有學齡兒童的
父母而言，遷移成本可能是重要的考慮因素，對沒有學齡兒童的父母而
言，則遷移成本並不重要。

最後，就個人因素來說，一個人的個性、智慧、敏感程度、對其他
地方認識的程度，與外界接觸的情形都會影響他對原住地和對目的地的
評斷。此外，在個性上有些人較喜歡變動，有些人則不喜歡變動，有的
人認為動比靜好，有的人則認為靜比動好。這種個性、態度上的差異也
會影響遷移的行為。

因此，遷移的決定很難完全是理性或理智的；對某些人而言，理性
的成份多，非理性的成份少；對另外一些人，則理性少、非理性多。影
響遷移的因素如此複雜，所以我們不難發現在通則之外的例外情形。

實際上並非所有的遷移者都是自己做決定的，例如小孩子隨著父母
親的遷移、太太隨著丈夫的遷移，對他們而言，這種遷移可能迫使他們
離開自己所喜愛的環境。

個人的生命週期與遷移有密切的關係。例如小時候由於需要受照顧

，對原住地可能會高估正面的因素，等到完成某種階段的教育，進入勞動市場，最後退休或是結婚或離婚等不同階段的生命週期，都會影響一個人對原住地，或目的地正負因素的評價。

這種包含原住地的因素、遷入地的因素、中間阻礙因素以及個人因素的遷移概念乃是李氏用來解釋有關人口遷移數量、遷移流向、遷移者特徵的基本架構。

B、遷移的數量

(1)在一定地理範圍內人口遷移的數量隨此範圍內各地方之差異程度 (degree of diversity) 而異。兩地之差異程度高則遷移量大。因差異程度大，機會增加足以吸引那些對原住地不滿的人遷入。如美國的開拓西部、臺灣早期的向東部移民墾荒，及近一、二十年來鄉村人口往都市地區遷移。不過李氏的這種說法並不完全正確，因為兩地的差異程度若大到無法克服時，則談不上遷移。例如語言的障礙會減低遷移的數量，生活水準相差懸殊，也會影響遷移的數量。澳洲的土著與澳洲大陸之大城市之間移民的數量一定很少，雖然它們之間的差異程度很大。

(2)遷移的數量隨著人羣之差異 (diversity of people)而不同。若人羣之同質性高，如種族、宗教、教育、收入、信仰等越相似，則遷移量少。李氏所稱人羣之差異隱含不同團體間可能存在著可供各自追求的機會。如美國之開拓,因猶太商人之隨行而使新殖民者得到不少的方便。在美國，只要某一個地方需要某種特殊職業的人，就會有專長於該職業的移民團體移入。例如華人的洗衣業、餐飲業都是應當地的需要而產生的。

種族或不同族裔團體的歧視也與人口遷移有關，如美國黑人集中到都市的某一住宅。當少數民族被同化後，原來的差異會逐漸消失，但是現代社會又會產生其他的差異。例如教育之延長產生專門技術人員，但是有些地方對此等人才之需求量並不多，這些人在完成某種教育或訓練之後，就得遷往能利用其專長的地方，如專門人員、教授、工程師、高級管理人員等之遷移屬之。

李氏此種觀點有時並未能分清因果關係，究竟是因為歧異才產生遷移或因為遷移才產生歧異。李氏認為歧異產生遷移。但是事實上很多情況是遷移後才產生歧異的。例如美國西部開拓，因猶太人的遷入而使其他的開拓者得到不少的方便，乃是遷入後才造成該處族裔團體 (ethnic groups) 之歧異。遷移量與歧異的關係，較合理的解釋為先是由於某種原因如就業機會，或移民墾荒吸引各色各樣的人移入，其結果凡是人羣之歧異性大的地方也是人口遷移量多的地方，此種歧異乃是遷移的結果，並非遷移的原因。

(3)遷移的數量與克服中間障碍的難易有關。此點理由很淺顯。如東西柏林間的圍牆阻止了雙方人民的來往；海洋的阻隔、政治上的限制等，都大量的限制某一地方的居民移到另一地方。

(4)人口遷移的數量隨著經濟情況的變動而變動。經濟循環在很多方面影響人口遷移的數量，但是最重要的還是影響人們對原住地、遷入地正負因素之評價。當經濟景氣時有些地方之新興行業迅速蓬勃發展，但是這種發展的速度並非各地都一樣，有些地方快、有些地方慢，發展慢的地方可能仍相當落後，因此人口就大量從發展慢的地方移到快的地方。反之，當經濟不景氣時，原來看好的地方並沒有多大發展的機會，亦即正的因素大量減少，又因為居民對原住地各方面較熟悉，反而較有安全感，亦即在經濟不景氣時，一般人對遷入地正的評價減少，負的評價增加；而對原住地正的評價減少，負的評價增加，所以較少由原住地外移，甚或從遷入地回到原住地。此種情形在美國各地都有不少的經驗證明其正確性。臺灣在民國六十三年經濟不景氣時，有不少的都市勞力回流到農村，到六十四年經濟開始復甦時，又有大量的勞力往都市遷移，亦可支持此一解釋。

(5)除非有某種限制，遷移量和遷移率會隨時間而增加。因為時間越久，區域間的差異程度加大，人們之差異大，中間障礙減少，而使遷移量增加；各地方發展的速度不同，而使原來的經濟、福利措施的差距加大。再者，在農業社會人們之同質性高，並不鼓勵專業化，但是在工業社會，大家體認到專業化的重要性，這種態度上的改變造成人們之間的差異加大，而使遷移量增加。

技術的改進和交通的發達減少遷移的阻碍而促使遷移量的增加。再者，遷移行為本身也會助長進一步的遷移。人一旦離開從小長大的地方，就更容易遷移。當第一次遷移的障碍被克服，而且得到成功的經驗，則以後的障碍就不覺得太難克服，「遷移的惰性」(inertia of migration)也隨之降低。

李氏此種說法，雖然有不少的正確性，但是有關地區間之差異隨時間而增加，因而增加遷移量之說法頗值得商榷。時間增加會產生地區之差異，並非無限的延長。當某地方發展到某種程度之後，其發展的速度可能會緩慢下來，而原先未發展的地區，其發展的速度反而加快。例如目前開發中國家之經濟、醫療、衛生情況雖不如先進國家，但是其近幾年來發展的速度一定不亞於早期之先進國家。再以臺灣的情形來看，城鄉之間確有差距，但是鄉村發展的速度亦在加快之中，不少的新興小城市的產生即是明顯的例子。以前臺北市是遷入人口最多的地方，但是近年來高雄市吸收的遷移人口遠大於臺北市，更說明兩地之差異不但不因時間而增加，反而因時間而縮短差距。此種時間越久，差異越增大的說法並不能完全用來說明遷移量的增加。與其說差異增大，不如說因時間久，人們的知識更開通，對外界的事物看得更清楚，經濟情況改善，遷移障碍較少，更具現代性，安土重遷的觀念逐漸減弱，因而較容易發生遷移。

(6)遷移量和遷移率因一國或一個地區發展之狀況而不同，此點理由類似上一個論點。在經濟進步的國家，區域間之差異，因工業發展而加大，且遷移的阻礙，因技術的改進及政治的規劃而減少，加上教育上之差異，因此李氏認為可以預期先進國家之遷移率遠大於開發中之國家。美國是經濟高度發展的國家，有相當高的境內遷移，每年每五人就有一人改變住處，而加拿大、瑞典、西德之遷移率則低於美國。我們可以說，高速的發展乃包括人們對經濟機會的擴充與萎縮做快速的反應。

有一點必須補充說明的就是李氏所稱教育程度差異的問題。其實教育機會隨經濟發展而越趨普遍，一般人的教育程度都逐漸提高，只是專門性的工作更需要受更高深的教育，並非義務教育或普通的大學教育就能勝任。

C、遷移的方向

(1)人口遷移有幾個特定的方向。一般的觀察都指出人口遷移常集中到幾個特定的目的地。一則因為機會常集中在某些特定的地方，二則因為遷移者通常必須遵循別人走過的途徑。以前的遷移者把目的地的消息傳回原住地，而且或多或少已經克服了遷移的障礙，使後來的遷移者減少許多遷移的困難，方便其遷移。

很多種遷移有其特定的原住地和目的地，如從西西里島和南方的義大利人，多半遷到美國北邊的幾個城市，而從倫巴地 (Lombardy) 和塔斯卡尼 (Tuscany) 的義大利人多半遷到南美洲。在臺灣也有類似的情形，例如從澎湖到臺灣的遷移者多半住在高雄市，早期從雲嘉地區到臺北市的遷移者多半住在萬華和大稻埕地區。

(2)每一主要遷移的流向往往伴以反流向 (counterstream)。反流向的產生有幾個理由：一是目的地，正的因素可能消失，或因經濟不景氣或對原住地及目的地正負因素之重新評估。遷移增加兩地的接觸，使遷移者發現以前在原住地未曾發現過的機會，或利用在目的地的關係回到家鄉創業，若遷移者在目的地成家，則眷屬亦隨之回到原住地。此外，在目的地原來的居民因與遷移者接觸，發現原住地的機會而外移的。並非所有的遷移者都願意在目的地停留一輩子，如義大利到美國的移民，在賺了錢足夠在義大利過舒適的日子就回到義大利。中國人落葉歸根、衣錦還鄉的觀念也可解釋部份的反流向的遷移。

(3)流向效率 (efficiency of stream)——主流向對反流向之比 (ratio of stream to counterstream)：

當遷移的主要因素在原住地是負的，則流向效率較高，例如為逃離飢饉的愛爾蘭人很少回到愛爾蘭；很少美國黑人回到南方；當原住地與目的地的情況類似，則遷移效率低，因為在兩地之間遷移的人大部份因為同樣的理由而遷移，以致遷移的數量互相抵銷。

(4)當中間障礙 (intervening obstacles) 大時，則流向效率高。遷移的障礙大時，遷移者必須謹慎而行，不能輕舉妄動，就某種程度而言，流向與反流向的遷移障礙是一樣的，回流的遷移就得面臨二次的遷移障礙。

(5)流向效率因經濟情況而異，經濟景氣時，流向效率高，不景氣時，流向效率低。當經濟景氣好時，目的地之工商業擴充快，吸收很多人遷入而很少人遷出；不景氣時，很多人遷回老家或到其他較"安全"的地方。如臺灣在民國六十三年大批勞力由都市回流農村；美國在一九三〇年代，經濟大恐慌時，城市人口回流鄉村，都是受經濟情況的影響。

D、遷移者的特徵

(1)遷移具有選擇性 (migration is selective)。遷移者並非原住地人口之隨機樣本。遷移所以具有選擇性乃是因為不同的人對原住地與目的地之間的正負因素做不同的反應，且有不同的能力來克服遷移的障礙。有時候某一流向的遷移，選擇具有某種特徵的人，如年輕、高教育者（正的選擇）；有時候則是負的選擇。

(2)對目的地正的因素做反應的人是正的選擇。這些人本來可以不必遷移，但是因為看到遠處的機會，衡量兩地的利弊而後遷移。如高教育程度的人在原來的地方已能過舒適的生活，但是別的地方有更好的機會吸引他，所以遷移的次數也多。同樣，專門人員、經理人員也是高度的移動性者，因為遷移表示晉升。

(3)對原住地負的因素反應的人則為負的選擇，唯若此種負的因素擴及全面的人口，則無任何選擇。就一般情形而言，在原住地社會、經濟失敗的人，往往會被迫離開，而這種被迫離開的人，往往是教育程度較低的，亦卽負的選擇。又如廣大人羣的逃難，則無所謂選擇，如我國歷代大批人為逃避戰亂或飢荒而遷離原來居住的地方。

(4)遷移的選擇，具有兩極 (bimodal) 的傾向。對任何原住地而言，有些人外移是受目的地正因素的影響，這些人是正的選擇，有些人則受原住地負的因素的影響，亦卽負的選擇。因此若將所有的遷移者之特徵從不好到好畫成曲線，我們可得到 J 型或 U 型曲線，如遷移者教育或職業的特徵，往往是兩極端的人有較多的比例。

(5)正性選擇的程度隨克服中間障礙的難度而加深，卽使在原住地的選擇是負的，或隨機的，中間障礙乃是過濾弱者或無能力者的篩子。如十七、十八世紀間從歐洲航海到美國所須的勇氣和力量排除了許多弱者。二次戰後從東德逃到西德的，亦須克服極大的障礙。當距離增加，則遷移者越優秀。另一方面，能力較差的、教育程度低的貧民區居民，經常只是在住處附近搬遷，很難克服長距離的遷移障礙。

(6)生命循環的階段與遷移選擇有密切的關係。在美國，小孩子長大

後開始就業或結婚的時候, 往往遷離父母的住處。離婚的人也容易遷居,
這些事件的發生通常集中在某些特殊的年齡層, 所以對年齡具有選擇性。

　　(7)遷移者的特徵介於原住地與遷入地人口之間。如前所述, 具有不
同特徵的人對原住地與目的地之正負因素做不同的反應, 卽使在離開原
住地以前, 遷移者可能已多少具有目的地人口之特徵, 但是也不致於失
去原住地人口的特徵。正因爲具有幾分目的地人口的特徵, 使他們發現
目的地之正面因素, 也因爲有幾分不同於原住地的人口, 所以原住地負
的因素促使他們離開。很多研究都支持此種說法。例如遷移者的生育率
介於原住地與遷入地之間, 敎育程度亦然, 如由鄉村到都市的遷移者,
其敎育程度高於鄉村人口, 卻低於都市人口, 因此, 若就某些特徵而言,
遷移會降低兩地人口的品質。例如就敎育程度而言, 高敎育程度者離開
原住地, 使原住地的平均敎育程度降低, 但是這些遷移者到達目的地之
後, 其敎育程度又低於目的地的人口, 因此也使目的地之平均敎育程度
降低。不過李氏這種主張只適用於某些特殊情況的遷移, 亦卽只適用於
相差較懸殊的兩個地方, 如由鄉下到都市, 或由低度開發到高度開發的遷
移。若由高度開發的地區到低度開發的地區, 或城市與城市間的遷移,
則此種說法不一定正確。

　　李氏的遷移理論與其說是獨家的創見, 不如說是綜合整理各家之言
或研究發現而成。例如有關遷移量或遷移者特徵的理論, 在李氏之前已
有不少的學者提過。 其他的學者也都同意遷移者的特徵, 如性別、 年
齡、婚姻狀況、敎育程度、宗敎信仰與遷移行爲有密切的關係, 只是未
曾給予統一的名稱, 以至說法不一而已。

　　李氏的理論頗受重視, 因其涵蓋了大部份人口遷移研究的範圍, 並
且對推拉理論做了更詳細的闡述。他的正的因素 (positive factors)卽
拉的力量 (pull forces), 負的因素 (negative factors) 卽推的力量

(push factors)。由於李氏的闡述使推拉理論的意義更清楚，內容也更具體充實，為人口遷移的研究指出具體可行的方向。

二、引力模型 (Gravity Model)

自從拉氏提出遷移法則以來，無數的遷移研究試圖驗證補充拉氏的理論，但是卻少有進展。最多只是將拉氏的概念加以整理細分而已。如鄧肯 (O. D. Duncan, 1940) 將人口遷移的原因歸成五類：1.經濟與技術的原因，如生產技術的改變；2.社會的原因，如社會的進步、政策的改變；3.個人的原因，如為了滿足慾望；4.自然的原因，如氣候、災害；5.其他的原因，如新資源的發現或原來資源之枯竭等⓫。有關遷移的研究為數頗為可觀，但是多偏重個人因素之探討，如年齡、性別、種族、距離、教育、勞動力等因素與遷移的關係，對於遷移量的研究並不多見。

隨着統計學的興起，統計資料大量被採用，人口研究也日趨量化，因此人口學者開始嚐試著用數量模型來解釋人口遷移的現象。各種不同的模型被用來分析、預測兩地之間的遷移數量，而且成效頗佳。這些模型基本上著重總體的分析，並不考慮個別遷移者或遷移效用的問題。

引力模型名稱的由來乃是借用物理學上兩物相吸，與其質量乘積成正比，與其距離的平方成反比的原理發展而成的。

也許最為大眾所熟悉的遷移模型就是吉佛 (Zipf) 的互動假設 (In-

⓫ O. D. Duncan, "The theory and consequences of mobility of farm population," in Joseph J. Spengler and Otis D. Duncan, *Population: Theory and Policy*, Glencoe, Illinois: The Free Press, 1956, pp. 417-434.

teractance Hypothesis) ⓬。此假設表示兩地之間的總遷移量與兩地
人口數量的乘積成正比，與其距離成反比。以公式表示爲：

$$M_{ij} = K \frac{P_i P_j}{(D_{ij})^a} \quad \cdots\cdots\cdots\cdots\cdots\cdots\cdots\cdots\cdots\cdots\cdots\cdots \text{(1)}$$

M_{ij} 表示 i 地與 j 地之間遷移人口總數

P_i, P_j 分別表示 i 地與 j 地之人口數量

D_{ij} 爲 i 地與 j 地間之距離

K,a 爲常數

這個模型表示兩地間人口之互動是隨機的，其互動頻率決定於潛在
的行動者（卽人口）和距離(互動困難的程度)。其基本假設爲遷移者可
獲得充分的消息，而且到各方向的遷移成本都一樣，每一遷移者對機會
的評估過程也一樣。但是這個方法忽略了眞正生活上遷移決定的行爲。
不過就總體資料而言，李氏的模型在預測遷移量頗爲成功。但是從行爲
主義的觀點言，李氏的假設把問題看得太過簡單，有許多因素被忽略。
在影響遷移的諸多因素當中，距離只是其中的一種而已，要把距離做爲
決定遷移量的主要因素，並不正確。這個模型最大的缺點就是不能說明
人口遷移的動機，或其他之心理及社會因素。它也許能描述一些人口遷
移的現象，卻不適合用來研究人口成長和再分佈，因爲它並未指明遷移
的方向。

爲擴大引力模型的用途，史脫佛 (S. A. Stouffer) 把李氏的假設進
一步修正，加入遷移方向的概念，提出中介（阻滯）機會模型 (inter-

⓬George Kingsley Zipf, "The $P_1 P_2/D$ Hypothesis: On the Intercity
Movement of Person," *American Sociological Review* 677-686, De-
cember, 1946.

K與a爲常數，此二值可由迴歸分析導出，經驗上a常介於 1.5 到 2.5 之
間。

vening opportunities model)⓭, 以公式表示爲:

$$M_{i \to j} = K \frac{M_i \cdot M_j}{(M_I)^a} \quad \text{............................} \quad (2)$$

$M_{i \to j}$　表示從 i 地遷移到 j 地的人數

$M_i \cdot$　表示從 i 地到其他地方之所有外移人數

M_j　表示從所有其他地方移到 j 地之總移入人數

M_I　表示介於 i 地與 j 地之間的總移入人數⓮

K,a 爲常數

依此模型，人口遷移並不受有關地區的距離及人口大小的影響，而與該地區中介機會有關，卽與正機會成正比，與負機會成反比。所謂中介機會，如就業機會、住宅機會，存在於兩地之間的就業機會越多，則由原住地要遷往目的地之過程在中途卽被其間之就業機會（阻碍因素）所吸引，因而減少遷往目的地的機會。這個模型雖然與史氏的實證資料一致，但是對於阻滯機會的正負性質卻難以明確的加以界定，同時也很難概括完全。

中介機會模型與互動假設有兩個顯著不同的地方。第一，前者的遷移量含有方向的概念，而後者則無；第二，前者以兩地之間中介機會的多寡定義距離，而後者則以兩地間之實際距離做爲測度的依據。

史氏用原住地與目的地之間累積的中介機會的多寡，重新定義兩地之間的距離。他在公式的分子上區分原住地與目的地而達成遷移的流向。史氏後來在其模型的分母又加入 M_o，代表除了 i 地以外，其他的遷移

⓭Samuel A. Stouffer,"Intervening Opportunities: A Theory Relating Mobility and Distance," *American Sociological Review*, (5)845-867 (December 1940); 及 "Intervening Opportunities and Competing Migrants," *Journal of Regional Science*, (2)1-26 (Spring 1960).

⓮史氏用 i 地與 j 地之間的距離做直徑畫一圓圈，所有落在此圓的地點均屬介於 i 地與 j 地之間的地點。

者，亦同樣競爭在 j 地有限的機會[15]。其公式為：

$$M_{i \to j} = K \frac{M_i \cdot M_j}{(M_i M_o)^a} \dots\dots\dots\dots\dots\dots\dots (3)$$

這個式子較接近邏輯體系，可用來估計各地區相互間之遷移量。

因為史氏的模型所用的變項都是同時性的遷移流向 (concurrent migration flows)，其用處只限於事後的說明 (expost facto description)。一旦用已知的遷移流向的資料估計出常數項 K 值，只要有兩地和中介地區 (intervening places) 及競爭地區 (competing places) 的總移入量和總移出量，則此模型可用來估計從 i 地到 j 地的遷移量（未知的 $M_{i \to j}$），但是卻不能用來預測兩地間未來的遷移量。

要進一步了解人口的再分配及預測遷移量，則所建立的模型宜有因果的結構，亦卽除了遷移本身外，能有其他的變項來"解釋"遷移。這些獨立的變項直到1950年末期才被採用。

荷蘭人口學家索馬梅傑 (Somermei jer)[16] 以吉佛的模型為基礎，採用每一目的地的吸引力（F）為指標，將沒有方向的總遷移量 (gross migration) 分解為有方向的遷移流向。由 i 地到 j 地及由 j 地到 i 地的遷移量分別以(4)式和(5)式表示，所用之代號與前面所使用者一樣， C 亦是常數。

$$M_{i \to j} = [\tfrac{1}{2} K + C(F_j - F_i)] \frac{P_i P_j}{(D_{ij})^a} \dots\dots (4)$$

$$M_{j \to i} = [\tfrac{1}{2} K - C(F_j - F_i)] \frac{P_i P_j}{(D_{ij})^a} \dots\dots (5)$$

---

[15] 史氏以 j 為圓心，以 D_{ij} 為半徑畫一個圓，所有來自這圓的範圍之內的遷移者都與從 i 到 j 的遷移者競爭。

[16] H. ter Heide, "Migration Models and Their Significance for Population Forecasts," *Milbank Memorial Fund Quarterly* 41: 56-76. (January 1963).

(4)式和(5)式相加的結果, 即爲 $Z_{f_b}f$ 總遷移量 (Gross Migration) 的公式。

$$M_{ij} = K \frac{P_i P_j}{(D_{ij})^a} \quad\text{.................................(6)}$$

索氏所用吸引力的指標 (F_j, F_i) 包括每人所得、失業率、都市化程度、休閒活動的資源, 以及居住的品質。

羅理 (Lowry, 1966) 嚐試著用統計模型, 包括經濟和引力(gravity) 的變項來解釋遷移的流向。 此模型的基本精神仍是與索氏的一樣。測度經濟機會所用的變項爲失業率、製造業的工資率, 兩地人口量的大小以非農業勞動力表示, 並區分民間就業與軍隊人員[17]。其模型如下:

$$M_{i \to j} = K \left[\frac{U_i}{U_j} \cdot \frac{W_j}{W_i} \cdot \frac{L_i L_j}{D_{ij}} \right] \quad\text{.....................(7)}$$

$M_{i \to j}$ 從 i 地到 j 地之遷移人數

L_i, L_j i 地與 j 地個別之非農業勞動力人數

U_i, U_j i, j 兩地個別之非農業勞動力之失業率

W_i, W_j i, j 兩地每小時製造業之工資

D_{ij} i, j 兩地之航空距離

此式經對數轉換後即成直線模型, 易於使用廻歸分析處理, 且含有因果解釋的成份。

$$\log M_{i \to j} = \log K + \log U_i - \log U_j - \log W_i + \log W_j$$
$$+ \log L_i + \log L_j - \log D_{ij} \quad\text{.................(8)}$$

這個公式係表示人口遷移的方向, 係從低工資的地方到高工資的地方, 從勞力過剩的地方到勞力不足的地方。經過很長的一段時間, 遷移者會影響目的地的勞動市場, 當目的地的勞力供給大量增加時, 其吸引力

---

[17] Ira S. Lowry, *Migration and Metropolitan Growth: Two Analytical Models*, San Francisco: Chandler Publishing Company, 1966.

就相對減少，甚至於產生相反的結果。假若 $W_i = W_j$, $U_i = U_j$，亦卽 W^i 和 W_j 的係數相等，U_i 和 U_j 的係數也相等，兩地之間仍有隨機的遷移者，其數量視兩地之人口數及距離而定。

此模型亦假定兩地之間人口的移動與這兩個地方同其他地方之人口移動無關。換句話說，此模型可估計 n 個地方密閉系統之人口遷移，卽使這些地方亦與其他 m 地方之人口有遷移關係，而且包含的地點越多，人口遷移的總量也就越多。

除了上面所介紹的模型之外，也有其他的學者嚐試各種不同的模型用來解釋或預測遷移的數量，但是所用的變項及統計原理都大同小異。簡單的說，引力模型把人口遷移的現象視爲人口統計的現象，從總體觀點考慮，並不考慮個別的遷移者或遷移效用的問題。

基本上這些模型基於下列三個基本原則中的一個或更多的原則。

1.距離阻止遷移。

2.一個地方人口的外移數量視該地方人口大小及移入地人口多寡而定。

3.有好幾個目的地同時競爭著吸收原住地的人口。

由於引力模型的簡便，後來許多型式的模型被廣泛應用到都市交通、零售市場分析、住宅分佈、工業區位選擇等的研究[18]。

三、經濟觀點之人口遷移理論

從經濟觀點解釋人口遷移的現象，有兩種理論較常爲學者們所引

---

[18]有關這方面的文獻很多，可參考 A.P. Carrothers, "An Historical Review of the Gravity and Potential Concepts of Human Interaction," *Journal of the American Institute of Planners*, Vol. 22, May,1956, pp. 94–102.

用。第一種是以新古典投資理論為基礎, 重視勞動力之再分配 (realoca-
tion), 以芝加哥學派之許爾玆 (Schultz) 和夏斯達得 (Sjaastad)
為代表⑲。把境內遷移視為人力資本 (human capital) 投資成本與報
酬之架構。 預期報酬包括遷移者因預期遷移後更佳機會所能增加之收
入。成本包括現金成本, 如遷移後在食物、住宅、交通等所增加之支出,
和非現金成本, 如在旅行和找工作時所減少之收入, 以及心理成本如想
家、緊張等。因此兩個地方的所得實質上的差異也許繼續存在, 但是卻
沒有明顯的遷移, 因為遷移的成本也許超過所能增加的收入。年紀大的
勞工較少遷移, 因為終生所能增加收入的期限較年輕工人為短。此外,
在遷移上的投資往往伴以附屬的投資 (supplementary investment),
這種額外 (additional) 的投資可用來解釋何以兩地的收入雖然相差懸
殊, 但是卻少有遷移發生。

　　第二種解釋以哈佛學派為代表, 尤其是顧志耐 (Simon Kuznets)
和湯姆士 (Dorothy S. Thomas) 等人的著作⑳常被引用。

⑲Theodore W. Schultz, "Reflection on Investment in Man," *Journal of
　Political Economy* (Chicago), Vol. 70, No. 5, Part 2, (October,1962)
　pp. 1-9.
　Larry A. Sjaastad, "The Costs and Returns of Human Migration,"
　Journal of Political Economy, Vol.70, No. 5, Part 2, October, 1962,
　pp. 80-93.
⑳Simon Kuznets, Dorothy S. Thomas, et al., *Population Redistribution
　and Economic Growth-United States*, 1870-1950, 3 Vols:
　Vol. 1 by Everett S. Lee, Ann Ratner Miller & Carol P. Brainerd,
　　　Richard A. Easterlin (1957)
　Vol. 2 by Simon Kuznets, Ratner Miller & Richard A. Easterlin
　　　(1960)
　Vol. 3 by H. T. Eldridge & D. S. Thomas (1964)
　Philadelphia: American Philosophical Society.

顧志耐等人認為經濟成長與人口的再分配乃是由一些互相關連的變項所連接[21]。他們的討論隱含著這樣的假設：①經濟改變是決定人口再分配的因素；②人口再分配影響經濟成長。

他們認為一個國家任何時間的人口分佈可視為是對經濟機會的調適[22]。而經濟機會的分佈受技術改變的影響，因為這種過程的發生，各個區域並不平均。與技術改進的速度比較，區域間在出生率與死亡率差別的作用太慢，而不能有效的調整所需的人口以適應經濟機會，所以遷移乃是這種調整的主要機制。因此技術改變透過區域間之人口遷移使人口重新分配[23]。

人口成長影響區域間人口與經濟機會的平衡，會導致區域間的人口流動。消費需求結構的改變，經由與生產組成的關係間接影響人口的再分配。其他消費形式的改變，尤其是在個人層次，直接影響境內遷移，例如退休、延長教育、對公共設施、福利的重視。此種福利措施常集中在某些地方。這些消費面會影響人口的再分配，當收入增加和經濟成長時，這種成長可減低遷移的成本而方便人口再分配。

顧氏指出經濟成長促使人口再分配的生產結構改變的四個層面，特別與境內人口遷移有關。

1.在經濟快速成長的地區，要決定某種設施的位置時，現有的人口分佈只是一個考慮的因素；當其他地點因素的考慮超過人口因素時，由於成長的結果，人口與經濟機會不協調的情形就發生。

2.區域間自然增加率的差異與成長中的地區快速擴充，對勞動力需

[21] Simon Kuznets and Dorothy Swaine Thomas, "Introduction," in E. S. Lee, et al., op. cit., p. 2.

[22] Ibid.

[23] Simon Kuznets, "Introduction: Population Redistribution, Migration, and Economic Growth," in Eldridge and Thomas, op. cit., p.2.

求的速度並不一致。

3.傳統上自然增加率鄉村地區比都市地區高，而都市地區往往是快速成長的地方，但是其自然增加率又不能滿足日益擴充的勞力需求。

4.經濟結構趨向於更大且非個人的 (impersonal) 經濟單位。在比例上，受雇的人增多，而自營作業的人減少，而受雇的人更容易遷移。這就是何以技術改變會引發區域間人口遷移的理由。

至於人口再分配對經濟成長的影響，顧氏和湯氏認為假若人口遷移不能改正人口與經濟機會的不平衡，則經濟成長將受到阻礙，這種不平衡可能由於區域間自然增加率的差異所致❷。

短時間內遷移的成本可能會影響經濟成長，但是就長時間而言，遷移有助於結構的變遷以促使經濟成長。

顧氏等人也用人口的選擇 (selectivity of people) 來解釋人口遷移和經濟發展的關係。就性別、種族、年齡、教育程度等特徵而言，遷移是具有選擇性的。

遷移者來自特定選擇的團體。他們富冒險性，卻有能力把自己與以前的環境割捨，並適應陌生的新環境。他們受到經濟機會較佳的工商業中心的吸引而遷移。這種人口的再分配促使經濟成長而引發更多的遷移。從經濟觀點言，這種工作取向的遷移乃是最富生產力的，遷移者的無根性 (rootlessness) 有助於對新環境的適應❷。

經濟觀點之人口遷移理論，不論是從成本效益的觀點，或是從就業機會之差異與平衡區域經濟發展之角度來解釋人口遷移的原因，都有相當大的說服力，前者偏重個體層面的分析，後者著重總體層面的探討。兩者各有所偏，成本效益的理論雖然考慮到個別遷移者的「遷移成本」，可

---

❷Simon Kuznets and Dorothy S. Thomas, op, cit,, p. 3.
❷Simon Kuznets and Dorothy S. Thomas, op, cit,, p. 3.

以解釋個別遷移者的遷移行爲，但是却忽略總體遷移現象的變動；反之，就業機會差異的理論對區域間總體遷移現象的解釋雖有獨到之處，但是却無法解釋「爲什麼不遷移？」的個別行爲。兩者合一對遷移原因的解釋才更具說服力，唯美中不足的就是經濟觀點的遷移理論，同樣未能對遷移結果有所說明，而且成本效益的理論對於如何測度心理成本和社會成本亦未有淸楚的交待。成本的概念與李氏（Everett S. Lee）的正負評價因素的概念頗有類似之處；而就業機會與平衡區域經濟發展之概念，亦與推拉理論之概念頗多互通之處。

四、結　語

與其他社會科學比較，人口遷移的理論可說相當貧乏而且不完整，孟加南（J. J. Mangalam）認爲缺少遷移理論的原因有四[26]：

1.遷移概念的問題。因爲有些學者把遷移當做隨機的現象，遷移若是隨機的現象，則無從發現一定的規則，更談不上理論的建立，例如引力模型屬之。用物理和生理（physical and biological）變項來解釋遷移，必須加上社會學之解釋，否則並無多大的意義。史脫佛（Stouffer）用中介機會（intervening opportunity）[27]的概念來代替距離，或用生命循環來代替年齡，都是朝著理論建構的方向所做的努力。此外，太注重個人因素的研究，如態度、動機、願望、觀念等而忽略集體資料，易讓人誤解遷移是個別的行爲。再者，把遷移當做個案處理而忽略整個

---

[26] J. J. Mangalam, *Human Migration: A Guide to Migration Literature in English*, 1955-1962, University of Kentucky Press, Lexington, 1968, pp. 4-7.

[27] Samuel A. Stouffer, op. cit.

大的社會結構，使研究發現顯得零碎，不易產生通則。遷移研究的內容，若能多注重社會意義、社會組織和強調互動方面的探討，當有助於理論的建立。

2.資料的性質。傳統上遷移的研究大多依賴官方發佈的資料，如普查、登記資料，這些資料的正確性彼此差異很大，而且未含有遷移社會過程的資料。學者們一致認為正確、直接調查的資料乃是產生理論所不可缺少的，但是使用這種資料的遷移研究並不多。

3.學者的興趣取向。有些學者只重視遷移數字的變動，所用的資料大部份依賴官方的統計資料。他們不一定對遷移理論的建立感興趣。例如研究勞動經濟的學者並不把遷移的行為放在互動的體系考慮，只把勞動力或勞力移動當作抽象的概念。而社會學者或社會心理學者的研究不是把遷移當做個案處理，就是太注重心理因素，而未能把遷移放在整個社會組織的架構考慮。

4.社會理論學家對人口變遷的現象缺乏關心。自從涂爾幹 (Durkheim) 的分工論 (On the Division of Labor) 討論人口成長與社會組織的關係後，當代理論家却很少討論這方面的理論。因此未能發展遷移的一般理論架構，最多只有驗證一些零星的假設，此種零星的驗證工作對理論的建立並無多大的幫助。

孟氏的說法也有值得商榷的地方，例如第一點，他指出學者把遷移當隨機看待，其實目前研究遷移現象的人幾乎都同意遷移並非隨機的現象，而是有選擇性。即使只有少數人認為遷移是隨機的現象，這極少數的人並不足以影響遷移研究之趨勢或理論之建立。再者，社會理論家對人口變遷現象不關心之說，雖然有道理，但是作者認為，遷移理論的建立，應靠遷移研究者本身在這方面的努力，不一定需要假手他人。假若沒有合適的資料，即使再好的研究設計，也無從產生好的研究結果，自然談不上理論之建立。

　　以往的遷移研究大約可分爲兩大類，一類是以個人及家庭爲分析的單位 (micro level studies)，另一類是以行政單位或人口集體 (卽種族、性別、職業、區域) 爲分析的單位 (macro level studies)。後者對遷移型式的描述相當有用。而前者則對解釋遷移的行爲相當有用。個體層次研究的基本假定認爲決策者是理性的。

　　一個完整的理論應能同時表示個體層次與總體層次之關係，才能充分說明遷移的行爲，因爲卽使研究的取向不同，所研究的對象同樣都是處理人類的社會行爲。

　　傳統的推拉理論對個體層次的研究用途較少，後來經過李氏的補充，已能兼顧總體與個體之要求。

　　成本效益之分析有助於對個別遷移行爲的了解，而就業機會之差異與區域經濟平衡的理論，則有助於總體遷移現象之觀察，兩者必須同時運用，才能解釋整體之遷移現象。

　　大體而言，自從拉文斯坦提出人口遷移法則將近一百年以來，人口遷移的理論並未有突破性的進展，仍是以情境取向 (situation-oriented) 的理論爲主流。不同學科對遷移原因的解釋，與其說是觀念的差異，毋寧說是用語的不同。遷移的研究具有跨科際的性質，要遷移理論能有突破性的進展，必須進一步做到科際整合的工作。

第五章　差別遷移

差別遷移 (differential migration) 係指具有不同之社會、經濟、人口等特徵的個人或團體在遷移行為或遷移率之不同。研究差別遷移相當於研究遷移的選擇性 (migration selectivity)。遷移的選擇性係指具有某種特徵的人或在某種住處環境的人會比一般的人容易遷移。遷移者與非遷移者有不同的人格、社會、經濟、人口等特徵。換句話說，遷移者與全國人口的特徵不同。此外，遷移者的特徵也與遷移的距離有關係。差別遷移的範圍很廣，可以將遷移者之特徵與總人口、遷入地或遷出地之人口特徵互相比較，也可對各種不同流向之遷移特徵加以比較。一般最常討論的遷移者之特徵為年齡、性別、教育、職業、家庭結構、婚姻狀況等之特徵。

一、年　齡

對各種遷移的研究仔細檢討之後，令人感到失望的就是有關差別遷移的知識很難有一致的看法。不過，唯一肯定而為大家所接受的通則就是：年輕人比老年人更容易遷移❶。鮑格 (Donald J. Bogue) 在檢討有關差別遷移的研究後亦對通常認爲是「正確」的發現感到失望，他的結論是只有一種變項對差別遷移的發現經得起考驗，此一變項就是年齡。他認爲十七、八、九歲到三十歲出頭的人比更年輕或更老的人容易遷移❷。鮑格等人的研究發現絕大多數的遷移都集中在年輕人口。當原住地和遷入地都市化程度的差異越大時，則遷移者之年齡差異也越大，反之則越小。當遷移涉及大幅度的改變居住地點時，它更需要適應力較強的年輕人❸。

從一個人生理、心理成熟的發展過程來看，在生命歷程中，20歲以前是職業準備階段，20-25歲是準備就業、職業安置的階段，至25歲則身心發展達於完全的臨界點，然後更能在複雜多端的社會下開創自己的事業天地，一直延續至35歲又逐漸企圖能獲得更爲安穩或固定的職業與社會地位。殆至「耳順」和「天命」之年，社會生活的評價大抵已經定型，在一個地方住慣了，很少再有改變職業的可能，而組織、分析和綜合的能力也達到最高峯，此時，遷移的情形自然較少發生。

作者在研究臺灣農村勞力移動❹時亦發現，男性總移動人口的年齡

---

❶Calvin Goldscheider, *Population, Modernization, and Social Structure*, Little, Brown and Company, 1971, p. 302.

❷Donald J. Bogue, "Internal Migration," In *The Study of Population: An Inventory and Appraisal*,(eds.)Philip Hauser and Otis Dudley Duncan, Chap. ?1, pp. 486–509, Chicago: University of Chicago Press, p. 504.

❸Donald J. Bogue, Henry S. Shryock, and Siegfried A. Hoermann, *Subregional Migration in the United States, 1935-40, Vol. II, Differentials in Subregional Migration*, Oxford, Ohio: Miami University, 1953.

❹廖正宏，臺灣農村勞力移動之研究，國立臺灣大學農學院農業推廣系研究報告6503號，民國 65 年10月，pp. 19–22.
是項研究把遷移者分爲三類，即通勤者、季節工和長期外移者。通勤者乃以上、下班每天來回的方式從事某種工作，且仍與自己的家庭共同居住生活者。季節工係利用農閒時期外出工作，或沒有固定職業，僅接受臨時性的僱用者。長期外移者指離開自己的鄉鎮，到外地就職者，三種不同的遷移類型合稱勞力移動。

層大多集中於 20-24歲，其中20-24歲佔 27.45%，25-29歲佔22.49%、30-34歲佔 14.18%，35-39歲佔9.12%，而20-34 歲的年齡層中又高達64%以上，其他年齡層祇有35%左右。此外，尚有一種特色，即農村勞力移動，就男性而言，25歲達於高峯，然後隨年齡的增加而成遞減的現象，可見年齡與遷移的密切關係。

再者，就不同類型之移動觀之，男性通勤者以25-34 歲居多，尤其是25-29 歲所佔的百分比最高，為 24.56%。季節工的年齡分佈則是不規則狀態。就長期外移的情況來看，以 20-29歲居多，佔71.30%，其中 20-24 歲就佔了 47.16%。

就女性而言，是項研究所謂勞力移動並沒有把結婚一項包括在內。大致來說，在農村社會中女性受教育機會較少，加以成熟年齡較男性略早，她們參與就業行列就要較男性提前，又因為成家立業，結婚生育的緣故，漸次退出生產行列，是故女性勞力移動的年齡結構多半集中於15-29 歲之間，而20-24歲高達43.42%，15-19歲及25-29歲則分別為23·97%及 17.28%。15-30歲的年齡層佔所有女性勞力移動人口的85%，這亦間接說明女性所擔負的社會角色的差別。

至於移動型態，又與年齡結構有不同方向的關係，女性通勤者的年齡結構集中於15-24歲的年齡層（高達83.33%），其中15-19歲佔31.48%，20-24歲佔51.85%，如果將 25-29歲年齡組人口列入，則比例提高到 94.90%。這可能與她們絕大多數從事於工廠女工有關，也可以說明我國輕工業、經濟發展對年輕女工的需求以及農村年輕女性勞力對經濟建設提供的貢獻。

與男性的情形一樣，女性季節工的年齡分布亦呈現不規則狀態。由於季節工所從事的行職業以初級產業為主，都是農林漁牧礦，直接採掘自然資源，待遇較低、收入較不固定，且工作環境較差，操作辛勞，所以較乏年輕人口問津，多半是已經從事此一行業，沒有轉業技能，年歲又高祇得繼續從事下去，因此，35歲以上女性季節工卽佔 60.87％（男性佔 60.0％）。

就長期外移而言，女性長期外移的現象一如女性通勤者的現象，女性長期外移的年齡結構集中於 20-29歲的年齡層（達 63.06％），其中 20-24歲佔 39.92％，25-29歲佔 23.14％。如果再將 15-19歲的 19.96％計算在內，比例更提高至 83.02％，30歲以上的女性長期外移僅佔較少的比例。

我們將男女長期外移現象加以綜合，15-19歲佔 12.77％，20-24歲佔44.67％，25-29 歲佔 23.80％，30-34歲佔 11.24％；而15-34歲的年齡層已佔所有長期外移者的 92.48％。就男女移動的比例看，還是以男性外移的比例居多，佔總移動人口的67.25％，其中通勤者、季節工、長期外移分別佔 61.01％，85.91％和65.62％。這些現象反映出勞力外移對目前農村勞力年齡結構的影響，而使農村勞力逐漸成為「老年化」的狀況。

卽使年齡與遷移有具體明確的關係，但是高賽德 (Calvin Gold-scheider) 認為年輕人比老年人更易遷移的命題仍舊有三個概念不够清楚：1.遷移的層次 (level of mobility)；2.最高遷移的特殊年齡；3.年輕人與老年人遷移之相對差異❺。

由於政治、經濟、社會文化情況之不同，我們可預期這些差異的存在。例如在一個晚婚的社會裏，其遷移高峯的年齡一定大於早婚的社會；同樣，經濟發展的速度快時，其遷移的高峯當異於經濟蕭條時。遷移的類型或層次亦會影響遷移者年齡的差異，例如逃難者的年齡結構異於城

---

❺Calvin Goldscheider, op. cit., p. 310.

鄉人口移動之年齡結構。

　　年齡與遷移有密切的關係乃是由生命循環的直接關係所反映出來的。一個人離開學校到三十歲左右，這中間所經歷一連串的重大事件幾乎都與遷移有關，例如為了找工作，或不滿以前的工作想要改變工作，或是結婚搬家。在三十歲以後遷移情況較少，直到 60-65歲時，因退休或健康的理由遷移率才稍微再增加。

　　總之，經濟發展的程度、政治情況、技術水準、家庭互動和規範之結構、對 "機會" 之認知情形，以及其他文化因素都會促進或阻礙成家或立業的遷移。

　　　　高氏進一步引申年齡的社會意義與遷移的關係。他用下列三項來說明不同年齡層之差別遷移。1.與年齡變動有密切關係的特殊角色；2.在家庭——親屬結構內，這些角色之運作；3.在職業和經濟體系內這些角色之運作❻。年齡因素因人而異，將個人、家庭和職業體系加以整合，使個人因年齡的不同而對社區有不同的凝聚力。而凝聚力的大小或社區整合程度的高低會影響一個人的遷移行為。

　　這種概念與二個常用來研究差別遷移率的通則一致：1.家庭和生命週期，2.職業模式和經濟機會。前者指遷移模式與個人之生命週期整合。婚姻結合、家人增多、家人減少、婚姻解組等均與遷移有關。後者指社會因素與地理移動的密切關係。社會移動包括向上、向下或在同一社會階級內之平面移動；代間 (intergenerational) 和代內 (intragenerational) (career) 的移動，經常包含住處的改變。通常所指對經濟機會反應（包括個體和總體）之遷移概念亦適合此一說法。因為生命週期和社會移動與年齡有關，這些因素與遷移的關係因特殊社會、經濟情況而異，而又與年齡有密切關係的角色有關。此外，對經濟機會反應之遷

---

❻Calvin Goldscheider, op. cit., p. 312.

移又視個人經由家庭和職業結構與社區整合的程度而定。因此將成家立業做爲遷移的決定因素可涵蓋較廣大的社會整合過程。

二、教 育

不少的研究都支持教育程度與遷移成正相關的說法。一個人爲了受到好的教育往往就得先離開原來居住的地方，而且教育除了可以充實知識、技能，增進適應各種就業機會的能力之外，更可改變一個人的態度、期望，以及對事物的評價。

鮑格 (Donald J. Bogue) 的研究發現，當年齡因素控制後，大學畢業生的遷移爲小學畢業生的 2-3 倍,且教育程度越高,遷移率愈大[7]。鮑氏進一步指出教育與遷移的密切關係，不論是原因或是結果，不論是個人或社區，凡是教育程度高的個人或社區都有較高的遷移率[8]。

漢彌爾頓 (Horace Hamilton) 研究鄉村到都市遷移之教育選擇，發現兩種不同的類型，在年紀較輕的遷移者，選擇教育程度高者；年紀較大的則相反，亦卽由鄉村到都市的遷移者，年紀較大者，多半是教育程度較低。而前者的遷移量爲後者的數倍之多。雖然較高教育程度者移到都市去，但是這些移到都市的人，其平均教育程度仍低於原來住在都市的居民[9]。

---

[7] Donald J. Bogue, *Principles of Demography*, New York: John Wiley and Sons, Inc., 1969, p. 769.

[8] Ibid, p. 793.

[9] C. Horace Hamilton,"Educational Selectivity of Rural-Urban Migration: Preliminary Results of a North Carolina Study," Proceedings: Annual Milbank Memorial Fund Conference; 1957, Part III, New York, 1958.

　　換句話說，遷移者的教育程度是介於原住地與遷入地居民教育程度之間。

　　非洲的研究亦發現教育程度與遷移呈正相關，未受教育的男女從鄉村移到都市的還不到三分之一，而受過中學以上教育的人則有三分之二移出[10]。

　　由許多先驗知識，我們知道教育程度是導致城鄉勞力移動的因素。而且鄉村地區由於人少事簡，行職業較為單純，所經辦的業務通常不需要特別精密的技術或高深的學問，對於較高教育程度的需求自然減少，使得較高教育程度的人口容易離村移動；而都市地區無論縱的或橫的流動都較大且複雜，使一個人的知識和思考能力儘量表現、發揮，成為「英雄用武之地」，很自然地吸引了較高教育程度者的移動。這是一種很合於邏輯的推理，而臺灣的資料又如何呢？教育程度與農村勞力移動存在著怎麼樣的關係？到底教育程度高容易移動抑或教育程度低容易移動？我們先瞭解鄉村教育狀況以後，再做分析討論，這裏所引用的資料係作者以前的調查研究[11]。

　　此處祇探討所調查的農戶數中受查訪人口的教育狀況。如表 5-1 所顯示，在 12,603 人中有 28.05% 未受教育，42.55% 小學畢業，16.34% 中學畢業，10.65% 高中畢業，大專以上程度者佔 2.41%。

　　這些數字與過去比較，的確有非常顯著的提高。換句話說，民國五十七年政府實施九年國民義務教育以後，延長國民受教育年限，並積極推行農業推廣，成人補習教育，已經發生了相當的效果。最明顯的是中學以上程度者已由五十二年的 8.0%，逐漸增加至五十七年的 14.60%，

---

[10] John Caldwell, *African Rural-Urban Migration*, Canberra, Austra-lia: Australian National University Press, 1969, pp. 366-367.

[11] 廖正宏，同前引。

表 5-1　民國52年、57年、64年受訪農家教育狀況比較 單位: 人，%

年度 教育程度	52		57		64	
	人　數	百分比	人　數	百分比	人　數	百分比
合　計	6510	100.00	7642	100.00	12603	100.00
未受教育	2577	39.6	1825	23.9	3535	28.05
小學程度	3410	52.4	4710	61.5	5363	42.55
初中程度	345	5.3	591	7.7	2059	16.34
高中程度	164	2.5	480	6.3	1342	10.65
大　專 以上程度	14	0.2	45	0.6	304	2.41

資料來源: 廖正宏，臺灣農村勞力移動之研究，國立臺灣大學農業推廣系，民國65年，p.23

到六十四年更提昇至 **29.40%**。至於小學程度以下者雖然仍佔絕大多數的比重，但已由五十二年的**92%**，逐漸遞減至六十七年的**85%**，到六十四年更降低至**70%**，而且還會逐次減低。

　　當然，如果將這些數字與臺灣地區的教育狀況做一比較，鄉村居民受教育比重仍然落後甚多❶❷。

　　以下就各移動型態的教育程度作一分析，爲了說明方便，將初中以上程度稱爲較高教育程度❶❸。

────────

❶❷我們可從民國六十三年底臺灣地區六歲以上人口數的教育程度觀察出來。
　（資料來源根據臺閩地區人口統計計算得出）
　　　　　民國六十三年底臺灣地區教育狀況　單位: 人，%

	合　計	未受教育	小學程度	初中程度	高中程度	大　專 以上程度
人　數	13,675,080	1,820,955	7,233,177	2,251,823	1,286,645	711,262
百分比	100.00	13.32	52.82	16.47	9.41	5.20

❶❸此處所謂較高教育程度祇能適用於鄉村的人口狀況，因爲是項研究發現鄉村教育狀況 70.6% 屬於小學以下程度，初中以上人口佔較少的比例。同時，家人最高教育年數指標祇有 5.8 年，家長教育年數更祇有 4.6 年。因此，一方面爲了說明方便，一方面初中以上程度在鄉村已經算是不錯，故初中以上列爲較高教育程度計算。

在1108位通勤工作者中，小學程度以下者即在半數左右（564 人即 51.00%），較高教育程度者祇有 544 人（49.00%），雖然比例甚為接近，一且考慮表 5-1 所指出小學程度以下佔整個人口的 70%（低教育程度之遷移效率為 $51 \div 70 \times 100 = 73$），而較高教育程度者（初中以上程度）祇有30%（高教育程度之遷移效率為 $49 \div 30 \times 100 = 163$）。此則事實，反映出較高教育程度遷移傾向較高（約為低教育程度者之二倍多，因為原來較高教育程度佔較小的比例，而通勤者中居然與小學程度以下有相同的比例。如果僅從表面觀察，由於未能表明出抽樣母體的教育程度分配情形，很容易疏忽而推演出相反的結論。

在1370位長期外移者中，小學以下程度者527人（38.47%），較高教育程度者 843 人（61.53%）；其中男性 899 位長期外移者，小學以下程度者僅 387 人（43.05%），較高程度者達 511 人（56.95%）；女性 471位長期外移者，小學以下程度者 240 人（50.96%），較高教育程度 231人（49.04%）。說明了長期外移人口中60%以上屬於較高教育程度者，直接解釋較高教育程度容易產生城鄉遷移現象。我們的資料支持教育程度與人口遷移有關，而且是正相關。教育程度高，人口移動傾向較高，這也暗示都市地區吸引了較高教育程度者，如果要達到離村轉業，長期外移的目的，給予較高的教育機會常能「自動」的發生效果。這種教育與長期外移的關係各地區的情形大抵沒有例外。

不過國內的相關研究有的認為教育程度與遷移沒有顯著的相關[14]，有的認為教育程度與遷移成有條件的相關[15]。而作者的研究則指出教育

[14] 蔡宏進，「臺灣適當人口移動之研究」，臺銀季刊二十四卷一期，六十二年三月，1-34 頁。
[15] 吳聰賢，「農村青年遷徙就業之研究」，中研院民族學研究所集刊，二十九期，五十九年，263-320 頁。李棟明，「臺灣人口性狀別遷移差異之研究」，臺灣文獻季刊，二十五卷二期，六十三年六月，17-20 頁。

程度與農村勞力移動呈正相關，尤其是長期外移者更爲明顯。爲了進一步澄淸這個問題。是項研究在受査記的農戶人口中，以原來敎育程度狀況做爲基數，計算出農村勞力移動的情形，並且發現長期外移者僅佔鄉村原來未受敎育人口的 0.93%，佔原來小學程度人口 9.21%，佔原來中學敎育人口的 17.19%，佔原來高中敎育人口的 28.01%，而更佔原來大專以上程度人口的 37.17%；通勤者也是由原來佔鄉村未受敎育人口的 0.87%，佔原來小學程度 9.56%，佔原來中學敎育程度的 12.87%，佔原來高中敎育程度的 18.85%，佔大專以上程度的 15.13%；但季節工卻是與敎育程度成負相關，它佔原來鄉村未受敎育人口的 2.56%，佔原來小學程度者 6.06%，佔原來中學程度人口的 2.76%，佔原來高中程度人口的 1.04%，而沒有發現大專以上程度者從事季節性工作；至於男女個別情形也沒有顯著的差別。因此，我們可以下結論「敎育程度與農村勞力移動呈正相關。」

三、職　業

職業是一個人以自己體力、智能、技術提供服務，以換取有形的或無形的報酬，維持日常生活需要所從事的工作。「勞心與勞力」兩分法容易獲得淸晰的槪念，唯過於簡略，且使人很快聯想到「勞心者治人、勞力者治於人」，封建意味太濃，漸少爲學者所採用。現在較常以行業性質狀況區分成初級產業、次級產業及三級產業。

初級產業直接探掘自然資源爲主，農林漁牧礦各業屬之，亦爲廣義的農業部門；次級產業係對自然資源予以加工、生產、製造成產品財貨，提供人們使用，亦爲廣義的工業部門；三級產業是提供產品銷售、服務、人事、管理及金融等屬之，亦爲廣義的商業服務部門。職業本身沒有貴賤尊卑，對於整個國家社會都同樣有貢獻，祇是所擔負的責任、職位、工作難易程度、社會評價和待遇有所差別而已，諺語說「在清道夫的心目中每一個人都是最會製造髒亂、垃圾的人。」

百行各業都有人做，而人口遷移選擇何種行職業固受勞力需求、待遇、精神報酬的影響，而個人本身能力條件、動機意願、身心狀況的限制更大。既然人口遷移是選擇性的人口集團，與教育程度成正相關，且以青壯年人口為主要，則他們對於職業選擇必會經過嘗試與選擇的過程。他們會衡量各級產業的工作環境及自己本身的條件，因而將較少以初級產業的農林漁牧礦各業為選擇，而以二、三級產業為選擇。

教育與職業有密切的關係，沒有教育或訓練幾乎不可能有好的職業。就一般而言，在先進國家遷移者的職業以專門性、白領階級者居多，在開發中國家，則以低經濟地位的職業居多⑯，但是也有不少的例外。在不同的社會團體對不同的刺激反應的結果產生職業上的差異。非技術性工人為高工資而遷移、專門人員則為未來昇遷機會及較高社會地位而遷移⑰。

教育程度與遷移的關係，令人聯想到白領階級的遷移率會比藍領階級高。美國的資料顯示在所有的職業羣中，專業人員遷移率最高，其次為管理人員，勞動階級遷移率最低。此種差異，距離越遠越明顯。職業上的差異表現在非技術工人的空缺，由當地人遞補，而技術工人的職位則徵錄自區域性甚或全國地區。除非是天然災害或隨公司搬遷，非技術工人在美國是最少遷移的。因為在外地適合他工作的機會不見得比本地

⑯R. J. Pryor,"'Laws of Migration"?- the experience of Malaysia and other countries,'*Geographica* (Kuala Lumpur), 5, 1969, pp. 65-76.

⑰R. A. Hart, "Economic Expectations and the Decision to Migrate: an analysis by socio-economic group,"*Regional Studies*, 7, 1973, pp. 271-285.

多，沒有足夠的誘因供他遷移。這是複雜的貧窮問題，遷移對他而言，並沒有好處，除非再訓練以改變職業⑱。

遷入都市的人對個人職業、地位提高的作用遠大於增加都市的失業情形。亦卽失業情形並不如想像中的嚴重。他們找到就業的機會與都市居民差別不大。遷移者之失業率比原住地之居民低。這似乎顯示失業的人較少遷移，或是那些失業的人曾經遷移，因找不到事情而再回去。

從其他都市移到另一都市的遷移者多半從事專門性和其他白領階級的工作；而從鄉村移到都市的人多半從事操作、服務、體力的勞動的工作。從都市移到鄉村的人並不從事農業，且人數不多，也許是各大小城市郊區化 (suburbanization) 的一種型式⑲。

不論是與原住地或與遷入地同年齡的人比較，遷移者有最高的就業率和最低的失業率。且與遷入地的人比較，遷移者有較高的比例是薪資工作者，而較少自雇的 (self-employed)。

與都市居民相比，從鄉村來的遷移者多半從事體力勞動的工作；從城市到城市的遷移者多半從事白領階級的工作。女性遷移者多半從事專業和非專業或服務性的工作。

若與原住地和遷入地的人比較，從鄉村非農業區 (rural-nonfarm) 和其他都市地區遷入某一都市的人有相當少比例的人是屬於非技術性的工人和工廠操作人員。有好幾個理由可解釋此種發現，其中之一是到都市的遷移者比原住地的未遷移者有更好的能力而能找到更好的工作。另一原因是都市體力工人及工廠操作員的供應過多，具有此背景之遷移者很難找到工作，因此在鄉村地區之非技術工人或不遷移或因遷移後找不

---

⑱Donald J. Bogue, op. cit., pp. 770-771.
⑲Ibid, p. 791.

到工作又回到原來的地方⑳。

　　臺灣地區農村移動勞力之就業狀況，根據作者上一節的同一研究資料來源，在 1108 位通勤者中從事於次級產業者幾達三分之二，64.44%（714 人），其中工廠工人就佔整個通勤者一半以上，51.26%（568人），從事於三級產業者亦佔四分之一以上，29.96%（332 人），而從事於初級產業者祇有 5.60%（62 人）。如從職業類別來看，通勤者的職業以工廠工人最多，然後依次為公教人員、商店店員、小型企業主、手工製造業及交通運輸業等，農林漁牧採礦業的比例較少。尤其女性通勤者，工廠工人、商店店員、手工製造業和公教人員更佔絕大多數。

　　至於季節工的職業狀況，490 位季節工以從事於農林漁牧礦的初級產業最多數，佔一半以上 51.02%（250 人），其次仍為體力勞動工作 26.73%（131人）、家務管理性質 11.43%（56 人）的工作，次級產業的從業人員佔較少的比例 9.59%（47人）；尤其軍公教人員事實上無法以季節性或臨時性的方式從事，故季節工沒有擔任軍公教職業者。由於季節工本身年齡、身體條件、技術能力的限制，故職業選擇多傾向於體力的工作，也因此在工作收入上較不固定，亦低於通勤者和外移者的工作所得。男性季節工的職業選擇依序為農林漁牧礦業、體力勞動工作、工廠工人等，其餘各業從事者較少；女性季節工的職業選擇則依次為農林漁牧礦業、手工製造業及工廠工人。而女性季節工亦遠較男性季節工為少，這也可以說明季節工的工作性質較不適合於女性。

　　在 1370 位長期外移者中所從事的職業以三級產業最多，佔59.27%（812人），其次為次級產業佔 40%（548人），初級產業僅佔極微小的比例，為0.73%（10人）。如從職業類別來看，長期外移者的職業選擇依序為服役與家庭管理（529人，38.61%）、工廠工人31,52%（432人）、公教

⑳Ibid., p.793.

人員 7.66% (105人)、商店店員 7.52% (103人)、小型企業主 4.53% (62人)及手工製造業 3.94% (54人)，交通運輸業及服務業傭工人數較小，而農林漁牧礦業者僅有 0.73% (10人)。地區間的職業選擇順序大抵相同。男性長期外移者有許多是服役或在學學生佔 39.60%，這些人離村固然受服役和學業的原因，但卽使期滿或學業結束後，多半會選擇離村外移之途，除非鄉村居住環境或工作條件足以吸引他們回村務農的意願。男性外移也多從事於工廠工作、公務人員、小型企業主及商店店員；而女性長期外移者從事家務管理佔 36.73%，其次為工廠工人、商店店員、手工製造業及軍公敎人員。無論男女均很少再從事農林漁牧礦業。這可以說明兩種意義：第一、農林漁牧礦業較爲辛勞、工作收入較低、工作環境亦不如二級、三級產業，故長期外移者多選擇次級和三級產業；第二、農村勞力如欲達到長期外移的目的，則須先具備次級或三級產業的工作技能或身心條件，才有順利實現的可能。

綜合以上的討論，2968位移動勞力以工廠工人最多，佔 34.50% (1024人)，其次爲服役或家務管理 22.14% (657人)，再依序爲農林漁牧礦業 10.85% (322人)，公敎人員 8.29% (246人)、店員、小型企業主及手工製造業。無論男女，農村勞力移動仍以進入工廠爲主，行職業選擇受個人能力限制較大，故所從事的行職業差異很大。

四、經濟狀況

收入與職業有密切的關係，職業又與敎育有密切的關係，因此我們可預期收入與遷移的關係正如敎育、職業與遷移的關係一樣。在非洲的研究發現認爲，拉力是遷移的主要原因，而拉力之所以能發生作用，乃在於遷移者的經濟能力是否允許遷移，以及遷移者對其他地區相關機會知識的多寡，因此多數的遷移者來自富有的家庭❷。在希臘亦發現由鄉村到都市的遷移者與家庭收入有密切的關係。有錢人家的子女才能付得起在城市的教育費用，在城市接受教育之後就有留在城市的打算。可以說財富、教育期望和遷移有密切的關係。美國的資料顯示收入與遷移的關係並不像其與職業或教育的關係明顯。最高收入的人口之遷移率低於平均遷移率。而低收入者反而有較高之遷移率，鮑氏認為低收入者有較高的遷移率可能是因為遷移者多數從事於較低職位的工作，或是因為改變住處，在找到新工作之前有一段時間沒有收入❷。

　　大體而言，到城市的遷移者，其收入比原住地的人高，且接近遷入地的人收入之平均數。年輕的白人遷移者與遷入地同年齡的人比較其收入不相上下；但是年老的，女性，非白人其收入遠低於遷入地的住民❷。

　　作者曾對臺灣農家農場收入與勞力移動的關係做過調查分析，結果發現兩者的關係並不很明顯。農場收入高的農家和收入低的農家都有較高比率的勞力外移，收入居中的農家，其勞力外移的比率則稍低❷。此一資料顯示我們對農村勞力移動的經濟因素實在很難做太單純的推論，農村勞力移動受非經濟因素的影響也可能同樣重要。

　　就鄉村到城市遷移而言，另一個能反映經濟狀況的就是耕地面積。耕地規模的大小是影響農家收入的重要來源，而且耕地規模太小使農業經營現代化、機械化難於實現，農家生活也很難改善。除了這種耕地面積受限制的經濟因素外，加以農事操作環境遠較工商業部門不利，於是農村勞力發生移動乃是很自然的現象。因此，大致來說，耕地面積愈

❷John Caldwell, op. cit., p. 138, p. 367.
❷Donald J. Bogue op. cit., p. 711.
❷Donald J. Bogue, op. cit., p. 793.
❷廖正宏，同前引，pp. 39-47.

小，生活情況愈難以轉寰改善，必須有賴於非農業收入來貼補支出，遂產生較大的勞力移動率；而耕地面積愈大，生活較佳，且農場本身需用較多勞動配合，使得農村勞力移動率也漸次降低。歸納而言，農村勞力移動與耕地規模成負相關，農村勞力移動後可以達到擴大耕地規模的目標，減少農業人口數，同時，耕地規模擴大以後也可以緩和農村勞力移動的現象。茲再引用實證資料來觀察耕地面積大小與移動率的關係，0.5公頃以下的勞力移動率為 26.63%，0.5～1.0 公頃的勞力移動率次第降低為 24.85%，1.0～1.5 公頃的勞力移動率為 22.30%，1.5～2.0 公頃的勞力移動率為 19.74%，2.0 公頃以上的勞力移動率僅為 16.00%；如從移出率來觀察，0.5 公頃以下勞力移出率為 10.95%，0.5～1.0 公頃的勞力移出率提高至 11.46%，然後漸漸下降，1.0-1.5 公頃勞力移出率為 11.35%，1.5～2.0 公頃勞力移出率再降為 9.50%，至 2.0公頃以上勞力移出率為 9.28%。這些數字雖然差異不大，但或多或少亦可看出農場面積與農村勞力外移的關係㉕。

再就耕地所有權與遷移的關係觀察，長期移出率，自耕農為 11.17%，半自耕農為 10.26%，佃農為 8.24%，何以佃農不做外移而寧願繼續耕作？也許因為他 們知識敎 育水準較低，又沒有農場以 外的技能轉業，而且任勞任怨的宿命心理傾向較高，故多仍以季節工方式從事耕作㉖，因此產生佃農移動率高而移出率低的現象。

五、性　　別

雖然拉文斯坦在 1885 年時曾提出婦女比男人遷移率高，男人有較長距離的遷移，但是格里格 (Grigg) 研究英國及威爾士的資料發現卽

㉕廖正宏，同前引，p.52.
㉖廖正宏，同前引，p.48.

使在19 世紀, 遷移之性別差異並不如拉氏所言，且後來之性別差異亦減少。在其他社會，遷移之性別差異，亦與拉氏的法則相反，男性比女性有更高之遷移率[27]。性別也許是選擇的基礎，但是在不同的社會並不一定有同樣的作用。在非洲男性遷移者遠比女性多[28]。在臺灣，有關性別與遷移的關係亦不明確，不過大致上來說，引用個體調查資料所獲得的結論是男性的遷移率大於女性，男性的遷移距離比女性遠；不過若用總體資料分析，則多半發現女性有較高的遷移率。其間之差異可能由於總體資料係源自戶籍登記，而戶籍登記內女性結婚改變戶口更換地址的頻率遠多於男性，才會有此差異。

　　雖然近年來婦女勞動參與率比以前提高，但是仍遠低於男性，衡諸我國的社會仍以男性為家庭主要生計負責人的事實，則男性比女性有更高的遷移率應是可以肯定的。

　　以下舉證作者的研究資料說明遷移的性別差異[29]，由表 5-2 顯示，每百戶農家勞力移動指數，民國五十二年僅 156 人，五十七年些微增至 160 人，而六十四年增至 198 人，增加率為 75%，平均每一農家約有二人屬於該研究的移動勞力。再依照不同類型之移動勞力觀之，通勤者在五十二年祇有 35 人，五十七年加倍至 77 人，六十四年略微回跌至 74 人，且季節工一直遞減，由五十二年的 78 人，五十七年的 42人，降至六十四年的 33 人，而長期外移則由五十二年的 43 人，五十七年的 41 人，驟增至六十四年的 91 人。增加幅度百分之百，這說明每一

[27] D.B. Grigg, E. G. Ravenstein and the "Laws of Migration," *Journal of Historical Geography*, 3, 1977, pp. 41-54.

[28] John Caldwell, *African Rural-Urban Migration*, Canberra, Australia: Australian National University Press, 1969, p. 204.

[29] 廖正宏，同前引，pp. 53-57.

戶農家幾乎都有一人長期外移轉業。若從性別差異來看，女性長期外移增加率較男性大（五十二年 10 人，五十七年也是10人，六十四年突增至 31 人；而男性增加率略小，祇由 31 人增至 60 人），另一方面女性通勤者一直在增加，而男性略呈下降。但是歷年來的移動率，男性仍遠大於女性。

表 5-2　民國52年、57年、64年每百戶農家勞力移動之變化情形

單位: 人

移動型態 年別	合 計			通 勤 者			季 節 工			長 期 外 移		
	小 計	男	女	小 計	男	女	小 計	男	女	小 計	男	女
52	156	124	32	35	25	10	78	66	12	43	33	10
57	160	118	42	77	54	23	42	33	9	41	31	10
64	198 (174)	133 (120)	65 (54)	74	45	29	33	28	5	91 (67)	60 (47)	31 (20)

資料來源: 見文中說明. （ ）內數字表示扣除那些由於婚姻關係而外移的人口數。

這三次的比較發現，無論男女，從事於季節性農場工作者均逐漸減少中，通勤工作者雖較緩和，唯女性通勤者仍有增加，但幅度在減少中，而長期外移卻較過去頻仍。這種現象正好說明農業經營和工商業比較相對處於不利的地位。五十七年以後，農工部門差距擴大，農業收入偏低，生產成本偏高，農產品價格也沒有受合理的保障，農民生活較缺乏保障，諸多因素使農村勞力紛紛外移；而已經離村者適應城市生活很少有「回流」意願，故使這段期間長期外移的人數遠較過去為多。

我們同樣也可以由表 5-3 獲得更清晰的概念，農村勞力移動中通勤者由民國五十二年的 25.9%，增至五十七年的 47.9%，六十四年卻下降為 37.3%；季節工由五十二年的 56.8%，一直減少，五十七年為26.1%，六十四年為 16.5%；而長期外移卻由五十二年的 17.3%，增至五十七年的 26.0%，六十四年激昇至 46.1%。可見通勤者先增後減，季節工

表 5-3　民國52年、57年、64年勞力移動之變化情形

移動型態 / 年別 / 性別	合　　　計						通　　勤　　者					
	52		57		64		52		57		64	
	人數	百分比	人數	百分比	人數	百分比	人數	百分比	人數	百分比	人數	百分比
合　計	1,989	100	2,551	100	2,968	100	516	25.9	1,223	47.9	1,108	37.3
男	1,563	100	1,882	100	1,996	100	367	23.5	860	45.7	676	33.8
女	426	100	669	100	972	100	149	35.0	363	54.3	432	44.4

移動型態 / 年別 / 性別	季　　節　　工						長　期　外　移					
	52		57		64		52		57		64	
	人數	百分比	人數	百分比	人數	百分比	人數	百分比	人數	百分比	人數	百分比
合　計	1,129	56.8	666	26.1	490	16.5	344	17.3	662	26.0	1,370	46.1
男	954	61.0	520	27.6	421	21.0	242	15.5	502	26.7	899	45.0
女	175	41.1	146	21.8	69	7.1	102	23.9	160	23.9	471	48.4

資料來源：見文中說明

始終銳減，而長期外移一直增加。男女性別差異上除了變化率略有差別外，各移動型態的變動情形並沒有兩樣，也是通勤者先增後減，季節工始終銳減，而長期外移一直增加。通勤者雖然減少，但比重仍然相當大，尤其女性幾乎與其長期外移比重相當（通勤者占 44.4%，長期外移占48.4%），總移動率仍以男性佔多數。季節工和通勤者的減少是長期外移增加的另一種說明。季節工既以初級產業為主，收入不固定，操作又辛勞，自然逐漸減少；通勤者受工作機會的限制，或社會接觸增加後轉而變成為長期外移，故亦呈減少現象，而長期外移則是整個經濟結構改變必然的現象。

六、家庭和婚姻狀況

　　就婚姻狀況來看，傳統的觀念認爲未婚者比已婚者有更高的遷移率，婚姻狀況的改變會增加遷移的機會，因爲離婚或分居表示婚姻伙伴要改變住處。鰥夫、寡婦的情況亦類似，尤其以前的住處安排不合適時更有可能遷移⑳。

　　但是美國 1960 年普查資料卻顯示，已婚比未婚者有更高的遷移率㉛，這個發現與傳統上相信單身漢較易遷移的情形相反。可能的解釋爲：①傳統的看法不一定正確，現在單身漢與其他家人都同樣容易遷移；②單身漢到達目的地後比當地非遷移者有早婚的傾向。

　　當人們的教育程度提高，職業更專門化，家長向遠方謀職的能力、機會較多。此意示著全家移動的可能性比以前增加。另一方面，單身漢離家後也許較寂寞，因而促發他（她）成家的需要。

　　不過就臺灣的情況來說，由鄉下到城市的遷移者單身漢仍比已婚者有較高的遷移率，這可能與社會結構及經濟發展的階段有關係。

　　其次家庭結構和人數的多寡也與遷移有關係。家庭人數越多，遷移傾向越大。在迦納（Ghana）男性遷移者中有一個兄弟到五個兄弟中從33％ 增到 50％，部份的理由是連鎖遷移的關係；另一方面是兄弟多的家庭，移出一些人對家庭所造成的限制較少。也許人數多的家庭比人數少的家庭在社會、經濟上相對的貧困。對這些壓力的反應較易經由遷移謀求解決㉜。

　　家庭是社會組織中最普遍的一種，也是最基本的生活單位，任何人都不能脫離家庭而生活，儘管家庭的型式隨社會經濟發展而逐漸改變，尤

⑳U. S. Bureau of the Census, Current Population Reports, Series P-20, No. 171, "Mobility of the Population of the United States; March 1966 to March 1967," April 30, 1968, p. 1.

㉛Donald J. Bogue, op. cit. pp. 767-768.

㉜John Caldwell, op. cit., p. 204.

其是工業化、都市化以後，核心家庭漸佔優勢。但是，家庭所具有的多元性功能似乎仍能保存著，它不僅是人際社會關係維護的核心，也是重要的社會化、經濟活動的單元。習慣上，我們通常按照家庭親屬關係的立場把單身以外的家庭結構分爲核心家庭、主幹家庭及擴大家庭三種。核心家庭又稱小家庭，是由一對夫婦及其未婚子女所組成；擴大家庭則是由兩對以上夫婦及其子女所組成，也可能包括若干個核心家庭的成員或有一共同的父或母；而主幹家庭又稱折衷家庭，是包括祖父母、父母及未婚子女等直系親屬的家庭團體。

　　一般來說，核心家庭容易提高子女的家庭地位，教育機會較好，且人事關係較單純，減少成員的衝突，並能培養獨立精神；另一方面卻使社會控制力量削弱而個人主義太重，因此，既能培養冒險患難的勇氣，亦則離村闖天下的移動現象自然較多。折衷家庭（或主幹家庭）能養成子女對於父母扶養的責任心與同情心，在家庭倫理孝道的驅策下，離鄉背井的意願應該較少。而擴大家庭容易養成親屬間、成員間相互依賴心理，無法培養個人獨立的性格，加以家庭制約力量大，遷移情形可能較少。但是由於擴大家庭人員眾多，勞力較充裕，家庭親屬間容易對農事操作相互推諉，變成「和尚挑水」的現象，因而增加遷移的現象。這些解釋可以說明農村勞力移動受家庭結構的影響。

　　作者所搜集的實證資料顯示，農村勞力移動的現象以核心家庭最多，其次爲擴大家庭，主幹家庭最少。不過，擴大家庭與主幹家庭的差異並不顯著，唯一可確定的是核心家庭有較高的移動傾向[33]。

[33]廖正宏，同前引，pp. 31-33。

第六章　遷移的影響

一、分析架構

　　人口遷移對人類組織和活動的影響可從五個角度來看：一、對遷移者本身的影響，如改變遷移者的生活、知識、經驗、態度、信仰；二、對原住地的影響；三、對遷入地的影響；四、對兩地之間(intervening space) 的影響，亦卽遷移行爲對原住地與目的地之間的空間之影響；五、對整個社會結構 (structural context) 之影響。其分析架構如圖一所示❶：

圖 6-1　遷移影響之分析架構

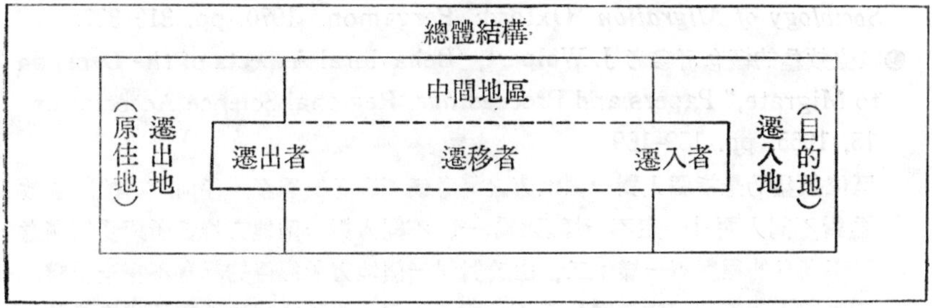

❶摘自 P. E. White and R. I. Woods, "The Geographical Impact of Migration,"in P.E. White and R.I. Woods (eds.) *Migration*,London: Longman Group Limited, 1980, p. 43.

一、遷移者

圖 6-1 之中央爲遷移者，對原住地而言爲遷出者，對目的地而言，則爲遷入者。遷移對遷移者的影響是多方面的。了解遷移者的動機可進一步了解遷移者對社會、經濟、教育或其他機會之評價。遷移對遷移者的影響來自環境的改變，這種環境包括：物質（理）、社會、文化、經濟或這些因素的複合。環境改變時，遷移者可能採取調適的措施以順應新的行爲規範。卽使遷移者遷到與原來社會環境頗爲類似的地方，物質環境的改變也會對心理產生影響。

社會學家、心理學家對這方面的改變特別關心，不少人研究遷移後之態度改變。（例如，Levine, 1973, Duocastella 1970 等人之研究）❷。地理學家亦關心遷移對遷移者的影響，例如遷移可能增加遷移者對區位效益 (place utility) 的訊息來源❸。由於遷移者經歷社會文化的改變，其願望 (aspiration) 也跟著改變，因而改變對遷入地或其他地

---

❷N. Levine, "Old culture–new culture: a study of migrants in Ankara," *Social Forces,* 51, 1973, pp. 355–368.

R.Duocastella,"Problems of adjustment in the case of internal migration: an example in Spain," in C. J. Jansen, (ed.) *Readings in the Sociology of Migration*, Oxford: Pergamon, 1970, pp. 319–337.

❸區位效益的概念可參考 J. Wolpert, "Behavioral Aspects of the Decision to Migrate," Papers and Proceedings, Regional Science Accociation, 15, 1965, pp. 159–169.

區位效益乃是指個人對一個地方之滿意或不滿意的程度，任何地方的區位效益對不同人而言一定不一樣。因爲：一、不同人對一個地方特質所感受的滿意與不滿意的程度不一樣；二、由於對同一個地方所獲得的訊息不完全一樣，不同的人對客觀事物的評估就不一樣。一個人對所居住的地方因親自體驗，因此對其區位效益的利弊較能確定，而對其他地方的評價只能憑所能獲得資料的多寡而定，如個人到該地的旅遊，與遷到該地的人通信，朋友的言談或報章、雜誌的報導。

方特質的評價。此一過程的結果可能使遷移者決定進一步的遷移。對任何人而言，以往的遷移行為和模式也許是現在和未來遷移行動的關鍵。以前的研究指出，一個人一旦遷移之後，則以後遷移的傾向就會增加。

　　假如遷移者對他的遷移感到滿意，且將訊息傳回原住地的親友，則很可能產生連鎖性的遷移。

二、原住地和目的地 (The areas of origin and destination)

　　由於遷移的選擇性， 遷移對原住地的社區而言， 乃是失去某種年齡、性別、……等特徵的人群，而對遷入地則增加此特徵的人群。因此了解遷移者的特徵，有助於了解遷移對兩種地方的影響，要知道遷移的影響，對遷移量的了解固然重要，而遷移者的特徵更不可忽略。

　　(1)人口的影響：

　　人口特徵如性別、 年齡、 婚姻狀況、 家庭大小等是。 假若遷移者是年輕的夫婦，則可能減少原住地的粗出生率，而增加遷入地的粗出生率；假若遷移者包括很多退休人員，則原住地的粗死亡率可能降低，而遷入地的粗死亡率可能提高。不同人口特徵的遷移對兩地的人口組成會有很大的影響。在本（二十）世紀，世界上有很多國家鄉村年輕人口外流的情形仍持續不斷，而減低了鄉村地區的自然增加率；同時由於年輕人口的大量外移，可預期兩地年齡結構的改變。

　　遷移者的政治信仰、社會態度、創新和保守性格對原住地的影響要比遷入地大。例如具有創新特質的人遷出，則對原住地之領導結構可能有很大的影響，但是對遷入地的影響則難以評估。也許一個創新者在遷入地可能變得很保守，因為他必須花很大的力量和時間來適應新的環境。雖然如此，若選擇性與政治觀念、態度有關，則大量的遷移者會影響遷入地此種觀念的改變[4]。

[4]C. Mannucci, "Emigrants in the Upper Milanese Area," in C. J. Jansen (ed.) *Readings in the Sociology of Migration*, Oxford:Pergamon, 1970, pp. 257-267.

雖然遷移會導致城鄉人口的改變，但是鄉村地區的高自然增加率，使此種改變不顯著。城鄉人口通常遭遇的問題是都市地區經濟發展的速度太慢，不足以吸收大量湧入的鄉村人口。

(2)經濟的影響：

遷移一方面可減低遷出人口成長之壓力，另一方面又可提供遷入地經濟發展所需之勞力，對遷入與遷出兩個地方都是有利的。由於開發道路、運輸設備之需要，遷移可加強經濟建設，刺激大城市之工業化，使兩地間的接觸頻繁，進而促使經濟發展。

世界上許多國家在不同的發展階段都吸引了不少的移民。美國、德國、法國在其工業化初期大量吸收外來的移民，相反的瑞典在戰後經濟成長時需要大量勞力，而吸引大批義大利人移入。

其他國家經歷著大量外出移民，以減除鄉村人口成長的壓力或是自己的經濟成長無法吸收多餘的勞力。雖然遷移對社經情況的反應不盡相同，但是現代化、工業化加速人們地域上的移動則是毋庸置疑的。

沒有遷移則工業化及社經之現代化不可能產生，但是人口遷移，則不一定能產生工業化及社經之現代化。在非洲及其他開發中國家，人口遷移有時是對外在壓力的一種反應，或對鄉村人口成長的反應。

(3)政府和社會文化的影響：

以鄉村到都市的遷移為例，人口遷移可能影響到農業生產及鄉村地區之權力結構，而在都市地區因大量非技術性，年輕、男性勞動力的移入，意味著潛在的暴動人口，可能增加都市的失業和緊張。遷移可能導致權威、家庭顯著改變。如男性家長外移可能對夫妻關係、子女管教方式、家長權威和家人關係都有影響。

雖然與遷移有關之政治、經濟、社會和文化因素在很多方面削弱親屬關係，但是遷移也可加強親屬關係，尤其在剛到新環境時，更需要依賴親友的幫忙⑤。

　　在另一方面，遷移給那些在都市出生的小孩帶來新的觀念，當這些小孩與他們的父母回到鄉下時，鄉村生活的經驗對他們而言是新奇的，雙方互相影響，有助於城鄉結構及價值觀念之改變。

　　(4)對區位分佈的影響：

　　任何遷移是人口的再分配，人口的再分配影響到人口、社會、經濟、政治等特質。遷移對遷入地的區位分佈扮演很重要的角色，遷移對教育、職業、種族和文化背景具選擇性，因此可能使都市地區某些社會團體在分佈上的互相隔離。語言、宗教、文化、職業團體的隔離，很多是差別遷移的結果。因為遷移的選擇性使人口再分配具有某種特質。由於人口的再分配，有些地方人口增加，有些減少，有些社會團體減少，有些增強，所以遷移改變人類組織的區位分佈模式。

　　總之，遷移是社會變遷的現象之一，亦由社會變遷所引起，同時亦進一步影響社會變遷。

三、中間地區 (The intervening area)

　　遷移的選擇性對此問題較不重要，對低職位的人而言，中介機會 (intervening opportunities) 的大小可能比對高職位的人更會限制遷移的距離。

　　遷移對中間地區 (intervening area) 的影響較不易察覺，只是過渡性的，除了借路通過之外，遷移者與之並無互動關係。中間地區的社會較少直接受到遷移者的影響。

四、總體結構 (The structural context)

---

⑤Calvin Goldscheider, *Population, Modernization, and Social Structure,* University of California, Berkeley, Little, Brown and Company, Boston, 1971, p. 213.

　　所有的遷移都在社會、經濟或政治的脈絡中發生，此一脈絡在某方面連結原住地與目的地。基本上一定有資訊流通的過程，亦卽有關目的地的各種機會的資訊傳達到潛在的遷移者，而遷移現象本身也可能構成此一結構網絡的一部份。以前的遷移者可能提供有關的資訊，以鼓勵以後的遷移而產生遷移過程的連鎖反應。結構網絡的範圍很廣，它與遷移過程的關係是雙方面的。 第一， 經濟與社會網絡大大的限制遷移的類型。第二， 遷移本身可改變或增強此網絡。

　　例如十九世紀，英格蘭和威爾士鄉村到都市的遷移乃是由於都市工商業發展對勞力的需求，以及鄉村人口成長率高，導致鄉村地區人口過剩。當時很多地方的社經結構都是零星、小規模的生產，爲地方性而非全國性的市場。而鄉村到都市的遷移，深深的改變了都市發展的速度與形式，也改變了鄉村人口的成長，終於導致今日的鄉村人口不足[6]。此外這種遷移也是增加城鄉接觸的因素之一，因而幫助塑造全國性的社會系統，改變傳統鄉村的型態， 減少傳統上地方獨立自主的色彩[7]。19世紀中葉由於鄉村人口的減少也減低了手工藝的市場。鄉村到都市的遷移幫助大規模生產的工業產品，打入鄉村的市場，而都市工業 本身的成長，一部份是由於吸收更多來自鄉村的人民，加入都市的經濟體系。總之，19世紀英格蘭和威爾士的鄉村到都市的遷移是由當時的社經結構所產生，但是遷移也助長改變當時全國性的社經結構。

　　長時間的勞力移動對結構因素有何影響？ 遷出社會人口過剩的壓

[6] J. G. Thomas,"Population Changes and the Provision of Services," in J. Ashton and W. H. Long (eds.), *The Remoter Rural Areas of Britain.*, (Edinburgh: Oliver and Boyd) 1972, pp. 91-106

[7] R. E. Pahl,"The Rural-Urban Continuum," *Sociologia Ruralis,* 6,1966, pp. 299-329.

力是否減少？人口遷移是否影響其生育率水準？遷移是否改變了遷出社會和接納社會的關係？人口遷移對接納社會的出生率或經濟成長有何影響？這些問題乃是討論遷移對結構因素的影響所不可忽略的。

在分析遷移的影響時，不能只注重單向的因果關係，必須同時考慮雙向的互動。例如遷移者生活方式的改變，將會影響送回原住地的訊息，而此訊息又會影響觸發連鎖遷移的程度，而連鎖遷移又會影響整個社區。

雖然此種系統的分析架構有助於對遷移的了解，但是卻有不少的缺點：

1.資料搜集的問題。很多現象之間的相互關係，難以量化，卽使量化也難以評估，例如訊息的傳遞影響連鎖遷移的概念。此外所需要的資料必須由調查方法收集，不但費時而且不能做大規模的總體分析 (macroscale approach)。

2.很難區分遷移與其他社經因素變遷的影響。如前述遷移對全國社經結構變遷的影響，但是教育程度的提高，農業組織的改變，交通運輸等技術的改變也都是重要的影響因素，而遷移只是其中的一個影響因素而已。

二、歐洲的例子

上述的分析架構分析遷移的影響，理論上雖然分爲五個部份，但實際上由於資料的限制，實證的研究往往很難全部涵蓋。

二次戰後歐洲勞動力遷移之結構網絡可分爲三方面：接納（遷入）國家、遷出國家、遷入國與遷出國二者間之關係。接納的國家，如瑞士、奧地利、西德、法國、比利時、荷蘭、盧森堡、英國，和斯堪的納維亞國家，遷出社會爲地中海地區——葡萄牙、西班牙、意大利、南斯拉夫、希臘、土耳其，及一些加勒比海、北非之新興國家和印度等曾是歐洲的殖民國家。這些接納國家的社經特徵爲❽:

(1)在過去一世紀來這些地方經歷快速的工業及經濟成長，在資本主義不均衡空間發展的架構上，大量吸收農村勞力，使都市迅速發展。

(2)在1930年以後大部份已開發的歐洲國家，鄉村地區的出生率開始下降，自然增加減少，鄉村所能提供給都市的勞力大爲減少。

(3)十九世紀中葉以後北歐之出生率普遍下降，因此在1945年以後出生的人每年進入勞動市場的數量大約一樣，但是每年退休的人數則大於進入勞動市場的數量。

(4)戰後經濟成長的速度，比所能提供勞力的速度快。此時充分就業乃是大勢所趨，一個找工作的人常有幾個選擇的機會。

這種結構上的特徵創造了對其他地方勞動力的需求和給予就業機會，而遷出社會相形之下因就業機會不多，正可提供接納社會所需的勞動力。遷出社會都同樣受到鄉村人口過剩的影響，這些國家當時的工業並不發達，如西班牙、意大利，尙未能吸收過剩的鄉村勞力，且相對上都有很高的人口自然成長。

這兩個社會在結構上的關聯，一部份是殖民或半殖民的關係，此關係不僅是行政上的關係，而且殖民社會受殖民者之敎育和價値體系的影響也產生相當程度的社會化和涵化。那些未曾淪爲殖民地的南歐國家（南斯拉夫例外）與接納國家的聯繫乃是共享資本主義經濟和不限制勞力移動的自由市場。

---

❽W. R. Böhning, *The Migration of Workers in the United Kingdom and the European Community,* Oxford: Oxford University Press, 1972.

1.遷移者:

在社會結構上，由於不均的就業機會加上兩地間彼此的關係，使接納社會就業機會的訊息傳到遷出社會而產生遷移。但是與其他的遷移一樣，這種遷移是高度的選擇的，其選擇的過程有兩種:

⑴在遷出國，依照年齡、性別、職業、創造力、教育等特質加以選擇。

⑵遷入國對於所需要勞動力特質的選擇，如男性適合從事某種工作，女性適合從事另外的工作，但是沒有一個地方是歡迎全家遷移的。直到1960年以後接納國家之間對留住遷移者的競爭激烈時，選擇控制才稍微放鬆。在很多場合接納社會的選擇過程相當嚴格，因而增強既有的年齡和教育的選擇，因此遷移者往往來自遷出社會人口中小範圍、又特殊的一群人。不過，當更多的眷屬隨著遷移時，選擇的程度與性質會隨著時間而改變。了解這兩種選擇的控制乃是了解遷移的影響所不可缺少的。

遷移的勞工都遵循特殊的遷移途徑，且原住地及目的地的配合並非隨機的。幾乎所有的接納國家都吸收不少的意大利和西班牙的移民，而來自歐洲以外的遷移者則僅限於以前的殖民勢力範圍。因此北非的勞工到法國，印尼人到荷蘭，牙買加人、印度人、巴基斯坦人到英國。

接納國家為了對勞工有所選擇，乃透過工作許可證的發給對勞工的出入及住處給予相當的限制。因此，遷移者很少有機會在遷入的國家提高其教育或社會地位，如遷入瑞士和西德的勞工。尤其西德政府相信其勞工的短缺是臨時性的，所以直到1970年前才有整合勞工的政策。即使在英國，新勞工一到達後，可以免除許多法令上的控制，但是由於社會結構對移民的冷漠，種族的歧視使他們在社會、經濟地位的改進受到阻礙，與最低階層的人一樣遭遇到被剝奪的問題。不論是否透過法律的控制或非正式的社會控制， 歐洲移民勞工大規模的向上社會流動 （up-ward mobility） 是不可能的。

不過卽使移民勞工在遷入社會的經濟地位低， 但是與原住地的社會相比， 却是屬於高收入的。歐洲勞工移民的共同特徵是寄錢回家和將訊息傳回原住地而提升原住地居民遷移的願望， 進而鼓勵遷移[9]。

2. 遷入地：

遷往歐洲的勞工， 不論到那個國家都自己形成很特殊的團體， 與遷入地的人口大爲不同： 年紀輕、不平衡的性比例， 文化、宗族亦不同。此外， 遷入地的特質亦影響遷移者成爲自我孤立的團體。例如經濟力量的薄弱使他們無法過問房地產的生意， 而聚集到當地人所不願居住、環境最糟的「大雜院」。連鎖遷移的過程以及遷移者爲了保持社會、文化的特徵， 使後來的遷移者繼續湧入同一個地方， 使之成爲更特殊的移民區。

3. 遷出地：

到歐洲的遷移者多半來自工商業落後的農村地區， 由於對年齡及敎育的嚴格選擇， 其對原住地所產生的影響與一般由鄉村到都市遷移所產生的影響並無太大的區別。因此有關這部份的說明將在本章最後一節以臺灣地區鄉村到城市遷移爲例做說明。

三、從出生率觀點看鄉村人口外移的影響

高賽德 （Calvin Goldscheider） [10]提到鄉村人口外移對鄉村地區

---

[9] W.R.Böhning,"Migration of Workers as an Element in Employment Policy," *New Community*, 3, 1974, pp. 6-25.

[10] Calvin Goldscheider, "Migration and Rural Fertility in Less Developed Countries," Conference on Rural Development and Human Fertility, The Pennsylvania State Univ., April 11-13, 1983.

出生率的影響有四個層面，頗值得參考並可引伸擴大爲對整個鄉村社會其他方面的影響：

一、組成影響 (Compositional Effects)

除了人口外移外，由於遷移選擇性的結果，將對出生率的組成有直接和間接的影響。

鄉村人口外移選擇年輕人（尤其是 15～29 歲）乃是許多研究所一致證實的。由此觀點，兩地的年齡結構將受影響。對目的地而言，鄉村人口的移入直接影響人口數量的增加，而間接提高其出生率。而移入的年輕人正是生殖力最旺盛的時期，因此至少在短時間內對都市之出生率有影響。這種直接增加人口數量，間接增加出生率的雙重作用使都市人口的成長特別快。

人口外移對鄉村地區的影響可從對年齡、性別、遷移的久暫、婚姻狀況的選擇來看。對未婚的男性或女性的選擇將會改變婚姻市場，因不平衡的性比例（依年齡分）可能會影響結婚的年齡。因爲遷移的動態性，很難評估這種影響。例如單身男性可能回到原住地結婚後再與太太一同到都市。

遷移選擇的程度，遷移率及遷移的形式（久暫）各地方並不同，因此遷移對各鄉村地區出生率或其他因素的影響常因選擇的程度和遷移的形式而有所差異。若高教育程度及具有雄心的年輕人外移，我們可預期留下來的人教育程度及經濟情況均較低，且對變遷的接受性也較低。同樣視遷移率，遷移類型及選擇的情況而定，留下的人口可能較會抗拒變遷。當未外移的人出生率維持不變，則高社經程度的人外移的結果因組成上的改變，使鄉村的出生率普遍提高。不過個人層次之生育率高並不一定表示總體人口成長率也高，因爲後者可能受組成改變的影響。

二、傳播的影響 (Diffusion through Migration)

遷移者在帶回新的觀念上扮演相當重要的角色。與組成影響(compositional effects) 不一樣，新觀念的傳播與生育態度、動機、行爲的改變有直接的關係。

遷移經常被視爲變遷的機制 (mechanism)，這種變遷在"傳統"的鄉下人與現代化的都市接觸時發生。有關觀念傳播的問題在於遷移者何時變得像都市人。遷移者所帶回的訊息相當廣泛, 如就業、婚姻機會、家庭計劃的訊息; 此外，遷移者也可能提供金錢和物質上的接濟，而提高鄉村人口之生活水準及消費願望進而間接影響生育率。

傳播的過程很複雜，任何時間任何地方都可能發生, 家庭、社區、親友或工作關係均可產生訊息的傳播。

三、人口及行爲反應 (Demographic-Behavioral Responses)

人口遷移對出生率 的影響， 這種理論乃是 導自多層面反應的理論 (the theory of multiphasic responses)[11]。

此理論的要點爲在人口轉變的過程， 人類對人口壓力和貧窮的反應是多方面的, 會使用各種方法來減低人口和貧窮的壓力。這種多方面的反應應包括的範圍很廣如經由避孕、墮胎、晚婚、控制出生率，以及境內或國際移民以避免人口壓力。此理論補充馬爾薩斯[12]之說明，除了死亡率和減低出生率做爲抑制人口成長的方法外,更加上人口遷移的觀點。認爲快速的經濟成長和死亡率降低所產生的人口壓力也可 經 由 人 口 遷

---

[11] Kingsley Davis, "The Theory of Change and Response in Modern Demographic History," *Population Index* (October,1963) pp. 345-366, W. Mosher, "The Theory of Change and Response: An Application to Puerto Rico 1940-70," *Population Studies*, 34 (March, 1980), pp. 45-58.

[12] 馬氏人口論所要證明的主題有三: 一、人口受生活物資所限制。二、除非受到強有力的抑制， 若生活物資增加， 則人口一定增加。三、人類之繁殖勢必受到抑制。抑制人口增長不外乎積極抑制和預防抑制。

移來緩和。境內移民和國際移民正如降低生育率的作用一樣可減低一個地方之自然增加率。

　　尤其在鄉村地區人口外移常是由於人口增加和缺乏就業機會的結果。人口外移正符合鄉村家庭的利益。

　　起初，鄉村人口外移被視爲是對人口與經濟壓力的許多反應當中的一種，此概念後來再延伸爲人口遷移，也許可代替出生率降低[13]。依此觀點境內或國際移民只是短期間疏解人口壓力的安全瓣，同時會延緩出生率的下降。

　　在工業先進國家，許多實證研究都支持此種說法，鄉村人口外移率高的地方，其出生率下降的速度也較遲緩。那些外移率較低的地方，其出生率降低的時間較早，降低的速度也較快[14]。

　　表面上看，把遷移當做對人口壓力與經濟變遷反應的一部份說法與遷移可代替其他反應的說法相矛盾。其實，遷移在人口轉變的過程中，在短期內可視爲代替其他的反應，而在長時間內則可視爲多種反應的一部份。

　　在人口轉變的初期，尤其是在自然增加率高的地區，人口遷移乃是解除人口壓力的“特效藥”。當人口外移率仍持續保持很高時，則鄉村地區出生率降低的速度可能緩慢下來。

四、社會組織的影響——無根性 (Social Organizational-Uprooting Effects)

　　現代化的二個主要過程與遷移有關係，即結構分化與機會結構的擴充。遷移的過程可能包含脫離親友和家人對地位和經濟的控制；也可能

---

[13]Dov. Friedlander,"Demographic Responses and Population Change," *Demography,* November 1969, pp. 359-381.

[14]Friedlander, Ibid.

是改變鄉村地區或都市地區的相對機會結構。

遷移對「無根性」影響的程度——尤其是與家人、親友和原住地的社區——部份視遷移的類型、距離、久暫以及遷移者與原住地的聯繫而定。遷移所產生的一個主要改變就是某種程度的脫離原住地的家庭對資源及地位的控制。雖然目前尚不清楚遷移是結構分化的因或是果。然而就長時間而言，遷移會促使原來的經濟與家庭結構做新的安排。

無論特殊的因果關係為何，遷移與結構分化的關係可由遷移與生育率的關係顯示其意義。結構分化是生育率改變的一個重要因素。結構分化包括分離家庭與經濟、政治和社會的角色，以及改變家庭與親戚對經濟與政治資源的控制，它也包含改變家庭和社區對婦女角色的控制。分化表示以前家庭為增加權力要求家庭人口多的壓力減少，以前多生孩子是婦女對家庭的貢獻，婦女在社區中的地位常由生小孩子的多寡而決定。

減低親屬對多生小孩的壓力與要求小家庭的壓力並行，因為小家庭較能靈活適應機會結構的改變。家人成員之外移有助於發展新的行為模式，包括生育行為。

遷移與出生率改變的另一機制，乃是遷移對親屬控制資源的影響。當遷移減低親屬對經濟資源與婦女地位的控制時會影響出生率之降低。並非所有的遷移，都會導致「無根性」，因此我們並不能預期一致性的出生率降低。

遷移使個別的遷移者從傳統鄉村社會的束縛和義務中至少得到部份的解放，也使個人脫離家庭和原住社區所賦予的職位。它也同時削弱鄉村家庭對未遷移者的生活與機會的控制。一旦家庭親屬的控制受到挑戰後，鄉村社會其他部門的影響力亦會減弱。

遷移的社會組織的影響，尤其是擴大家庭對資源與地位的影響將會降低生育水準。相反的，遷移對人口的影響乃假設能疏解人口的壓力，因此遷移的結果使出生率仍維持高水準。

假如人口理論是正確的話，則鄉村人口外移將延緩其出生率下降的速度，因爲變通的反應已發生。假如社會理論是正確的，則鄉村人口外移將促使家庭對個人之控制減弱，而間接加速出生率之下降。何者正確端視外移率和外移類型而定。若涉及不同社會、經濟結構或不同的發展階段也許兩種理論都正確。這些遷移與生育率關係的假設雖然導自既有的理論，但仍需系統、詳細的經驗驗證。

遷移對出生率影響的關係不僅是分析上重要，在擬訂鄉村發展的政策上亦相當重要。就一般而論，開發中國家有關境內人口遷移的政策都忽略遷移所隱含的「無根性」影響的重要性。各種發展政策並未注意到選擇性的遷移對鄉村社會組織可能發生的影響。

開發中國家過度關心大都市之人口成長，常導致過於簡單的結論，卽抑制鄉村人口外移可緩和都市人口的過速膨脹。更重要的是從鄉村社區的觀點，留住鄉村人口不讓外移使原來資源不夠的問題更爲嚴重。

四、人口外移對鄉村社會的影響——臺灣的例子

一、前　言

臺灣地區在過去二、三十年來快速的都市化乃是大量鄉村人口外移的結果。近年來經濟發展相當快速。隨著快速的經濟發展，職業種類有顯著的增長，職業結構也急速的改變。尤其是城市地區工商業發達、就業機會大增，另一方面鄉村地區人口的自然增長持續不斷，但是耕地面積及其他就業機會卻無法增加，所以當鄉村有多餘勞力而都市卻發生勞

力不足的現象時，很自然的，人口就會由鄉村往城市移動以使勞力的供需趨於平衡。絕大多數的人口遷移都是由這種社會經濟結構改變所促成的。

然而，就遷移者本身而言，他們遷到城市的原因卻各有不同。根據民國六十四年的一項調查❺，絕大多數的人都認為在鄉下沒有足夠的就業機會，為了找職業以增加收入，不得不到城市或其他地方找工作。也有人認為留在鄉下沒出息，不論好歹總得到外頭闖天下，前者可說是受推力的影響而外移，後者則受拉力的影響而遷出。這兩種事實說明了兩種不同遷移的原因。成就慾望強烈的人，認為唯有都市才有更多的機會讓他展露才華表現其能力，所以為了自我表現，實現更高的理想就搬到都市去。持此想法的人到了城市之後往往有較好的表現，因此在適應上較少問題發生。也有人起初並無特定目標或主見，或者對都市存著過份的幻想，這種人到都市後在就業及生活上遭受的波折較多。我們可以說本省絕大多數從鄉村移到城市的人都是為了實現某種理想，而這種理想往往與經濟生活的改善有密切的關係。不過以目前的情況來說，鄉下缺乏就業機會促使青年人往外跑的說法也不見得完全正確。有不少的人認為城市的生活較刺激、誘惑力大，鄉下生活單調、工作環境又較辛苦，雖然到都市工作的收入不見得比在鄉下的收入高，　但是工作環境較輕鬆。工作環境較輕鬆的感覺就能使鄉村青年產生足夠的衝力往城市跑。

在民國六十三年經濟不景氣時，曾有大批的勞力回流到農村，根據回村原因調查，工作環境不理想、工廠停工、想轉業三種原因合起來約佔所有回村原因的50%，而家務忙的原因也佔了24%❻，這不但證明勞

❺廖正宏，臺灣農村勞力移動之研究，國立臺灣大學農業推廣系研究報告6503號，民國65年。

❻劉清榕，臺灣農村回流勞力與意願之研究，國立臺灣大學農業推廣系研究報告6501號，民國65年。]

力回流的主要原因與職業有關，同時也說明鄉下仍有不少的工作機會。因此我們在討論鄉村人口外移的原因時，對於鄉村缺乏就業機會的說法不得不有幾分的保留。

　　大致而言，臺灣鄉村人口外移並不完全受推力的影響[17]，也未造成過度的都市化[18]。

二、臺灣人口遷移概述

　　在討論人口遷移的影響之前，有必要先了解一下臺灣人口遷移的現象。依據內政部人口統計資料顯示，自民國五十五年至六十四年之間臺灣人口遷移每年均有逐年增高的趨勢，自六十四年至七十一年則稍見緩和。從五十五年至七十一年縣市間之移動者，男性自 42.0‰增至 50.4‰，女姓自 40.9‰增至 55.5‰。屬鄉鎮市區間之遷移者男性自69.9‰增至 84.0‰，女性自 71.7‰增至 95.3‰。屬鄉鎮市區內之住址變更者男性自40.1‰增至42.1‰，女性自43.7‰增至46.2‰，總人口移動率則自219.6‰（男性）與231.6‰（女性）分別增至252.0‰及282.4‰，其

[17]Nora Lan-Hung Chiang Huang,"Spatial and Behavioral Aspects of Rural-Urban Migration-The Case of Female Movement in Taiwan," Research Report, Population Studies Center,National Taiwan University, April, 1982.

[18]Paul K. C. Liu and Alden Speare, Jr., "Urbanization and Labor Mobility in Taiwan," *Economic Essays,* Vol. IV, The Graduate Institute of Economics, National Taiwan University, November, 1973, pp. 165-177.

George L. Wilber,"Urbanization in Taiwan," 1964-1975,Paper presented at the Annual Meeting of the Population Association of America, Denver, Colorado, April 10, 1980.

M. C. Chang, *"Migration Selectivity in Taiwan," "Journal of Population Studies,* No. 3, 1979, pp. 43-68.

中以鄉移出的人口最多，鎮次之。都市移入的人口最多。以民國六十四年的資料爲例，所有城市人口的增加，光是由外地移入的就有60,000多人，其中男性爲25,000人，女性近36,000人，這些人絕大多數遷到縣轄市去，遷到五大城市的則較少，這正反映出五大城市人口已超過飽和狀態，必須向其他地區發展。鎮則損失約13,000人，其中男性4,000多人，女性8,000多人；鄉減少的人口更多，約減少39,000人，男性約18,000人，女性約21,000多人。這些人口的外移絕大多數都是來自農業人口。」自民國五十年至五十九年的十年間每年農業人口的淨外移率爲17.4‰，即每年約有10,000的農業人口外移；自五十九年至六十二年短短四年間損失的農業人口更多，共減少620,000人，年淨移出率爲26.2‰，即每年淨移出約150,000人 [19]。

在第五章有關差別遷移的說明亦曾引用作者的調查研究[20]說明農家的遷移情況。平均每一農家約有 0.7 人是長期外移。遷移者的年齡以20～29歲居多，佔71%，此正反映農村勞力結構不均衡的現象，亦即農場勞力老年化的情形日趨嚴重。

從遷移者之教育程度來看，教育程度高者較有移動之傾向。教育程度越低，留村傾向越大，教育程度越高，離村傾向越大。

從家庭結構的觀點來比較，核心家庭的移動率較高，主幹家庭及擴展式家庭之移動率較低，其中長期移出與家庭結構的關係較密切，至於季節工與通勤者與家庭結構的關係則較不明顯。」

就農村勞力移動與農家收入的關係來看，農家收入最高和最低之農

[19] T. S. Wu, "Differential Agricultural Migration and Fertility Decline in Taiwan," Conference on Population and Economic Development in Taiwan, Taipei, Taiwan 1976, 及中華民國臺閩地區人口統計，民國七十二年。

[20] 廖正宏，同註[15]。

家，其勞力移出率低，收入中等的家庭，其勞力移出率與收入成負相關，這說明農場收入中等的農家對社會經濟結構變遷的反應較敏感，也意示著農村勞力外移受推力的影響很大。農場收入極高者其農業經營企業化，需要較高品質及較多數量的勞力，故勞力移出率少。農場收入低者一種是在農村已有從事非農業的工作不必遷出，另一種可能是由於程度太低、過於保守、缺乏冒險進取的精神。

三、人口外移對鄉村社會的影響

　　鄉村人口外移後對農村社會經濟結構所造成的影響是連鎖性的。其中最直接而且關係最密切的就是對農業發展的影響。我們知道移出者多屬年輕人和高教育程度者，這種農村人才的外流，對農業發展有很大的影響。人才外流後農場勞力的品質無形中降低，尤其是農業勞力老化的問題更趨嚴重。根據統計資料，民國五十五年至六十四年本省30歲以上的農業人口佔農業總人口的比重從50％提高到70％，其中55歲以上者增加83.3％，30歲至55歲者增加17.3％，30歲以下的農業人口在10年內減少24.5％，從40.6％降至29.2％[21]。

　　根據農業普查報告，民國六十四年至六十九年間，臺灣農戶人口結構變動較緩和，20歲以下人口由48.7％降為43.2％，20～44歲由32.3％增為34.96％，45歲至64歲之間則由14.73％增為16.62％，65歲以上由4.3％增為5.2％。若由一般農戶專業性農業主要工作者之年齡分佈來看，則變動較大的為20～44歲及45～59歲兩組，前者由民國六十四年之50.14％降為六十九年之34.43％，後者則由42.84％增為54.76％[22]。

[21] 劉清榕，臺灣農村回流勞力與意願之研究，國立臺灣大學農業推廣系研究報告6501號，民國65年。

[22] 中華民國59年臺閩地區農業普查報告，中華民國64年臺閩地區農業普查報告，中華民國69年臺閩地區農漁業普查報告。此處只用15歲以上之資料計算。

再根據勞動力調查報告，務農人口年齡在民國五十四年平均爲三十四歲，到七十年十月則增加爲四十二歲，其中以十五至廿九歲之間的人口減少最多，從40.8％減爲20.42％，同時以四十五歲以上的人口增加最多，從22.6％增爲45.76％。這種農場勞力老化乃是靑壯年人口大量外移的結果。

這種農場勞力老化的現象對農業的經營造成雙重的損失：第一、老年人比較保守，對於新品種新技術的採用往往持懷疑觀望的態度，以致影響新農業技術採用的速度；第二、敎育程度低的人對於採用新的耕作技術在能力或效果上較受限制，因而影響新農業技術之推廣，降低農場經營效率。雖然臺灣的農業近十年來一直在進步中，且引爲開發中國家農業發展的典範，但是我們若有比現在更年輕、敎育程度更高的農業勞力，則我國的農業成就當不止於此。

不過從另一個角度來看，鄉村人口外移對農業發展及繁榮農村經濟也有很大的幫助。就經濟觀點言，農村勞力外移最直接的益處就是增加農家之現金收入。除了季節工及通勤者之農場外現金收入之直接經濟貢獻外，長期外移者對增加農家收入之貢獻亦相當可觀。

我國鄉村家庭，家人間的關係非常強固，子女對家庭有相當的責任感與向心力，所以這些外移的勞力從外地寄錢回家乃是天經地義的事。根據研究結果，一半以上的遷移者都有定期寄錢回家的習慣㉓，若再加上不定期的補貼則爲數更爲可觀。據估計每一移出者，約以其收入五分之一至四分之一的數目提供本家㉔。

這個數目相當於一個月提供約 1,500 元臺幣的貢獻，對一個鄉村家

㉓黃大洲，離村轉業農民之研究，中華農學會報，新76，民國60年。
㉔廖正宏，同註⑮

庭而言，此筆數目不算少。試想一個鄉鎮若有一千名的勞動人口移出，而且他們都按照上述的比例寄錢回家，則這種移出勞力每年對該鄉鎮在現金上之貢獻就有將近 2,000 萬元之多，如此可增加農村之購買力，對繁榮地方經濟不無裨益。今日本省農村之繁榮除了農業發展的成果外，外移勞力之非農業收入挹注到農村所做的貢獻功不可沒。

也許有人會認爲鄉村人口外移是一種人才外流。由鄉民納稅所培育出來的人才卻爲外地所用，這是鄉村的損失，這種說法若從政治或社會之觀點來分析或許有些道理，唯若從經濟觀點來看則不一定正確。因爲除非這些外移的鄉民完全與老家脫離關係，在經濟上並未接濟老家，或是原來的鄉村有足夠的就業機會需要廣大的勞力，不然適量的勞力外移不但可減少鄉村的失業率，更可加速農業機械化的速度，促使農業發展。

不少人把目前農場工資上漲，務農不利，田園荒蕪的情形歸咎於人口外移的結果。誠然人口外移會導致農場勞工的缺乏，但是以目前農業人口仍高達26％⑤，且每一農家耕地面積平均不到一公頃的情況，只要政府計劃週全輔導得法，農業勞力卽使再大量的外移，不但不會影響農場經營，反而有助於單位耕地面積之擴大，使農業經營現代化的目標早日實現。

從上面的討論，鄉村人口外移對農村在經濟方面的影響可說利多於弊，不過，若從政治和社會的觀點來看，則適得其反。由於移出者以年輕人和高教育程度者居多，致使鄉村之各種社會活動缺乏年輕人的參與，許多組織活動的推行發生困難，鄉村中各種社會關係無形中減弱。加上外移青年對原來留農人口所產生的示範作用，使他們離農轉業的意願加強或無法專心於農，而不願把農業當作主要的職業。無怪乎在鄉村青年

⑤Taiwan Statistical Data Book, 1983, p. 57.

學習需要的調查中以學農業的慾望最低❷。以四健會之班會組織而言，雖然有關單位花了不少的人力、物力和財力，但是參與率仍很低，加入會員的還不足農村青年的4％，許多正式、非正式組織由於缺乏會員或經費的支援而流於形式，尤其是政治活動方面所遭到的損失更大。在優秀青年熱衷於往外發展的情況下，未來農村領導人才之繼承可能會有問題。農村缺乏更多有能力的對手角逐某一職位，在缺少競爭或競爭不激烈的情況下，不容易產生優秀的領導人才，基層單位的行政效率不易提高，因此其所能提供服務地方人民的品質也就相對的減低。反之，假若鄉村青年不往城市跑，大家都關心地方上的政治事物，有更多的人參與各種政治活動，彼此互相督促、競爭、砥礪，則基層政治的成果定更豐碩。

　　不過就文化觀點而言，鄉村人口外移卻有助於文化之溝通。由於強固的家庭基礎和親屬關係，鄉村外移的人口經常返回家鄉探訪親友，他們把在外地所見所聞甚至於生活習慣和各種態度及價值觀念帶回來以增廣鄉民的見聞和經驗，同時也把鄉村文化帶往城市，對於城鄉文化之溝通有莫大的貢獻。當然以今日大眾傳播媒介之發達，許多觀念不一定來自這些外移者，但是以自己同鄉親身傳播的經驗更具親切感與影響力。當農村與外界的接觸頻繁時，人民的態度和價值觀念就不再像以前那麼保守，這樣對新觀念新技術之採用就比較容易接受。

　　因為外移者在思想、觀念上都比留村者開放進步；較能接受新的事物，所以許多社會上的改革如家庭計劃、新技術的採用，若能透過他們帶回自己的家鄉，其所產生的效果要比由工作人員以異鄉客的身分直接介入來得有效。

_____

❷廖正宏，鄉村青年學習需要之研究，臺大農業推廣系研究報告6602號，民國
　66年。

不過遷移者所帶回來的東西並非完全是好的，鄉村居民對外來事物的接受並不一定完全經過理智的汰選，他們在接受新方法、新觀念的同時，也可能學會了都市浮華奢侈重享受的不良習慣，而把原來鄉村純樸勤儉的優良美德給淡忘了。今日臺灣鄉村一片繁華昇平的景象，一方面固然是收入增加，生活水準提高，另一方面也可說是鄉民學會了都市之消費型態，於是他們為了滿足日常生活的需要，分期付款、長期借貸已是司空見慣。他們這種消費型態除了受到商人的影響外，若沒有外移者在觀念上的支持及經濟上的支援，則原來保守簡樸的鄉民是不會那麼輕易舉債的。據非正式的訪問，今日農家舉債購置生活用品的比例比以前高出許多。

就社會福利觀點而言，由於青年人的外移，農村之老年人口及幼童人口在比例上相對的增加，無形中加重對老年及幼童福利工作之負擔。因此在公共福利設施方面不得不特別考慮到有關老年人及幼童之福利設備。但是其他之公共設施可能因村民外移後，稅收減少或使用的人數不多而因陋就簡。

最後，從人口結構或品質的觀點來看，鄉村人民外移的結果使得鄉村社會之依賴人口比例提高，教育程度相對的降低。再者，因為移出者的性比率與正常的人口結構差異甚大，因而破壞了原有人口性比率之平衡，由此而觸發其他之社會問題。例如十幾年前鄉村外移的人口男性遠多於女性，而近年來則女性多於男性，但是不論是那一種情形，都會造成某一方面在結婚找對象時困難增加。當然，目前鄉下男孩子找婚姻對象發生困難，並非全是性比例相差懸殊所致，有些是女孩子想嫁給外移的青年而不願意嫁給務農的子弟。

總之，鄉村人民外移對當地社會所產生的影響是多方面的，舉凡農業、經濟、政治、文化和人口沒有一樣不與之發生關係，尤其是與農業的關係最密切。而鄉村移民對上述這幾個層面的影響有其利亦有其弊，如何善用其利防止其弊端乃是社會科學研究人員所關切的問題。

第七章　遷移的適應

　　近年來由於遷移人數之增多，遷移頻率之提高，使得遷移的適應問題不論從個人或社會的層面來看都成爲重要且複雜的問題。從社會層面來看，遷入地接受額外的人口，而原住地則減少人口，兩者均需在社會整合上有所調適。前者亟望能儘量避免因遷移者的加入而產生緊張或壓力，因此一方面希望遷入者能認同於多數的原住民且能被同化而不自覺是外地人，同時也希望社會能吸收並接受遷入者使成爲社會的一份子。對遷出地而言卻面臨精壯居民陸續離開的局面，如何維繫社會功能的正常運作使原來的社會系統不致崩解乃是遷出地面對大量人口外移的一大考驗。

　　再從遷移者個人的層面來看，遷移不僅是居住地點的改變，更重要的是遷移者必須面對新的社會情境與規範。遷移的行爲意味著與舊有關係的疏遠，遷移者失去長期以來所建立關係網絡的支持，同時也喪失他所熟悉的社會價值的支持。遷移者到達一個新地方可能受歡迎，也可能被排斥，因此他會因新的威脅及未知的狀況而感到恐懼或不安。在此期間遷移者必須應付一連串突發且不熟悉的事件。凡此種種均可能扭曲他的感覺、態度和應付新環境的能力，增加調適上的困難。

一、遷移適應的概念

遷移的調適是遷移的過程之一。魯耳 (Reul) 認爲不論遷移者的文化背景、階級地位或遷移動機爲何，所有的遷移大致可分爲四個階段：(1)決定時期，(2)與過去斷絕，(3)過渡時期，(4)適應時期❶。 而蘇比 (Sauvy) 認爲一個國際遷移者在開始遷移行動之後須經過三個主要過程才算完成：(1)定居 (Settlement)，(2)適應 (Adaptation)，(3)完全同化 (Total Assimilation)❷。定居時期與過渡時期實爲相似的階段，是從遷移者抵達目的地開始，持續到他能建立一個規律的生活爲止，這段時期是適應的前奏。至於同化是指經一段時間的調適後遷移者接受遷入地的規範與行爲方式，此爲適應的末期。到此時期遷移者已不再有適應的困擾，也就是已能適應新的環境。以下就此三種不同深淺程度的適應來加以說明。

一、定居

遷移者若非透過熟人或團體機構而抵目的地，則到達後他必須自己解決食宿的問題，通常乍到陌生之地很難找到地點適中又廉價的住所，此外飲食亦不合口味。在定居之初，不論是靠自己奔波或由他人協助，遷移者必須先找到安身之處，然後才能有規律的飲食，並找到一足以謀生的工作。在這段期間遷移者努力地奮鬥俾在異鄉確保生存。這時候他們最需要親戚或朋友的幫忙，他們剛到達一個新地方時經常與親戚或朋

---

❶Myrtle R. Reul, "Mgration: the Confrontation of Opportunity and Trauma," In *Migration and Social Welfare*.(ed.)by Joseph W.Eaton, New York: National Association of Social Workers Inc.,1971, p. 6.

❷Alfred Sauvy, *General Theory of Population*, New York: Basic Books, Inc., 1966,pp. 460-461.

友住在一起，親友們提供膳宿、幫助找工作並供應都市生活的消息及給予精神上的支援。其結果使遷移者所找到的工作往往與他最直接關係的親友同行，也與來自同一原住地的遷移者毗鄰而居，這鄰落成爲鄉村到都市的過渡地帶❸。

多數遷移者都很快也很容易找到工作，因爲他們願意接受待遇低又耗費體力的工作，這種工作，工人的流動率大，也容易找。遷移者的失業率通常在 5 ％到10％。 遷移者留在都市的時間愈久，失業率隨着降低。事實上，遷移者的失業率通常比都市原住民低❹。

遷移者通常在非正式的部門 (informal sector) 找到第一個工作；也就是說他們是自雇或替小的家庭商業工作。典型的遷移者的工作包括街上小販、建築工、手工藝，婦女則從事家庭幫傭服務 (表 7-1)。這類的工作多半斷斷續續，收入也是每天不同❺。

二、適應

適應乃是遷移者由最初對新環境的震驚中復原，產生一長久、艱鉅及有目的性的任務，要使自己成爲新社會系統及其次級系統中的一部分❻。佈勞第 (Brody) 認爲遷移適應是指遷移者與環境建立或維持相對地穩定而互惠的關係之過程，此環境包括周遭的人、社會以及人際關係❼。

❸Population Reports, "Migration,Population Growth, and Development," Series M, No. 7, Sept.-Octo., 1983, pp. M-257-258.

❹Ibid., p. M-257.

❺Ibid., p. M-257.

❻Reul, 1971, op. cit.,p. 15.

❼Eugene B. Brody, "Migration and Adaptation: the nature of the problem," In *Behavior in New Environments Adaptation of Migrant Population*, ed. by Eugene B. Brody. Beverly Hills, California: Sage Publications., 1970.

　　適應可分為四種極端不同的典型: 一為人使自己去適合新的環境,
另一為人將環境改變為他所熟悉的型式❽。這兩種極端的典型是遷移適
應的理念型態, 實際的遷移適應常是介於此二者之間, 如華人移居美洲新
大陸建立唐人街保存過去在原住地的生活型態, 然而不論如何他們須使
自己適應於當地的天候, 學習如何穿著保暖, 或者學著克服某些不為當

表 7-1　各國移民人口之就業情形

國名	移民人口	失業率 移民	失業率 非移民	移民就業在職業類別上之百分比分佈					
				技術或非技術的勞工、運輸工	監督人員、買賣工作人員	專門性、技術性行政人員	服務業	農林漁牧業	其他
非洲									
迦納 1975	遷至阿克拉(首都)	4.7	7.4	47	30	10	9	3	—
獅子山國 1981	終生淨移民	10	NA	26a	11	3	6	43	10
蘇丹 1977	遷往大喀土木bc	8	5/3d	39	16	5	26	2	11
亞洲									
印度 1982	由加爾各答附近鄉區遷至都市或其他鄉區	8.8	NA	28	9	15e	24	21	3
印尼 1981	省間遷移f 往雅加達	6	7	34	—45—		13	2	6
韓國 1981	遷往漢城	4.3	5.2	48	32	6	9	1	4
斯里蘭卡 1980	遷往大可倫坡	7.8g	5.4g	40	—42—		13	1	4
泰國 1981	遷往曼谷gh	2.2	3.9	48	26	3	11	2	10
拉丁美洲									
智利 1965	往大聖地牙哥	4.6	7.2	40	—28—		13	3	14
哥倫比亞 1981	往柏格達gh	9.7	3.9	42	32	6	2	5	16
墨西哥 1978	由亞里士科鄉間遷至都市	12.9i	NA	76	—9—		3	12	—
中東									
土耳其 1980	往大都市b之遷移者	20.0	20.4	58	17	12	10	3	—

　　NA: 不適用
　　a: 包括礦工
　　b: 居住年數少於 5 年
　　c: 包括少數婦女
　　d: 總都市非就業率與居住 5 年或 5 年以上遷移率之比
　　e: 包括商人、放利者、租賃者
　　f: 居住 1～4 年
　　g: 年齡 15～24 歲
　　h: 初級產業
　　i: 小販或覓職者

　　資料來源: Population Reports, op. cit., p. M-258.

❽Sauvy, 1966, op. cit., p. 461.

地人所注意的困難。〕

　　遷移者所須克服的適應困難相當多，就國際移民而言，遷移者首先必須克服語言的障礙。語言不通將多少影響遷移者的人格，無形中會變得較內向或自卑。境內移民則較少有語言上的障碍。此外，食物的適應也相當困難，尤其是生活還沒有穩定時，遷移者常得在館子或當地人家中搭伙，因此不易依循自己過去的飲食習慣。再者，在社會生活方面，如娛樂、交友、人際關係等也都是遷移者所必須面臨的適應問題。

　　通常原住地與遷入地之社會文化差異愈大則遷移者的適應過程也就愈困難。國際移民要比境內移民的調適過程更困難，因爲原住地和目的地之社會文化差距大，語言不同，與家人分開，宗敎、種族的歧視以及未確定的法律地位在在都會加重困難的程度❾。

　　在改變自己去適應當地社會的過程中，遷移者也試著重建過去的舊環境。有許多來自相同地區的遷移者可能集中羣居於一地區，無論工作或社交圈子都維持舊有的網絡，服飾、住宅或烹飪也都保持著故鄉的特色。這種情況在大量移民 (mass migration) 時較易發生，如美國之唐人街、巴西聖保羅之日本人移民區，這些移民保持他們舊有的生活方式，很少與當地人往來。

三、同化

　　同化 (Assimilation) 常是用來指兩種不同文化的熔合。通常遷移者在遷入地自己會感覺到或被人認爲在外表、宗敎、語言或歷史等方面自成一特殊團體，國際移民此種特殊性尤其明顯❿。在遷移者適應新環

---

❾Population Reports, op. cit., p. M-258.

❿Charles Price, "The Study of Assimilation," In *Migration*, (ed.) by J. A. Jackson, Cambridge, U. K.; Cambridge at the University Press, 1969, p. 181.

境的過程中，這種特殊團體的感覺可能會逐漸消失，這就是同化。同化一詞原意是指生物將養分轉換爲維持身體生存所需物質的過程，由於此消化過程與遷移者漸失其特性，熔入遷入地的人口中而至消失的情況相似，故借用來表示遷移者在遷入社會中的調適⓫。同化是遷移者使自己適應土生土長居民(native-born hosts)的一種方式，同時也是遷入地原來居民對待新來者的方式，直到兩者熔合成爲一社會，其中看不到遷移者所形成的團體爲止⓬。同化也可以指關係而言，由於遷移者遷入目的地後與當地居民住處相近，久而久之卽與其原來的遷出地變得幾乎無關係，這也就是遷移者被其所遷入的社會同化了⓭。

一般而言，境內移民的同化較簡單，所需的時間也較短，但是國際移民則非常困難，所需的時間也較長，有時候甚至於好幾代以後還未能完全同化的。

1. 不同學科對同化的解釋

遷移者必須在生活的各方面作調整才能由一社會的特殊份子轉變爲無特殊成分的一般份子。因此在研究遷移的適應時，應從各種不同的角度來看。就經濟學者而言，同化是吸收遷入者進入經濟系統之內，因此有賴財政及就業政策，投資及儲蓄機會等之協助。在各種經濟因素中以就業機會最能吸引遷移者。就政治學者而言，同化不只是指遷入者參與政治組織活動的意願，進而更指遷入者參與政治活動之能力。就社會學者而言，同化於一社會系統的關鍵在於各式各樣的社會事件、態度及資源。例如，可運用的住宅分佈及工作情形，遷入者與當地居民所存在的

⓫ Anthony H. Richmond, "Sociology of Migration in Industrial and Post-industrial Societies," In *Migration*, ed. by J. A. Jackson, Cambridge, U. K. : Cambridge at the University Press, 1969, p. 271.
⓬ Price, 1969, op. cit., p. 181.
⓭ Ibid., p. 182.

血緣關係、法律上的歧視、公衆教育政策（如可否使用特殊語言教學）等等都是影響遷移者同化的重要因素。對心理學者而言，同化則隨個人的權威性、挫折遭遇、住址及接受遷移者之團體的其他特質而定⓮。以上各種不同立場對同化之解釋雖然各有其道理，但是不論採取那一種觀點，都很難對同化解釋得很周全。今後有關遷移適應的研究宜進一步朝多元整合 (pluralistic integration)⓯ 的方向發展，以避免從單一學科的觀點做過於簡化的解釋。

2. 同化的困難

　　同化是遷移者適應最理想的一種情況，但在國際移民多的地方，如美國的社會，要使來自各國的移民完全同化是一則神話。事實上這種理想情況是不易達成的。究竟須花費多少時間以及在何種情況之下少數民族才能得到合理而近乎平等的地位？這是一個難以回答的問題，雖然目前對此問題並無精確的實證研究，但是我們所能肯定的是第一代移民較難有好的適應，第二、三代以後，除了特殊的種族原因之外，在適應上較無問題。大多數的遷移者（無論境內或國際的遷移）在遷移後都增加收入和改善職業地位，然而按遷入地的標準而言，仍算是較低級的工作及收入。例如土耳其，在到都市來的遷移者中有76％的人收入比未遷移前好，12％的收入與以前相仿，只有10％賺得比以前少。但是遷移者仍然比都市原來住民賺得少，尤其是剛到之時，卽使年齡、性別、教育和職業技能的因素加以控制，其間之差異仍然存在⓰。對大多數的遷移者而言，在教育和職業方面向上流動是非常困難的⓱。卽使遷入者在教育

⓮Ibid, p. 187.
⓯Richmond, 1969, op. cit., p. 277.
⓰Population Reports, op. cit., p. M-258.
⓱Marc Fried, "Deprivation and Migration: Dilemmas fo Causal Interpretation," In *Behavior in New Environments Adaptation of Migrant Population.* ed. by Eugene B. Brody, Beverly Hills, California: Sage Publications, 1970, p. 59.

和職業方面有往上流動的機會，在文化上也被同等的對待，但並不足以表示遷入地的社會已經接納他們。有些遷移者無法克服遷移的困難，又無退路，只好在遷入地痛苦的度過餘生，有些則因適應不良而回到原來的地方。蘇比歸納遷移的各種調適情形，如表 7-2 所示，遷移者到達新地方時可以設法使個人適應新的環境，或是在新地方重建舊社會的環境以求適應，不然就是適應失敗。而適應失敗的不是遷回原來的地方就是在遷入地痛苦的生活著⑱。適應失敗對遷移者是項極為嚴重的打擊。

表 7-2　遷移者在遷入地之適應情形

定居在一新地方

使個人適應新環境		以重建舊環境來適應				適應失敗	
個人的同化（通常經二、三代以後）	沒有同化	形成少數民族團體與遷移地的人口共存	與遷移地的人口同化成一團體		回到原住地		繼續痛苦地生活在遷居地

二、影響遷移者適應的因素

變遷與適應並非自發性的，而是由遷移者本身的天賦、社會關係 (social context) 及其對遷移前幻想的調整程度來決定⑲。適應是受社會系統及個人因素所共同影響的。

一、個人因素

個人因素包括個人過去的歷史、本身的心理防衛系統、調適技巧、遷移動機及個人的特徵等。

1. 年齡

⑱Sauvy, op. cit., p. 462.
⑲Brody, 1970, op. cit., p. 16.

不同的年齡具有不同的心理特徵，年齡在15歲至30歲的遷移者被認為較容易受模塑而較容易適應新的社會環境❷，年齡較大的遷移者在原住地生活較久，該地的社會文化已深深熔入其思想人格當中，要改變這些舊價值而接受新的東西較為困難，況且遷入地社會的就業機會對工作人員的選擇較不利於三十歲以上的遷移者。

2. 性別

由於女性的遷移型態不同於男性遷移者（如較傾向於伴隨家人遷移或因婚姻而遷移），故其用以適應的對策與男性有所不同，其調適情形亦有差異。 在一項對亞洲遷往夏威夷的移民研究中， 發現女性遷移者在改變文化規範方面較男性遷移者來得快些， 她們較易與當地人相雜居住及通婚❹。臺灣農村遷移者的研究也指出女性比男性具有較高的適應力❷。但是女性遷移者受到旣是女性又是遷移者的雙重不平等待遇， 她們的能力往往比男性遷移者更未受到充分地運用，收入亦遠較男性遷移者來得低，這種差異性在高教育程度及專門技術工作人員中特別顯著❷。

3. 教育

教育顯然是遷移者成功地進入遷入地就業市場的重要因素，遷移者

❷R. J. Havighurst, "Changing Status and Roles During Adult Life Cycle," In *Sociological Background of Adult Education.* Center for the Study of Liberal Education for Adults, 1963.

❹Robert W. Gardner, Paul A. Wright, "Female Asian Immigrants in Honolulu: Adaptation and Success," In *Women in the Cities of Asia: Migration and Urban Adaptation.*(ed.)by James T. Fawcett et al., Boulder, Colorado: Westview Press, 1984, pp. 323-346.

❷吳聰賢，"農村青年遷徙就業之研究，"中央研究院民族學研究集刊， 1970, 29:263-320.

❷Gardner, 1984, op. cit., pp. 323-344.

遷移前的教育程度可影響其遷移後的第一個工作聲望[24]，也影響其適應
的程度。謝高橋研究高雄市的遷移者發現教育程度對遷移者的初期適應
有中度的影響[25]。一般咸信遷移後的繼續接受教育是遷移者在遷入地的
進身要方。教育是人類非常可貴的資源，它可提供技術，影響個人的工
作態度及社會參與，增進個人適應新環境的能力[26]。

4. 其他因素

除上述因素之外，還有一些指標可以用來解釋個人的調適過程，例
如：①個人在社會系統內的時間，卽遷入的年數；②社會參與情形，如
婚姻狀況、家庭大小、與鄰居的接觸及與同事相處情形；③遷移前的階
級(rank) 或社會經濟地位；④社會資產，如朋友數目、與父母的關係、
社交的能力；⑤物理性的移動經驗 (physical mobility)，如訪問鄰近
的都市中心及其居住遷入地以外地區之次數、時間；⑥心理性移動的指
標(psychic mobility)，如接觸收音機、電視、報紙、雜誌或書籍及與
曾至外地之朋友之接觸等[27]。在這些影響遷移的因素中有的與適應的因
果關係並不清楚。例如個人在遷入地生活的時間愈久，社會參與及社會
資產愈多，其物理性移動或心理性移動的經驗愈多，一方面可能是促成
個人適應的因素，另一方面亦未嘗不是其適應良好之結果。

二、系統因素

[24]Robert Corna, "The Adjustment of Migrants to Begota, Columbia," In Urban Migrants in Developing Nations, Patterns and Problems of Adjustment, (ed.) by Calvin Goldscheider, Boulder, Colorado: Westview Press, 1983, pp. 141-184.

[25]謝高橋，都市人口遷移與社會適應—高雄個案研究，臺北，巨流圖書公司，1981。

[26]International Labor Office, Toward Full Employment. Geneva, International Labor Office, 1973.

[27]Brody, 1970, op. cit., p. 17.

　　影響個人適應的社會系統因素，包括遷出地與遷入地的推拉力量，此二系統中規範一致的程度，遷入地對遷移者的排斥及接納程度，以及傳統因素等⑳，佈勞第認爲個人的防衛及調適是過去歷史與現在環境的函數㉙。除了遷移者最初的個人特徵，包括人格、健康、社會經濟地位、人口特性（如年齡、教育）等之外，我們很難分辨出新環境與個人因素在適應過程中相互作用的因果關係。事實上遷入環境的各項因素與遷移者的天賦、經驗及其所帶來的各項準備（如敎育、技術及儲蓄等）彼此互相衝擊影響。

　　遷移者抱著某種目標到遷入地以追求機會實現其目標。在新環境中他會遭遇一些與原住地相似或相異的制度結構及個人網絡結構（其中也包含那些比他早遷移的親友們），他所感受到的排擠或接受將會影響其適應的表現，而他對其他遷移者的支持、認知情形也是影響適應的重要因素。這些因素及遷入地的其他因素如居民與社區結構、遷移者與各種機會的連繫、溝通等也都將影響其對新環境的調適。遷移者會受到排斥、抗拒、歧視及種種差別待遇，這種情形可反映出遷入社會的文化觀點及其吸收外來者的能力限制㉚。佈勞第亦認爲遷移者改變的程度視文化取向及社會關係、型態等因素而定。這些因素包括個人在工作中或社會關係中將會遭遇到的主要情境及角色㉛，個人與社會系統錯綜複雜的互動關係深深地影響遷移者對新環境的調適。

三、適應程度的進展

　　遷移者初抵目的地的適應是個人與新環境的結合，其後適應程度會隨著時間而增加。謝高橋研究高雄市人口遷移時發現，遷移者在遷移初

⑳Ibid., p. 16.
㉙Ibid., p. 14.
㉚Ibid., pp. 18–19.
㉛Fried, 1970, op, cit., p. 25.

期生活非常生疏寂寞者有 8 ％轉變爲有點生疏，51％轉變爲有點習慣與
愉快，37％則變得非常愉快，僅有少數人（ 4 ％）仍停留在原狀。而在
初期適應良好的人到後期依然適應良好❸。該項研究並建立一因果路徑
模式，來驗證遷移適應程度轉變的過程（見圖 7-1）。

圖 7-1　受訪移動者在高雄市適應程度轉變過程的模型

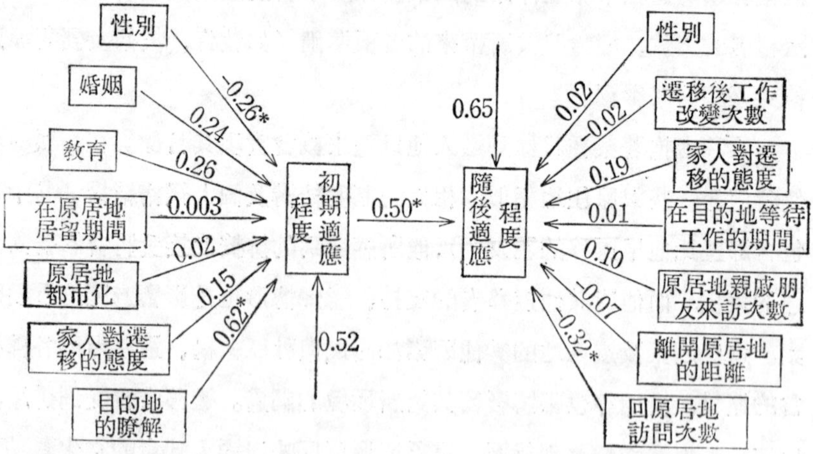

資料來源：謝高橋，都市人口遷移與社會適應，高雄個案研究，互流圖書公司，
　　　　　1981, p. 119.

在因果路徑模式中可看到受訪者的初期適應程度是隨後適應程度的
一個有力因素。早期的適應生活，移動者的特徵如性別、敎育、婚姻、
家人對遷移的態度及對目的地的瞭解等是影響適應的重要因素，其中以
對目的地的瞭解最重要。在隨後適應的階段，性別變得不重要，但家人
對遷移的態度會繼續發生作用，甚至影響的力量有增加的傾向。此時，
在目的地新社會關係的建立可能是遷移者適應進展的關鍵。因此在新社
會關係未建立前，原住地親戚朋友來訪與遷移者返回原住地訪問，可能
是增加其適應進展的重要因素。一旦目的地的新社會關係建立，遷移者

❸謝高橋，1981，同前引 p. 118。

適應會隨之增加，而其回原住地訪問就會減少。因此與原住地互訪關係及在目的地新社會關係的建立對遷移者的生活調適與適應程度的進展有互補的關係❸。

三、遷移者適應的策略

遷移者到達目的地後需要做各方面的調適。有關遷移者調適的方法較常見的分類方式有三種，第一種為個人或團體導向的調適，第二種為正式與非正式的調適，第三種為一般性或特殊性的調適。這三種分類並不互相排斥，只是所強調的重點不同而已。遷移者靈活地運用這三種方式，他們可能同時用各種對策，也可能針對不同的問題採用不同的對策❹。

一、個人或團體導向之調適

個人的調適策略是遷移者靠自己主動力量或本身及當地的資源來解決適應的問題。相反的，團體導向的調適策略是指遷移者求助於他人以解決適應的問題，這些人通常是親戚、朋友、同鄉或同族的人。雖然團體導向的對策比個人導向的對策有更多的資源可運用，但基於互惠的規範，遷移者在分享別人的資源之際，亦需要貢獻其本身的資源給自己所屬團體的其他成員。

就鄉村到都市的遷移而言，採取團體導向調適者，多半以鏈鎖遷移的方式居多，由以前先遷至都市的親友提供旅費或負責安排住宿；而採

---

❸謝高橋, 1981, 同前述, pp. 118–120.

❹Nancy B. Graves and Theodore D. Graves, "Adaptative Strategies in Urban Migration," In *Annual Review of Anthropology*, Vol. 3, ed. by Bernard Siegel, Stanford: Annual Review, 1974.

取個人導向調適者，多半採取階段遷移的方式（stage or step migra-
tion），他們先遷至附近的小城鎮工作，等到有足夠的積蓄之後再遷移到
更遠、更吸引人的大都會去。

二、正式或非正式的調適

適應的策略亦可依其是否循正式組織的管道以解決問題來分類。遷
移者可經由正式或非正式組織的管道以解決其食、宿及工作的問題。遷
移者常依賴正式或非正式的組織來解決其財務上的困難。當遷移者有財
務危機或須巨額投資時，他可選擇向親戚朋友借錢或向某些機構貸款，
前者為非正式的對策，後者是為正式的對策。莫爾（Moore）研究僑居
洛杉磯的墨西哥人，發現向親友借錢的現象並不因遷移時間的增長而減
少；相反的，墨西哥人因長期居住都市之內發展出一可信賴的非正式網
絡以互相協助度過經濟難關㊲。對遷移者來說，這種互助的非正式網絡
較好，因為所償還的金額要比向正式組織借貸的少得多。

三、一般性或特殊性的調適

遷移者的調適過程中若是由某團體或個人執行多項功能則是運用一
般性的對策，若僅執行某項特殊功能則為特殊性的對策。

志願團體或社團是具相當彈性的組織，它們可提供遷移者一般性或
特殊性的服務。這些志願團體可能是由同鄉、同宗或相同的種族、同一
信仰的人，甚至有共同興趣的人所組成的團體。它們從提供都市的休閒
活動到語言訓練，具有各式各樣的功能。有些僅含某種特殊的宗旨，有
的則含有綜合性的宗旨而提供多種服務功能。

再以遷移者本身的經濟適應為例，遷移者尋找工作可能有一般的策
略與特殊的策略，前者如接受一較非技術性的工作以換得較多的工作機

㊲J. W. Moore,"Mexican Americans and Cities:a study in migration
and the use of formal resources," *Migration Review*,1971,5:292-308.

會，後者則等待特殊的就業機會像有些需要特殊訓練或投資的工作（這些工作往往是遷移者早先在原住地卽已具備），或者進入某些移民較為集中的行業中（如中國移民之於餐飲業）。

以上三種分類方式因不具互斥性質，因此採用個人導向的調適方法，也可能同時屬於採用正式組織或特殊性的調適方式。

格雷佛斯（Graves）在1977年及其以後的研究中應用較簡單的分類法⑳。格氏認為：「在適應周遭環境時，個人會有不同的資源可運用，其中有他們自身的資源、核心家庭的資源、擴展家庭的資源甚至鄰居朋友的資源，或更寬廣的社會資源。遷移者在此多種資源中選擇其適應的對策。在依賴族人的對策（kin-reliance strategy）中遷移者是利用核心家庭以外的親屬資源以適應環境；依賴同輩的對策（peer reliance strategy）則是運用同輩及相同社會背景者之資源以調適；依賴自己的對策（self-reliance strategy）則是依靠自己及核心家庭或外界非人事關係（impersonal）的組織資源。」㊲

遷移者選擇調適的策略常依賴下列因素而定：他們自己本身擁有多少可運用的資源及其與別人接近的程度；他們的文化傳統及個人經驗。不論採用那一種調適的策略都需遷移者投入相當多的時間與精力。一方

⑳Nancy B. Graves and Theodore D. Graves. "Understanding New Zealand's Multi-Cultural Workforce," Report to the Polynesian Advisory Committee of the Vocational Training Council of New Zealand, Wellington: Vocational Training Council, 1977.
Nancy B. Graves, "Adaptation of Polynesian Female Migrants in New Zealand," *Women in the Cities of Asia: Migration and Urban Adaptation,* ed. by James T. Fawcett et al., Boulder, Colorado: Westview Press, 1984, pp. 363-393.
㊲Graves and Graves, 1977, op. cit., p. 8.

面他須與時下的網絡保持關係。因此遷移者雖有各種資源可用，但他會有特殊偏好，較常運用某種對策以做爲調適的方法。

　　格氏將適應策略的概念綱列如下表7-3且在實際研究時加以應用[39]。

表 7-3　適應策略測量法

策略＼指標	靠　親　族	靠同輩朋友	靠　自　己
住 戶 組 成	與雙親或父執輩或三代同住，屬擴展式家庭	與朋友或同輩份之親戚同住（如兄弟姐妹或堂表兄弟等）	獨自居住或是核心家庭
金 錢 用 途	固定資助親戚	每週去酒店	固定存錢以供自己或核心家庭成員之需
閒暇時之活動	拜訪親戚	有一半時間是與朋友一起	有一半以上是獨處或與家人相處
社 會 網 絡	在過去兩週內至少見過五個以上的親戚	在過去兩週內至少見過六個以上的朋友	過去兩週內所見的朋友少於六人，親戚少於五人
如何得到工作	親戚幫助	朋友協助	自己
工 作 伙 伴	有一、兩位親戚在同一工作場所	與一、兩位同事有工作以外的社交關係	與同事在工作以外無社交關係

註：在每一指標下，選擇一符合受測者的策略，每被選一次得一分，以此統計三種策略的得分高低，即可知受測者所運用的調適對策以何者爲主。

四、遷移適應的個人問題

　　遷移者跨越社會界線由一社會遷往另一個社會，往往冒著身心挫折及貧窮失業的危險。在遷移適應過程中，可能由於遷移者本身的特質，亦可能由於其與遷居環境互動結果而導致危機的產生。

一、適應過程的心理危機

---

[39]Graves, 1984, op. cit., p. 371.

有不少研究指出遷移者具有較高比率的心理疾病❸。近五十年來大約有四種關於遷移與心理疾病的假設理論。第一個假設認爲遷移者在開始遷移之前卽已有相當多的困擾；第二種假設認爲遷移者在遷移過程中意識到各種心理困難；第三種假設認爲遷移者的高心理疾病率主要乃是因爲遷移者的人格特質不同；第四種解釋則强調遷移團體與遷入地社會之間的互動，此二團體最初的接觸及同化過程的文化震撼會產生壓力，導致遷移者有較高的心理疾病率❹。

　遷移代表著原來生活期望的中斷與挫折，與此有關的焦慮及自我概念（self-concept）的潛在破壞均將隨著遷移的行爲而來。此外遷移者也有認知的壓力，環境改變迫使他改變過去熟悉的各種形象而重新建立一套認知圖（cognitive map）。假若遷移者無法調整認知圖，則會產生認知不協調的後果，這是個人感受、反應及動機與實際事實不符合的現象，因此會有不合實際的希望或不合適的反應等情形發生。角色期望的差異也往往因此而生。遷移者實際的角色與社會對他所扮演的角色之要求會有差異，同時遷移者的自我期許也往往與其實際角色之間有差異❹。

　遷移者心理疾病率較高的原因與其是遷移者特性使然，不如說是遷移者與接受他們的社會之間的互動結果。遷移者原先居住地與遷入地的文化差異愈大，則其犯心理疾病的比率愈大。由於新社會中沒有類似原先社會中的組織團體可以加入，致使遷移者無法調整其文化變遷的差距

---

❸Elmer L. Struening, Judith G. Rabkin and Harris B. Peck, "Migration and Ethnic Membership in Relation to Social Problems," In *Behavior in New Environments Adaptation of Migrant Population*, ed. by Eugene B. Brody, Beverly Hills. California: Sage Publications, 1970, p. 226.

❹Ibid., p. 221.

❹Reul, 1971, op. cit., pp. 11-15.

而產生問題❷。當遷移者與遷入地的社會文化差異相當大時，其適應也變得更爲困難。遷移者內在的不安全感，身處困境又不能在生活競爭中獲得成功均易導致心理的疾病❸。

在遷移過程中下列數個因素會影響遷移者對壓力的反應：遷移者如何及爲何離開原住地，他如何選擇目的地，他對遷入地了解的程度，他對新社區的期望如何，以及兩地文化差異的情形。一般而言，遷移者過去的遷移頻率，遷移的距離，遷移的理由，是否爲志願的遷移，是永久性或暫時性的遷移，遷移對個人地位的影響，是否有家庭在身心方面給予支持等均會影響遷移者在遷入地的表現❹。假如遷移者是自願的，有家庭或其他團體的支持，對遷入地的了解愈接近事實將會有助於遷移者的心理健康。相反的，個別的遷移者若缺乏相關的支持又不情願的被迫居留在遷入地，則較易產生心理適應不良的現象❺。

二、生理健康的問題

遷移者移居之後健康情形是否良好是長久以來爭辯不清的問題。有些研究顯示遷移者的健康情形不錯❻，有的則發現遷移者的健康不佳❼。雖然都市地區的醫療設備較鄉村地區普遍，但是遷移者往往不熟悉

---

❷ Struening, et al., 1970, op. cit., p. 226.

❸ Henry P. David, Involuntary International Migration: Adaptation of Refugees," In *Behavior in New Environments Adaptation of Migrant Population*, ed. by Eugene B. Broody, Beverly Hills, California: Sage Publications. 1970. pp. 74-95.

❹ Reul, 1971, op. cit., p. 9.

❺ David, 1970, op. cit., p. 90.

❻ P. T. Baker, A Study of Biological and Social Aspects of Andean Migration. Presented at Symp. Human Migration, 5th Gen. Assem. Int. Biol. Program Seattle, 1974.

❼ J. Huizinga,"Casual Blood Pressure in Populations,"In *The Human Biology of Environment Change*,(ed.)D. J. M.Vorster London: Int. Biol. Programme. 1972,

這些設施而未能善加利用。一項有關巴格達移民的研究發現遷移者在都市中仍舊使用傳統鄉村的醫療法治病⑬。但是也有研究顯示把社會經濟地位加以控制後，則遷移者與非遷移者使用現代化醫療設備的差異並不存在⑭。不過問題的癥結是遷移者往往是社會經濟地位較差者，故其使用現代醫療設施的機會與知識都受到限制。此外，有些遷移者則抱怨遷入地的不良環境，如空氣污濁、住宅髒亂、噪音、缺乏活動空間等造成其不良的健康狀況⑮。

三、地位斷層的危機（status dislocation）

　　就國際移民而言，遷移者離開原來的社會，其原有的地位隨之瓦解，在新的社會中他必須學習新語言、受特別的教育，以獲取資格或技術來重新建立地位。在這過程中往往造成向下的社會流動。有的時候這種往下的社會流動會因遷入地原來居民的歧視而變得更為嚴重或持續更久。遷移者欲恢復舊有的社會地位常需要一段時間，而此恢復期又會因語言的障礙而加長。由於職業體系、商業組織及雇主們對遷移者的歧視，使得他們不易再享有以前所擁有的社會地位，當然更不易超越過去的地位⑯。

　　遷移後社會地位變動的情形常受到一些因素的影響，如遷入地與原

⑬I. Press,"Urban Illness Physicians, Curers and Dual Use in Bogota," *J. Health Soc. Behav*. 1969, 10: 209-218.

⑭C. H. Teller, Internal Migration, Social-economic Status and Health: Access to Medical Care in a Honduran City. Ph. D. Thesis. Cornell University, 1972.

⑮Nora L.H. Chiang Huang, Spatial and Behavioral Aspects of Rural-Urban Migration-The Case of Female Movement in Taiwan, Research Report, Population Studies Center, National Taiwan University. Taipei, Taiwan, 1982.

⑯Richmond, 1969, op. cit., p. 267.

住地之差異情形，個人的因素 （可包括性別、教育程度、 所擁有的資產、遷移前的地位、 家庭背景及其在遷入地的關係網絡等）。根據柯諾 (Corno)的研究，遷移者若爲女性、父親的聲望較低、原本居住鄉村或僅小學敎育程度，則其遷移後的職業聲望都很低，相當不利於社會地位的取得。他同時指出遷移者遷移前的職業聲望是其遷移後職業聲望的良好指標，男性遷移者經過一段時期後其地位聲望可與當地人相抗衡，但是女性遷移者則無法達到當地人的水準[52]。加得納 （Gardner） 及萊特 (Wright)在夏威夷的研究亦證實遷移者極少從事較高聲望的專業工作，尤其女性更少，此外經過一段時間的居留後男性往上流動的機會較女性上升的機會明顯[53]。

　　遷移後社會地位的下降往往使遷移者不易對遷入的社會產生認同，同時亦使他的自我形象遭受破壞[54]。遷移者若非懷疑自己的價值系統，就是唾棄新環境的價值系統。以此觀點來看遷移的地位斷層不僅不利於社會，且對個人的身心有不良影響，此外遷移者的地位下降所造成的貧窮問題亦爲遷入地的社會帶來相當的困擾。

　　就境內遷移而言，其情況恰與國際移民相反，不但沒有地位斷層的危機，而且遷移常伴隨向上的社會流動，因爲遷入地的就業機會和職業結構有助於遷移者的向上流動。

　　總之，遷移者在新的社會環境中，除了容易導致心理、生理疾病，產生地位斷層外，也將有社會行爲紛亂及脫序的現象[55]，因爲遷移者在遷移後失去原住地的社會控制力，而又缺乏受新社會控制的經驗。

———————

[52]Corno, 1983, op. cit., pp. 141-184.

[53]Gardner & Wright, 1984, op. cit., pp. 323-346.

[54]David, 1970, op. cit., p. 80.

[55]Struening, 1970, op. cit., p. 226.

第八章　人口遷移與都市化

　　都市化是人口集中的過程，社會學者對都市化的概念容或有不同的說法，但是最常被引用的概念爲「在都市地區聚居的人口佔總人口的比例，或是此種比例的增加」❶。大體而言，人口向都市集中的現象一方面是經濟發展的關係使都市的就業機會增加，吸引鄉村居民移入，另一方面是因爲鄉村地區人口自然增加的速度很快，但是鄉村地區本身就業機會增加的速度卻不足以吸收過剩的人口。因此，認識一個地方人口成長有助於了解人口遷移與都市化的關係，本章擬先描述世界人口成長的情形，然後再分別介紹世界與臺灣地區的都市化，藉以說明人口遷移在都市化過程中所扮演的角色。

一、世界的人口成長

　　目前世界人口增加的速度在人類歷史上創下空前的記錄。它以最大的人口數量（約四十四億），做最快速的增長（每年約增加百分之二）。換句話說世界人口每分鐘增加一百五十二人，每天增加二十二萬人，每

---

❶Kingsley Davis, "The Urbanization of the Human Population,"*Scientific America*, 1965,213(3), pp. 41-42.

年增加八千萬人，亦卽每年增加將近五倍的臺灣人口。

　　假若此一增加速度一直持續下去，則世界人口每三十五年就要增加一倍。那麼在五十年內全世界的人口將超過一百億。那時候卽使人類的科技有辦法提供基本的糧食，但是由於地球上的許多資源無法再生，每個人生活的空間也相對縮小，人類生活的品質將因人口快速成長而受到不良的影響。

一、人口數量與增加速度

　　從人口學的觀點，世界人口亦可分爲先進及落後二大類，先進國家之人口（低出生低死亡）已接近零度人口成長的階段，亦卽人口數維持相當穩定，增長率甚爲遲緩。而落後國家正經歷著低死亡高出生的階段，加上其本身的年輕人口結構，使得人口以空前的速度快速成長。

　　幾千萬年以來世界人口成長的速度相當緩慢，大約在西元前八千年，人類開始發明農業的時候，地球上總人口爲八百萬，當時每年人口的增加率還不到千分之一，到紀元元年約增加爲三億❷。直到十七世紀，由於產業革命的影響，醫藥衞生的改善，死亡率快速下降，世界人口首先在歐美地區之先進國家開始快速成長。這種急遽的人口增長若用人口加倍所需的年數來說明，更可看出其增加速度之驚人。換句話說，從有人類開始經歷幾千萬年之久，世界人口到一六五〇年時才只有五億（只有中國大陸人口的一半），自一六五〇年後到一八五〇年，經過二百年的時間，世界人口第一次加倍爲十億，再經過八十年到一九三〇年，世界人口第二次加倍爲廿億，再經過四十六年到一九七六年，世界人口第三次加倍爲四十億。值得警惕的是世界人口加倍年數愈來愈短，而人口之絕對數量愈來愈大。若從一六五〇年算起，第一次加倍所需年數長達

---

❷Ansley J. Coale, "The History of the Human Population," in the *Human Population,* Scientific American Inc., 1974, pp. 15-28.

二百年，而所增加的人口只有五億。現在世界人口已達四十四億，一加倍就超過八十八億。而且加倍所需的年數只不過是數十年的工夫而已。即使地球上的資源再豐富，也不能長久承載這巨大的人口壓力。

　　這種人口增長的壓力更因地區上的顯著差異，而增加問題的嚴重性。地區上的差異可從先進國家與開發中國家的人口現象來加以比較。約從十八世紀至第一次世界大戰，先進國家之人口成長率比開發中國家快，但是自一九二〇年以後則開發中國家成長較快，且自一九五〇年以後此種差距更大，以致引起廣泛的注意（表8-1）。

表 8-1　世界人口、成長率及其加倍年數

	人　　口（百萬）				期間年增加率（%）				加倍年數	
	全世界(a)	先進國家(b)	開發國家(b)	中華民國(c)	全世界(a)	先進國家(b)	開發國家(b)	中華民國(c)	世界(a)	中華民國(c)
1650年	545	—	—	—	—	—	—	—	—	—
1750年	728	—	—	—	0.3	—	—	—	248	—
1800年	906	—	—	—	0.5	—	—	—	139	—
1850年	1,171	—	—	—	0.6	—	—	—	111	—
1900年	1,608	—	—	—	0.7	—	—	—	102	—
1920年	1,810	251	1,399	—	0.6	1.1	0.5	—	111	—
1930年	2,013	317	1,543	—	1.1	1.0	1.2	—	64	—
1940年	2,246	528	1,542	—	1.2	0.7	1.2	—	58	—
1950年	2,495	649	1,646	7.2	1.1	0.4	1.2	3.2	64	22
1960年	2,990	741	1,776	10.7	2.0	1.4	2.2	3.3	35	21
1965年	3,308	959	2,046	12.6	2.1	—	—	2.7	33	26
1970年	3,632	1,078	2,536	14.6	1.9	1.2	2.4	2.2	36	31
1980年	4,414	1,131	3,283	17.8	1.7	0.6	2.0	2.0	41	35

資料來源：
　(a)欄資料摘自：Edward G. Stockwell, *Population and People*, Quadrangle Books, Inc., Chicago, 1970, p. 170.
　(b)欄資料摘自：Kingsley Davis, "The Changing Balance of Births and Deaths," in Harrison Brown and Edward Hutchings, Jr. (eds.), *Are Our Descendents Doomed?* The Viking Press, 1972, p. 16.
　(c)欄資料摘自吳聰賢「臺灣的人口」，人口問題與研究，臺大人口研究中心編印，65年，頁68。
　1980年資料取自：Population Reference Bureau, "World Population Data Sheet," Washington D.C., December 1980.

世界人口年成長率在一七五〇到一八五〇年間少於 0.5%，一九五〇到一九七五年升為 1.9%；一七五〇到一八五〇年開發中國家年成長率為 0.4%，先進國家為 0.5%，一八五〇到一九五〇年分別為 0.6%和 0.9%，一九五〇到一九七五年則為 2.3% 和 1.1%，在一九五〇年代先進國家為 1.2%， 在一九六五到一九七五年之間開發中國家則高達 2.4%。

每年人口增加數開發中國家為先進國家之五倍，目前開發中國家年增加超過六千萬人。

先進國家之人口佔全世界人口之四分之一，而且在人口數目上相當穩定。大致說來先進國家之人口享有更好之健康、較長之壽命、較高之教育程度，更多之就業機會和較佳之福利措施。而開發中國家佔有全世界人口的四分之三， 目前正快速的成長，尚無法享有先進國家之生活品質。

開發中國家人口仍會繼續增加，由於國民所得增加，社會福利之改善，則國民壽命期望可繼續延長至七十歲。只要生育率能降低，人口成長的趨勢即可緩和下來。

臺灣人口增長情形很像開發中國家之型態，在民國前七年（一九〇五）臺灣人口約三百萬人，到三十六年增加為六百萬，歷時四十三年，到五十三年又加倍為一千二百萬，只是短短二十年的功夫。這一段期間人口的增長當然非由自然增加的結果而是包括大陸撤退來臺同胞的大量湧入， 不過此後到民國七十年只有十七年的時間， 又增加了五百萬人口，到民國七十三年臺灣地區的人口已高達一千八百七十三萬人。

由表 8-2 的資料可看出臺灣人口增加的速度仍太快，年平均2%，與開發中國家的平均速度一樣，也高出我們鄰近的日本 (0.9%)，新加坡 (1.2%) 和韓國 (1.6%)，依此速度，每三十五年我們的人口就要加

表 8-2　1980年世界人口及加倍所需年數

	人數（百萬人）	年增加率(%)	加倍人口所需年數（年）
世　　　　　界	4,414	1.7	41
先　進　國　家	1,131	0.6	111
開　發　中　國　家	3,283	2.0	34
中　華　民　國	17.8	2.0	35
美　　　　　國	222.5	0.7	99
日　　　　　本	116.8	0.9	79
新　加　坡	2.4	1.2	59
韓　　　　　國	38.2	1.6	44

資料來源: Population Reference Bureau, op. cit.

倍，而先進國家則需長達一百一十一年，其人口才會加倍。雖然到民國七十三年臺灣地區人口年增加率已降至 1.6%，但是衡量國內的自然資源和地理環境，我們仍認為必須再設法降低人口成長的速度，否則依此成長率，臺灣的人口每四十四年就會加倍。

二、死亡率與出生率

就世界人口而言，出生率與死亡率之變動直接影響到人口成長的速度。在工業革命以前一個小孩子生下來只有一半活命的機會，那時的平均餘命約二十五到三十歲。美國在英國殖民時代的平均餘命也不到四十歲，但是到一九八○年已超過七十二歲。以前由於食物的供給不穩定及不良的衞生環境，人類的壽命期望很難超過四十歲。

在人類歷史上，週期性的食物缺乏和瘟疫的流行使人類的死亡率經常在千分之四十到五十之間，與現在許多先進國家之死亡率只有千分之七到千分之十不可同日而語。死亡率的降低乃是由於生活環境的改變，糧食供應穩定，醫藥衞生的進步。

西方死亡率之降低分三個時期，起初死亡率在千分之四十到千分之五十時，第一次降低十點發生在十七和十八世紀之間，主要是因為食物供應量的增加，第二次死亡率由千分之三十到千分之三十五降到千分之二十到千分之二十五是在十八世紀和十九世紀初期，是因爲公共衛生設施（下水道、飲水品質）的改進及有效的控制各種瘟疫，第三期降到千分之十到千分之十五之間是醫藥的發達、疫苗的發明、抗生素的使用。歐美、加拿大、日本在一九六○年代卽已達此階段，到一九八○年先進國家之死亡率更降至千分之九左右，但是大多數的開發中國家尤其是非洲，粗死亡率仍很高，高出千分之十七（一九八○）。這些國家之公共衛生環境若進一步改善，死亡率仍有降低的可能。

由於開發中國家可快速採用先進國家之科技以迅速降低死亡率，但是其出生率卻遲遲未見大幅下降，以致加重人口的壓力。以瑞典和錫蘭爲例，瑞典之死亡率從千分之二十五降到千分之十，前後經過一百四十年的時間，錫蘭則只需三十年。臺灣的情形也與錫蘭的類似，死亡率由一九二○年的千分之二十六降至一九六○年的千分之七，前後也不過是四十年的功夫。

醫藥衛生的進步以及生活環境的改善，使世界各國死亡率都迅速的降低，而且死亡率降低的現象其一致性比生育率大。一九七○年代初期在一百四十多個開發中國家之人口平均餘命爲五十三年，而先進國家則爲七十一年。雖然開發中國家之死亡率仍高於先進國家，但是若從死亡率降低的速度來看，則開發中國家的成就很大。開發中國家在一九七○年所達到的平均餘命，歐洲之先進國家在二十世紀初才達到同樣之死亡水準。美國、蘇俄則在二次大戰後才達此一水準。臺灣自民國三十五年的千分之十八逐年降到六十二年的千分之四．七二，以後就一直維持著很低的死亡水準（千分之五左右）。

由於死亡率大幅下降而生育率緩緩不下，以致使人口增長的速度給臺灣帶來很大的人口壓力。我們若進一步將死亡率的資料與出生率對照比較，就不難得到問題的答案。

　　目前世界出生率最高之地區爲亞洲、非洲、拉丁美洲開發中國家，這些地區之出生率常高達千分之四十五以上，另一方面歐洲則低至千分之十六以下，美國在一九八〇年爲千分之十六，日本爲千分之十五，新加坡爲千分之十七，我國爲千分之二十五。出生率對社經變遷之反應不像死亡率那麼快，它經歷了好幾代之後才開始下降，因爲延年益壽是人類共同的現象，所以人們遲遲不願採用避孕方法來減低子女的數目。

　　表 8-3 的資料顯示，就死亡率而言，臺灣與美國、日本、新加坡等國相比，死亡率降低之速度均有過之而無不及。自一九二〇年千分之二十六降至一九八〇年千分之五，而同一期間日本則自千分之二十三降至千分之六，美國由千分之十二降至千分之九，新加坡由千分之三十一降至千分之五。但是若比較出生率降低的速度，則未免令人失望。同一期間的出生率臺灣由千分之四十二降至千分之二十五，美國由千分之二十三降至千分之十六，日本降至千分之十五，新加坡降至千分之十七。換句話說，我們死亡率的水準與先進國家相同，而出生率的水準又與開發

表 8-3　臺灣與幾個國家出生率與死亡率之比較

	美　國		日　本		新　加　坡		中華民國	
	出生率	死亡率	出生率	死亡率	出生率	死亡率	出生率	死亡率
1920-24年	22.8	12.0	35.1	23.0	29	31	42	36
1930-34年	17.6	11.0	31.9	18.1	39	24	36	21
1940-44年	19.9	10.6	30.1	16.3	45	21	42	18
1950-54年	24.5	9.5	23.7	9.4	46	10	46	10
1960-64年	22.2	9.5	17.2	7.3	36	6	37	6
1969年	17.7	9.5	18.3	6.7	25	5	28	5
1980年	16	9	15.0	6.0	17	5	25	5

資料來源: United Nations, The Determinants and Consequences of Population Trends, 1973, pp. 113, 67, 73.
1980年資料取自Population Reference Bureau, op. cit.

中國家類似，以致人口成長的速度特別快。

二、世界都市化概述

人口快速成長所產生的一種不良後果就是都市化的速度太快，以及都市人口的大幅增加，這種情形在開發中國家更爲嚴重。空前的都市化速度一方面反映鄉村人口大量湧入城市，另一方面表示都市地區的高出生率。快速的都市化促使鄉村社會的劇烈變遷也加重對都市公共投資的需求。快速的都市化導致貧民窟之擴散。目前在開發中國家超過三分之一以上之都市人口住在都市的貧民窟，大部份的飲用水不乾淨，排水系統不良，沒有電氣設施。以開羅爲例僅能供給二百萬人之用水及衛生設備，卻經不起一千一百萬人之壓力而告癱瘓。雖然如此，由鄉下到都市的遷移仍持續不斷，因爲遷移者覺得到都市之後的生活要比留在鄉村好。

都市人口成長不論是已開發國家或開發中國家都與總人口增加的速度極爲類似。今後開發中國家之都市人口仍如總人口一樣會快速的增加，而已開發國家之都市人口增長的速率將緩和下來。開發中國家人口變遷最明顯的特徵之一和引起政府極大的關心就是都市人口的增長（表8-4）。從一九五〇到一九八〇的三十年間，開發中國家的都市成長增加三倍半，從二億七千五百萬增加到九億七千二百萬（圖8-1）。在一九六〇年代增加最快的城市如巴格達、拉哥斯（奈及利亞之首都）、漢城，其年成長率大於7%（表8-5），不到11年卽增加一倍。如此快速的成長，改變大城市人口數量的排名和分佈。在一九五〇年世界上只有三個城市的人口超過一千萬，卽紐約、倫敦和東京，若目前的成長率持續下去，到二千年時全世界將會有二十五個這樣的大城市，其中二十個在開發中國

表 8-4　樣本國家總人口，都市所佔百分比及成長率

地區及國名	1980人口		平均年成長率 (百分比) 1975—1980		
	絕對數 (百萬)	% 都市	總和	都市	鄉村
非洲					
衣索匹亞	31.5	14.5	1.8	6.1	1.2
肯亞	16.5	14.2	4.0	7.3	3.5
奈及利亞	77.1	20.4	3.2	5.5	2.7
賽內加爾	5.6	25.4	2.6	3.5	2.3
南非	29.3	49.6	2.8	3.3	2.3
蘇丹	18.4	24.8	2.7	6.7	1.6
薩伊共和國	28.3	39.5	2.8	5.3	1.3
亞洲					
孟加拉	88.2	11.2	2.8	6.7	2.4
中共	994.9	25.7	1.4	3.2	0.8
印度	684.5	22.2	2.0	3.4	1.6
印尼	148.0	20.2	1.7	3.6	1.3
韓國	38.5	54.8	1.7	4.3	−1.0
巴基斯坦	86.9	28.2	2.8	4.2	2.3
菲律賓	49.2	36.2	2.7	3.8	2.1
斯里蘭卡	14.8	26.6	1.7	3.7	1.0
泰國	47.1	14.4	2.3	3.5	2.2
*中華民國	17.8	66.0	2.0	4.5	−1.6
拉丁美洲與加勒比海					
阿根廷	27.0	82.4	1.3	1.7	−0.8
巴西	122.3	67.0	2.4	4.0	−0.5
哥倫比亞	25.8	70.2	2.1	3.5	−0.8
古巴	9.7	65.4	0.8	1.7	−0.6
瓜地馬拉	7.3	38.9	3.0	4.0	2.4
海地	5.8	24.9	2.4	4.7	1.7
墨西哥	69.8	66.7	3.0	4.1	0.9
委內瑞拉	15.6	83.3	3.5	4.3	0.1
中東和北非					
阿爾及利亞	18.9	60.9	3.3	5.8	0.0
埃及	42.0	45.4	2.6	3.4	1.9
伊朗	38.1	49.9	3.0	4.9	1.3
約旦	3.2	56.3	3.7	4.9	2.2
摩洛哥	20.3	40.6	3.2	4.8	2.2

沙烏地阿拉伯	9. 0	66. 9	4. 2	6. 8	−0. 2
土耳其	45. 3	47. 4	2. 5	4. 4	0. 8
已開發國家					
澳大利亞	14. 5	8. 8	1. 2	1. 6	−1. 5
法國	53. 5	77. 9	0. 3	1. 1	−2. 2
日本	116. 6	78. 3	0. 9	1. 7	−1. 8
美國	223. 2	77. 0	0. 9	1. 3	−0. 5

資料來源: United Nations (UN). Department of International Economic and Social Affairs. Estimates and projections of urban, rural and city populations, 1950-2025: the 1980 assessment. New York, UN, 1982.
  * 中華民國資料計算自歷年之人口統計資料。

家，而最大的爲墨西哥市，屆時將達三千萬人（圖 8-2）。

圖 8-1　已開發和開發中國家之都市人口與總人口
(1950-2000)

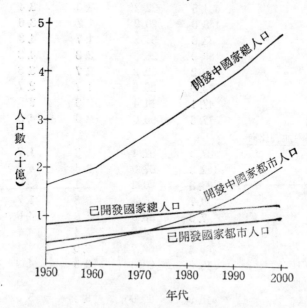

資料來源: United Nations (UN). Department of International Economic and Social Affairs. Estimates and projections of urban, rural and city populations, 1950-2025: the 1980 assessment. New York, UN, 1982.

表 8-5　世界主要都市之年平均成長率及其中自然增加與遷移所佔百分比

地區, 城市與國名	年代	年平均成長率 (%)	自然增加 所佔百分比	淨遷移 所佔百分比
非 洲				
雅溫得, 喀麥隆	1964-69	8.7	38	62
拉哥斯, 奈及利亞	1963-75	8.6[a]	41	59
三蘭港, 塔桑尼亞	1967-75	6.8	36	63
亞 洲				
雅加達, 印尼	1971-76	4.0[b]	66	34[c]
馬尼拉, 菲律賓	1960-70	4.1	55[c]	42[c]
漢城, 韓國	1960-70	7.8	22[c]	73[d]
可倫坡, 斯里蘭卡	1963-71	2.2	77[c]	23
臺北, 中華民國	1968-73	4.5	49	51
拉丁美洲, 加勒比海				
波哥大, 哥倫比亞	1964-73	5.4	44	56
太子港, 海地	1976	6.1	38	62
墨西哥市, 墨西哥	1960-70[e]	5.4	57	43
加拉卡斯, 委內瑞拉	1966-70	5.3	50	50
中東與北非				
巴格達, 伊拉克	1965-70	7.5	54	46
安曼, 約旦	1971	10.5	33	67
拉貝, 摩洛哥	1961-71	5.0	48	52
大馬士革, 敍利亞	1960-70	4.5	64	36
已開發國家				
巴黎, 法國	1962-68	NA	59	41
東京, 日本	1970-75	NA	70	30
洛杉磯, 長堤, 美國	1960-70	1.5	75	25

資料來源: Population Reports, "Migration, Population Growth, and Development," Special Topics, Series M, No.7, September-October 1983.

註: NA爲不適用。[a]1960-75, [b]1970-80, [c]百分比總數不爲百分之百由於有些成長率經過再分類與合併之故, [d]以1963都市分類爲準, [e]爲預測, [f]爲1960-75。

圖 8-2 十個最主要城市在1960-2000年之人口成長

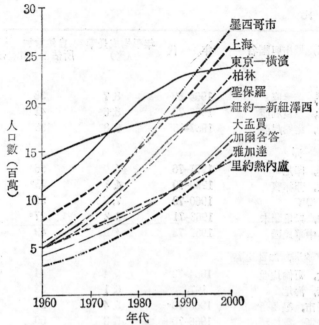

資料來源: United Nations (UN). Department of International Economic and Social Affairs. Estimates and projections of urban, rural and city populations, 1950-2025: the 1980 assessment. New York, UN, 1982.

　　不僅原來都市人口數量的增加 (urban growth)，而且住在都市人口的比例也增加 (urbanization)。在一九五〇年時在開發中國家之都市人口佔總人口的 17％，到一九八〇年則爲 31％，而先進國家之都市人口在一九八〇年則爲 70％。據估計，到二千年所有開發中國家之都市人口將增爲43％❸。從一九七〇年到一九七五年，在開發中國家由鄉村到

❸United Nations(UN). Department of International Economic and Social Affairs, Patterns of urban and rural population growth, New York, UN, 1980. (Population Studies No. 68) p. 175.

都市的人口高達六千萬❹。在印度到一九七一年時，相當於一九五一年時鄉村人口的 4.5%（一千三百萬人以上）遷到都市地區❺。

當開發中國家之都市成長快速，都市化持續不斷之際，也有明顯的區域差異（圖 8-3）。在拉丁美洲和東亞地區都市成長率早在一九五〇年時卽達高峯，而非洲及南亞地區則在最近正達高峯。拉丁美洲的都市化

圖 8-3　都市人口之百分比，按區域分，1950-2000

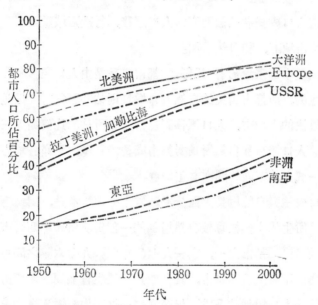

資料來源：United Nations (UN). Department of International Economic and Social Affairs. Estimates and projections of urban, rural and city populations, 1950-2025:the 1980 assessment. New York, UN, 1982.

---

❹United Nations (UN). Department of Economic and Social Affairs. World population trends and policies 1977 monitoring report. Vol. 1. Population trends. New York, UN, 1979. (Population Studies No. 62, ST/ESA/SER. A/62/Add. 1) p. 279.

❺S. L. Kaykstha and S.Mukherji,"Spatial Disorganization and Internal Migration in India: Some Strategies for Restructuring the Space Economy and Development,"*Canadian Studies in Population*, (6), 1979, pp. 45-61.

程度較高，在一九八〇年時為 65%，其他地區較低，東亞為 33%，非洲為 29%，南亞為 25%[6]。

不同地區因都市之大小而有不同的成長率。在拉丁美洲，那些超過四百萬人的最大都市成長最快，而在非洲則是少於二十五萬人的小城市成長最快。在東亞最大和最小的城市同樣快速成長，而南亞則中度大小的城市成長最快[7]。

都市人口成長有三個要素：人口遷移，行政區域重新劃分把鄉村地區併入都市地區，和自然增加。

在開發中國家大約有 40% 的都市成長是由人口遷移和行政區的調整所產生的，而都市居民的自然人口增長則佔 60%[8]。 但是有些最大和成長最快的大城市，人口遷移對都市成長所佔的比例高達三分之二（表 8-5）。人口遷移和自然增長對都市成長的貢獻，不僅各地方不同，即使在同一城市，不同時間亦有差別[9]。

人口遷移與自然增長之區分有時候不一定很清楚，因為遷移者遷到城市之後所生的小孩被算做自然增加的一部份。例如墨西哥市是世界上人口成長最快的都市之一，在一九七〇年到一九七六年之間每天平均有五百人由鄉下遷入墨西哥市，且多數是正值生育盛期的年輕男女。這些遷入者約佔人口增加的 50%，但是在同一期間內，遷入者加上所生的小孩卻佔墨西哥市人口增長的 74%。在一九七〇年據估計在所有出生的小

[6]United Nations (UN). Department of International Economic and Social Affairs, World population trends and policies: 1981 monitoring report. Vol. 1. Population trends. New York, UN, 1982. (Population Studies No. 79) p. 253. 及註[8]

[7]同[4]

[8]同[3]

[9]A. Rogers,"Sources of Urban Population Growth and Urbanization, 1950-2000: a demographic accounting, "*Economic Development and Cultural Change* 30(3), April 1982, pp. 483-506.

孩當中，有 72% 的小孩是由在此之前十年內遷入的婦女所生的❿。

在開發中國家都市人口成長與總人口成長相平行 (圖 8-1)。據聯合國的估計，有一千二百一十二個城市人口成長與全國總人口成長的相關程度要比與國民所得的相關程度高。在同一分析中全國人口成長率每變動一個百分點，都市人口成長率亦跟著變動一個百分點⓫。

三、臺灣地區之都市化

西方國家之工業革命與都市化的關係至爲密切，工業革命之後都市就業機會增加而吸引大批的勞力向城市集中，但是亞洲地區之都市化除了與經濟發展有密切的關係外，亦受鄉村地區貧窮「推力」的影響⓬。

與西方的經驗不盡相同，開發中國家之都市化也許不完全是經濟發展的關係。都市化的速度可能比經濟結構改變的速度快，而人口遷移乃是對鄉村貧窮、缺乏就業機會的反應，因此都市的成長反而被認爲是經濟發展的障礙，因爲都市不能有效的吸收大量遷入的人口⓭。

---

❿M. D. Van Arsdol, Jr., et al.,"Migration and Population Redistribution in the State of Mexico," In Smithsonian Institution. Interdisciplinary Communications Program. *The Dynamics of Migration: Internal Migration and Migration and Fertility.* Washington, D. C., Smithsonian Institution, December 1976. (Occasional Monograph Series No. 5, Vol. 1) pp. 133-176.

⓫同❸及 S. H. Preston, "Urban Growth in Developing Countries: a demographic reappraisal,"*Population and Development Review,* 5(2), June 1979, pp. 195-215.

⓬G. Firebaugh,"Structural Determinants of Urbanization in Asia and Latin America, 1950-70," *American Sociological Review,* 44, 1979, pp. 199-215.

⓭George L. Wilber, "Urbanization in Taiwan," 1964-1975, Paper Presented at the annual meeting of the Population Association of America, Denver, Colorado, April 10, 1980,

臺灣是世界高度都市化的地區之一，根據人口統計資料，在一九六四年到一九八〇年之間，都市化程度從 59% 增至 66%，同期內都市人口增加 63%，而鄉村人口只增加 18%。此種都市人口的成長並非均勻的分佈。北部地區總人口及都市人口之成長率最快，因臺北與基隆之關係，在一九六四年北區有最大的都市人口，然而南區則有最大的人口數量，中區與東區之都市人口較少。

與其他開發中國家之過度都市化的情形不一樣⓮，臺灣都市之經濟發展，足以吸收過剩的人口，並未有過度都市化的現象，一九六五年到一九八三年之間，全國勞動力增加 89.7%，三百五十萬人，但是失業率仍維持相當平穩，約 3.0% 左右⓯。 臺北市和高雄市帶動全國之都市化。都市人口超過鄉村人口，大的城市人口成長的速度比小城市快。在這段期間，在所有總人口成長中，都市地區佔了 80%，主要是由鄉村人口遷入的關係。臺灣的經驗與西方國家的經驗類似。與泰國相比，臺灣有更高比例的人口集中在都市，更多人從事非農業的工作。紐西蘭都市化的程度與臺灣類似，但是缺乏大的都會中心⓰。馬來西亞⓱雖然與臺灣有同樣快速的都市成長，但其鄉村人口成長的速度與都市相仿。

都市化與遷移的關係，正如人口成長與遷移的關係。當一個地方都

⓮同⓬及 Alden Speare, Jr., "Urbanization and Migration in Taiwan," *Economic Development and Cultural Change*, Vol. 22 No. 2, 1974, pp.302–319.

⓯過度都市化是指人口過度集中到都市，致使都市的就業機會不足供應眾多勞動力的需求。其他資料參考中華民國勞工統計月報，第122期，行政院主計處，72年12月。

⓰C. Gibson, "Urbanization in New Zealand: A Comparative Analysis," *Demography* 10, 1973, pp. 71–84.

⓱C. Hirschman, "Recent Urbanization Trends in Penninsular Malaysia," *Demography* 13, 1976 pp. 445–461.

市化的速度很快，可能表示其社經基礎也增加很快，因此而有更多的人
遷入。但是當都市化到達某一程度時，該地方的人口可能變成太擁擠而
不再像以前那樣吸引人遷入。

表 8-6　臺灣地區總人口與都市人口，按行政區域分，1964-1980

人口	總人數（千人）	數百分比	地　區　別			
			北	中	南	東
臺灣地區						
1964	12,280	100.0	35.9	20.0	30.7	4.4
1980	17,805	100.0	39.1	21.6	35.8	3.5
1964-1980之變化	5,525	45.0	58.0	36.1	30.8	15.4
市及鎮						
1964	7,266	100.0	44.4	18.8	33.6	3.2
1980	11,866	100.0	47.4	19.4	30.6	2.6
1964-1980之變化	4,600	63.3	74.3	68.5	48.8	32.4
都市百分比						
1964	×××	58.8	70.7	55.8	50.0	42.7
1980	×××	66.0	80.8	59.8	56.9	49.5

資料來源：　1.　臺灣省民政廳，臺灣省人口統計
　　　　　　2.　內政部，中華民國臺閩地區人口統計

　　以臺灣地區五大都市為例，從民國四十年至七十年間，臺灣地區總
人口自七百八十六萬人增至一千八百十三萬人，其增加率為 130%。換
句話說其每年增加率為 2.8%，此數值近似於自然增加率。就整個地區
的人口現象來說，臺灣地區是閉鎖式的，國際移民的數量相當有限。但
是基隆、臺北、臺中、臺南、高雄等五大都市因鄉村人口的遷入在同一
期間內人口數自一百四十三萬三千人增至五百零四萬八千人，其平均年
增加率為 4.3%，比臺灣地區平均值高出 1.5%。假若五大都市的自然增
加率與臺灣地區一樣（其實較低），則在這段期間內由人口移動所增加的
人口即有三百十七萬人（表 8-7），平均每年約有十萬人由鄉村移到都
市。在這三十年當中，因經濟發展的情況變化很大，所以以不同年代由鄉
村移到都市的人數也有很大的變動。

表 8-7　民國40-70年臺灣地區及五大都市的人口成長

年別	臺灣地區		五大都市合計		基隆市		臺北市		臺中市		臺南市		高雄市	
	人口數(千人)	期間增加率(%)	人口數(千人)	期間增加率(%)	人口數(千人)	期間增加率(%)	人口數(千人)	期間增加率(%)	人口數(千人)	期間增加率(%)	人口數(千人)	期間增加率(%)	人口數(千人)	期間增加率(%)
40	7,869		1,433		151		562		204		231		285	
45	9,390	19.3	1,852	29.2	197	30.5	748	33.1	249	22.1	287	24.2	371	30.2
50	11,149	18.7	2,327	25.6	240	21.8	936	25.1	310	24.5	350	22.0	491	32.3
55	12,992	16.5	2,889	24.2	287	19.6	1,174	25.4	380	22.6	416	18.9	632	28.7
60	14,995	15.4	3,993	38.2	329	14.6	1,840	56.7	467	22.9	485	16.6	872	38.0
65	16,508	10.1	4,550	13.9	343	4.3	2,089	13.5	561	20.1	537	10.7	1020	17.0
70	18,136	9.9	5,048	10.9	348	1.5	2,271	8.7	607	8.2	595	10.8	1227	20.3

資料來源：1.臺灣省民政廳，臺灣省人口統計
　　　　　2.內政部，中華民國台閩地區人口統計

註：1.臺北市自民國56年7月改爲直轄市，行政區擴大，原臺北縣內湖鄉、南港鎮、木柵鄉、景美鎮，分別改名爲臺北市內湖區、南港區、木柵區、景美區；陽明山管理局士林鎮、北投鎮分別改稱臺北市士林區、北投區。
　　2.期間增加率指前一期至當期之增加率，如45年係指40年至45年之增加率，50年指45年至50年之增加率，餘類推。

　　以臺北市和高雄市爲例，由兩個地方人口增加的情形可清楚的看出人口移動與都市化的關係。臺北市和高雄市在民國五十五年以前我國爲商業尙未發達時，都市的就業機會不多，所以人口增加仍以自然增加工主。到民國六十年時工商業快速發達都市就業機會增加，吸引大量鄉村人口的移入，因此從民國五十五年到六十年的五年間，臺北市和高雄市所增加的人口數中，社會增加比自然增加多。此後由於市郊工商業發達和市中心漸趨飽和，遷入人口的速率又緩和下來，因此兩地人口增加的要素中，自然增加又比社會增加佔了更大的比例(表 8-8)。

表 8-8　民國40-70年，　臺北市及高雄市人口增加數、自然增加數及社
會增加數　　　　　　　　　　　　　　　　　　　單位: 仟人

| 年　別 | 臺　北　市 | | | | | | 高　雄　市 | | | | | |
| | 人口增加數 | | 自然增加數 | | 社會增加數 | | 人口增加數 | | 自然增加數 | | 社會增加數 | |
	人數	%	人數	%	人數	%	人數	%	人數	%	人數	%
40-45	186	33.1	117	20.8	69	12.3	86	30.2	67	23.5	19	6.7
45-50	188	25.1	128	17.1	60	8.0	120	32.3	76	20.5	44	11.9
50-55	238	25.4	136	14.5	102	10.9	141	28.7	85	17.3	56	11.4
55-60	666	56.7	170	14.5	496	42.2	240	38.0	94	14.8	146	23.1
60-65	249	13.5	179	9.7	70	3.8	148	17.0	101	11.6	47	5.4
65-70	182	8.7	181	8.7	1	0.0	207	20.3	108	10.6	99	9.7

資料來源: 計算自臺北市、高雄市統計要覽。
註: 1. 民國55年以前臺北市人口增加數之資料為未改制前之人口數。
　　2. 民國47年以前戶籍登記資料並未包括職業軍人，服役人員和監獄人犯，自民國47年以後到58年之間上述人員逐一被納入戶籍登記資料。
　　3. 鑑於上述理由社會增加之估計值係未經過調整，故與真實之估計值可能有出入，唯對整體變動趨勢之推論應可置信。

　　過去三十年來臺灣地區的人口除了普遍向都市集中外，都市地區人口集中的情形也隨著經濟社會發展的情況而有很大的變動，仍以臺北和高雄為例。臺北市在經濟發展初期，人口向市中心遷移，後來由於市中心人口密度過高，各種機會（包括就業、住宅）等相對減少，因此人口成長緩慢，由其他地區移來的居民就向臺北市周圍的衛星鄉鎮擴散。表8-9的資料很清楚的可以看出臺北市舊市區人口自民國四十五年到六十五年，不但沒增加反而減少 12.2%，而其衛星市鎮在同一期間內則有最快速的人口成長，高達 303.9%，同樣從六十五年至七十一年，衛星市鎮人口成長的速度更加快速，不僅臺北都會區有此情形，高雄都會區亦然。

　　高雄市❸自民國四十二年當全國實施第一期經濟建設計劃時，高雄

❸有關高雄市的資料摘自: 廖正宏，高雄市的人口移動，「高雄都會區的社會變遷與發展: 問題與對策」研討會，高雄市政府、中國社會學社合辦，民國71年1月。

表 8-9　臺灣都會區人口增加（民國45-71年）

	人　口　數			民國45年～65年人口增加		民國65～71年人口增加	
	民國45年	民國65年	民國71年	絕 對 數	百分比	絕 對 數	百分比
臺北都會區	1,244,134	3,447,958	4,346,015	2,203,824	177.1	898,057	26.05
舊市區	246,889	216,904	178,936	-29,985	-12.2	-37,968	-17.51
舊市區外圍	501,621	1,278,129	1,333,470	776,580	154.8	55,341	4.33
新市區	159,246	594,255	815,235	435,009	273.2	220,980	37.19
衛星市鎮	336,378	1,358,670	2,018,374	1,022,292	303.9	659,704	48.50

資料來源：1.民國45-65年資料取自林益厚，「臺灣人口集中趨勢及其影響」，在楊國樞，葉啓
　　　　　　政編，「當前臺灣社會問題」，巨流圖書公司，民國68年，p.157.
　　　　　2.民國65-71年資料計算自當年臺北縣統計要覽和台閩地區人口統計。

註：1.舊市區：龍山區、城中區、建成區、延平區
　　2.舊市區外圍：松山區、大安區、古亭區、双園區、大同區、中山區
　　3.新市區：內湖區、南港區、景美區、木柵區、士林區、北投區　（57年7月1日劃歸臺
　　　北市）
　　4.衛星市鎮：包括臺北縣之板橋市、三重市、新莊鎮、新店鎮、泰山鄉、汐止鎮、淡水
　　　鎮

市開始發展工業，四十七年著手爲期十二年的高雄港擴建計劃，五十五年
相繼完成加工出口區及臨海工業區之工程，五十八年興建楠梓加工區。
這一連串的工商建設，使就業機會大爲增加，也吸引了大批的人潮，使
高雄市在近一、二十年來擁有最多的人口增加率和遷入率。民國四十年，
高雄市的人口是二十八萬五千人，到七十年底爲一百二十二萬七千人，在
這短短的三十年之間人口增加率爲 330%。假若高雄市沒有大量的外來
人口，僅憑原來居民的自然增加，在同一期間最多只能增加一倍多而已。
（同一期間臺灣地區之人口才增加 1.3倍）。從歷年來高雄市人口增加率的
情形亦不難看出每當高雄市有重大建設時，當年或次一、二年的人口增
加率就大幅上升，例如民國四十二年之年增加率爲5.92%，四十八年爲
6.50%，四十九年爲6.73%，五十五年爲6.13%，五十八年爲8.79%。

除了四十二年的增加率低於臺北市外，其它各年人口增加率均遠大於臺北市。尤以六十八年的增加率更高達10.2%。

高雄市人口的快速成長，也使市區內人口分佈情況發生很大的變化。在民國四十四年高雄市人口主要集中於中心地區（鹽埕、前金、新興），內都市地區（苓雅、旗津、鼓山）次之，外圍都市地區（前鎮、三民、左營與楠梓）人口最少。換句話說距離市中心愈近，人口密度愈高，愈遠則人口密度愈低。到民國六十八年高雄市的人口分佈情形恰與四十四年相反。卽是都市外圍地區的人口比中心地區的人口多，增加率也快。在民國四十四年時中心地區的人口佔高雄市人口的35%，內都市區佔28%，外圍地區佔37%（小港除外），但是到民國六十八年，這三個地區所佔的人口比例分別爲16%，29%，55%，三個地區在二十五年間的人口增加率分別爲43%，221%，362%，新舊市區人口消長的現象極爲明顯。由民國六十八年淨遷移人口數更可看出這些地區人口移動的情形。屬中心地區的三個市區其淨遷移人數爲負 13,667 人，其中鹽埕區爲負 3,878人，前金區爲負 3,648人，新興區爲負 6,141人，屬內都市地區爲正 3,300人，其中只有苓雅區淨遷移的人口數最多爲正6,997人，其他兩區都損失人口，旗津區爲負 887人，鼓山區爲負 2,810人，屬外圍都市地區的爲正27,602人，除了左營淨遷移爲負 1,900人外，其他地區都獲得不少的淨遷移。前鎮區爲正 2,789人，三民區爲正18,496人，楠梓區爲正 3,126人，小港區爲正 5,091人。

若進一步觀察高雄市緊鄰的鄉鎮亦可看出高雄市的人口一方面由市中心向外圍區擴散，另一方面又將較爲偏遠地區的人口吸向高雄市週圍的鄉鎮。從五十四年到六十三年之間高雄市每年都有將近二萬人的淨遷移。以五十八年爲例，遷入人口有62,849人，遷出人口有38,496人，淨遷移爲24,353人，此種正淨遷移的數量到六十四年以後逐漸減少，到六十八年又增加爲17,280人，其中遷入爲93,387人，遷出爲77,650人。依據謝高橋的研究，高雄市人口遷移有如下的特徵：

1.擁有大量遷移人口的行政區亦常伴有大量的遷出人口。

2.從外縣市遷入高雄市的人口大部份居住在人口擁擠的市中心與商業區，而中心與商業區的人則移居到新擴展的地區。

3.遷移量因地區的發展而增加，再隨人口的飽和而減少⑲。

這些資料充分支持人口遷移的方向乃是向「機會」移動，機會多的地方人口成長的速度快。

由前面的一些例子很明顯的看出都市化與經濟發展和人口遷移的密切關係，但是人口遷移對都市人口成長所佔的份量又如何呢？劉克智與史皮爾（Speare）的研究指出向都市遷移乃是人口適應快速工業化的方法之一。雖然有大量的勞動力由農業轉到工業，但是此種改變很多是發生在鄉村地區，或是只有工作地點的改變，並不涉及住處的改變⑳。

蔡勳雄研究一九六〇年到一九八〇年臺灣地區之都市成長，分五年四期加以探討，把都市人口的成長分解成四個因素卽：自然增加、淨遷移、行政區域之變更和都市數目的增加，依照蔡氏的資料顯示，就二十年期總體資料來看，對都市人口成長影響最大的是人口的自然增加，約佔將近一半的比例，其次爲都市數目的增加約佔將近三分之一，再其次的淨遷移約佔四分之一。不過淨遷移在不同期所佔的比例有很大的出入，如在一九七〇年到一九七五年間都市人口成長中，淨遷移所佔的比

⑲謝高橋，「臺灣地區人口遷移之研究」，政治大學社會學系研究報告，6901號，69年7月。

⑳Paul K. C. Liu and Alden Speare, Jr.,"Urbanization and Labor Mobility in Taiwan," *Economic Essays*, Vol. IV, The Graduate Institute of Economics, National Taiwan University, November, 1973, pp. 165–177.

例即高達 36.30％（表 8-10）㉑。

表 8-10　臺灣地區都市人口成長的因素

單位: 千人

		都市人口 增 加 數	新 增 加 之 都 市	行 政 區 調　整	自然增加	淨 遷 移
1960 〜 1965	人數	1,610	551	0	777	282
	％	100.00	34.22	0.00	48.27	17.51
1965 〜 1970	人數	2,197	677	0	863	657
	％	100.00	30.81	0.00	39.29	29.90
1970 〜 1975	人數	1,449	235	−160	848	526
	％	100.00	16.22	−11.04	58.52	36.30
1975 〜 1980	人數	2,201	642	0	1,075	484
	％	100.00	29.17	0.00	48.85	21.98

資料來源: 摘自H.H. Tsai, "Urban Growth and the Change of Spatial Structure in Taiwan," Conference on Urban Growth and Economic Development in the Pacific Region, January 9-11, 1984, Taipei, Taiwan, ROC.

　　蔡青龍研究一九六八年到一九七三年臺北市人口之成長情形發現在這段期間臺北市的人口的成長淨遷移佔了51％，而自然增長佔49％。蔡氏進一步把自然增長分解爲原來臺北住民的自然增長和遷入者的自然增長，所得到的結論是臺北市在這段期間的人口增長絕大多數是淨遷移的關係，由淨遷移人數和其自然增長總共佔了82％的人口成長，而原來臺北市住民的自然增長只佔12％㉒。

　　旣然遷移與就業機會有密切的關係，我們從勞動人口在農村地區與

㉑H. H. Tsai, "Urban Growth and the Change of Spatial Structure in Taiwan," Conference on Urban Growth and Economic Development in the Pacific Region, January 9-11, 1984, Taipei, Taiwan, ROC.
㉒Ching-Lung Tsay, "Migration and Population Growth in Taipei Municipality," Industry of Free China, 57(3), 1982, pp. 9-25.

都市地區增減情形亦可看出都市化與人口遷移的關係。作者在以前的一項研究中曾將勞動力的變化分解成自然增加、淨遷移和活動率改變之效果，所謂自然增加乃是一個地方淨進入勞動市場之人口數減掉勞動人口之死亡數和退休人數，淨遷移乃指一個地方勞動人口之移出數與移入數之差，其數值可能爲正或負，活動率改變之效果係指因經濟結構或就業機會的改變使勞動參與率發生改變。此外，再按照農業人口百分比的多寡將臺灣地區鄉、鎮、市區分成高度農村地區，中度農村地區和都市地區，計算各地區勞動力變化情形[23]。

以民國六十年到六十五年的資料爲例，結果發現高度農村地區勞動力之年淨變動率爲2.38%，中度農村地區爲3.78%，都市地區則高達5.60%。將此變化率再分解成前述之三個因子，年自然增加率由高度農村地區到都市地區分別爲3.48%、3.32%和2.68%；而年淨遷移率則爲-2.28%，-0.79%和0.85%；活動率改變之效果亦以都市地區最高，分別是1.19%，1.25%，2.01%（表 8-11）。

換句話說，在民國60年到65年之間，都市地區勞動參與率的變動，在三個因素中，自然增加佔48%，活動率改變效果佔36%，人口遷移約佔14%。

四、其他的例子

以上的例子似乎都顯示遷移與都市化的密切關係，不過他們之間的關係並非必然性的。

鮑格 (Bogue) [24]研究美國的人口遷移發現在都會區都市化與淨遷

[23]廖正宏，廖敏琚，農村勞動力供給量之分析，國立臺灣大學人口學刊，第三期，民國68年5月，pp. 119-151.

[24]Donald J. Bogue, *Subregional Migration in the United States*, 1935-40, Vol. 1, 1957, Oxford, Ohio: Scripps Foundation.

表 8-11　勞動力因子年變化情形按地區及性別分，　（民國60-65年）

		高度農村地區			中度農村地區			都　市　地　區		
		計	男性	女性	計	男性	女性	計	男性	女性
勞	自然增加 年變化數（人）	46,672	31,018	15,654	52,370	34,950	7,420	91,696	67,598	24,098
	年變化率（%）	3.48	3.45	3.54	3.32	3.29	3.38	2.68	2.73	2.56
動	淨遷移 年變化數（人）	-30,621	-17,997	-12,624	-12,532	-6,742	-5,790	29,235	17,686	11,549
	年變化率（%）	-2.28	-2.00	-2.85	-0.79	-0.63	-1.12	0.85	0.71	1.23
力	活動率改變之效果 年變化數（人）	15,916	718	15,198	19,783	2,420	17,363	68,670	12,618	56,052
	年變化率（%）	1.19	0.08	3.44	1.25	0.23	3.37	2.01	0.51	5.96
	淨變化 年變化數（人）	31,964	13,740	18,224	59,626	30,627	28,999	191,428	97,896	93,532
	年變化率（%）	2.38	1.53	4.12	3.78	2.88	5.62	5.60	3.95	9.95

資料來源：摘自廖正宏，廖敏琚，農村勞動力供給量之分析，　國立臺灣大學人口學刊，第三期，國立臺灣大學人口研究中心，民國68年5月，

移沒關係，但是在非都會區則二者的關係顯著。格林屋得（Greenwood）[25]則發現"現在"原來的都市化與人口外移有正相關，但在過去則二者的關係為負的。他認為這可能表示鄉村到都市的遷移已近尾聲。而且都市的居民對其他都市的消息更靈通，更可能移到其他的都市。沙荷達（Sahota）[26]發現都市居民更容易遷移，但並不一定遷到更大的都市，他

[25]Michael J. Greenwood,"An Analysis of the Determinants of Geographic Labor Mobility in the United States," *Review of Economics and Statistics*, 51(2)May, 1969, pp. 189-194.

[26]Gian S. Sahota, "An Economic Analysis of Internal Migration in Brazil," *Journal of Political Economy,* 76(2) 1968, pp. 218-245.

認為遷移的方向受經濟因素的影響比都市化本身的影響大。

　　李文朗以臺灣資料研究都市化與遷移的關係發現一個地區之工業化程度和生活品質解釋人口遷移的關係，其解釋力高達68%[27]。

　　這些不一致的發現也許因所用都市化的概念不同，遷移的指標不一樣，以及所涉及的時間或經濟發展的階段及地理單位不同所致。

　　經濟學家對遷移與經濟發展的關係有兩種不同的說法，一認為經濟較發展的地區吸引較不發展地區的人口移入而加大區域間之經濟差距[28]；另一則認為遷移乃是使區域間個人所得差距縮小的主要力量之一[29]。

　　其實遷移與區域間之差距加大或縮小決定於該社會發展之階段而定，在發展初期，差距加大，發展後期，差距縮小[30]。李文朗利用臺灣在日據時代 (1895-1945)時的資料試圖證明下列的假設：①臺灣人口遷移的模式是從發展程度較高的地區到發展程度較低的地區；②遷移者比平均人口的經濟生產力高；③因此人口遷移的結果可減低區域間之差距。結果發現當時臺東、花蓮兩個低度開發的區域吸收很多的遷入者。

　　當時臺灣之人口遷移是向東發展，從人口多，發展程度高的地區到人口少未開發的地區，年輕男性為主要的遷移力量。且在這段時間內向

---

[27]李文朗，"臺灣都市化與人口遷移"，蔡勇美、郭文雄編，都市社會發展之研究．巨流圖書公司，六十七年，179-196頁。

[28]Gunnar Myrdal, *Economic Theory and Underdeveloped Regions*, London· Duckworth, 1957.

[29]Richard A. Easterlin, "Regional Growth of Income," In Simon Kuznets, et al., *Analysis of Economic Change, Vol. II, Population Redistribution and Economic Growth*, Philadelphia, PA: American Philosophical Society, 1960.

[30]Jeffrey Williamson,"Regional Inequality and the Process of National Development," *Economic Development and Cultural Change*, Vol. 13, No. 4, Part 2, July, 1965, pp. 3-84.

東遷移之速度及數量都在加速中，而使區域之差距縮小❸。

　　總之，人口遷移與都市化雖然有密切的關係，但是遷移的方向常因一個國家或一個地方都市化的程度以及經濟發展的階段而改變。

---

❸Wen Lang Li, "Internal Migration and Regional Development in Taiwan," in Anthony H. Richmond and Daniel Kubat (eds.), *Internal Migration: The New World and the Third World*, Beverly Hills, California: SAGE Publications Inc., 1976, pp. 83-102.

第九章 人口遷移政策

一、政策的理論基礎

許多國家的決策者雖然對人口分佈和人口成長有強烈的興趣，但是卻很少注意兩者之間的關係或是一個政策對另一政策之影響。人口分佈政策若能同時考慮到人口成長的原因和結果，則政策成功的機會較大。

擬訂人口成長有關的政策，借用人口轉型的理論頗為合適。人口轉型的理論主張發展前期高出生率和高死亡率的結果，人口很少成長，幾乎呈靜止狀態，經過發展階段死亡率下降的速度比出生率下降的速度快，而造成快速的人口成長；後來出生率和死亡率都下降到低水準，人口再呈現平衡狀態❶。這個理論幫助許多國家形成生育率的政策。政府為加速轉變的過程，希望早日達到新的平衡，透過家庭計劃來幫助生育率的降低。

---

❶F. W. Notestein, "Population: the long view," In: T. W. Schultz, (ed.) *Food for the World*, Chicago, University of Chicago Press, 1945, (pp.) 36-57.

在人口分佈政策的範疇內，則無同樣廣泛可被接受的理論把遷移和社會經濟發展的歷史模式相連起來。梓林斯基(Wilbur Zelinsky)在一九七一年提出類似人口轉型的理論稱爲遷移轉型的理論(theory of mobility trasition)。這個理論把不同模式的遷移與每一階段的人口轉變連結起來。大規模的鄉村到都市的遷移和國外移民是發生在人口轉型的初期和快速人口成長的階段。但是在出生率急速下降和死亡率逐漸下降時，鄉村到都市的遷移和國外移民就緩慢下來，取而代之的是循環(circulation)的遷移大量的增加。在先進國家出生率和死亡率都低的情況，人們移動雖然頻繁但是通常都是都市與都市之間的遷移❷。

遷移轉型的理論 和一些經濟理論意示 著現今開發 中國家的 遷移型式，乃是正常發展過程的必然現象。但是在印尼、秘魯、西非和意大利的研究，對於此一理論究竟能適用到多大的範圍，則抱懷疑的態度。而且，這個理論並未說明遷移轉型的原因❸。有些經驗理論家和研究者則主張現在的遷移型式是不正常的，影響發展。目前快速的都市化和國際移民是否屬於自然的平衡過程？其對經濟發展是有利或是有害？學者們並無一致的看法。最近較爲大家所接受的想法是遷移的原因及其影響和遷移的型式因每個國家的情況而不同，這種想法加上對多數人口分佈政策執行不理想的結果產生另一種看法，就是遷移政策應該盡量設法提高遷移的利益，減低其成本，而不要阻止既有的遷移流向。

即使人口分佈政策的目標被重新評估，政策的執行工具亦同樣被評估。對城鄉工資差異重要性之研究引起大家注意到全國經濟政策和發展計劃對遷移的影響。最低工資的法律，食物價格控制，政府機構的位置，交通和運輸的計劃，所有這些都會影響到遷移的型式。然而，通常在決

❷W. Zelinsky,"The hypothesis of the mobility transition," Geographical Review 61, April 1971, pp. 219-249.
❸W. Zelinsky, Ibid.

定這些政策時，卻很少考慮到其對人口分佈的影響。而且，在許多國家，許多與就業有關之重要經濟決定和新工廠的地點多由私人機構而非公家機構所決定。因此，尋找合適的遷移政策工具的努力仍繼續不斷。例如遷移決策過程的研究發現提示我們改變某些地點之訊息，可以改變人們對這些地點的看法，這種看法的改變對遷移的影響可能與實際情況的改變一樣有效。再者，遷移者追隨親戚、朋友足踪的事實也提示我們如何激發居民到某一地區的遷移。

二、境內遷移政策

人口遷移若屬同性質社區間之遷移，則對遷移者本人或對相關社區之公共設施和資源分配所產生的問題較少，如由鄉村到鄉村的遷移或由都市到都市的遷移，因為原住地和遷入地的環境有頗多類似的地方，遷移者為適應新環境所遭遇的困難或對公共設施所增加的負擔要比不同性質社區間之遷移少。多數已開發國家的遷移以城市間同性質社區之相互遷移居多，且其經濟高度發達，吸收遷移者的能力相當強，因此對境內遷移若不是採完全放任的政策就是毫無政策可言。而開發中國家的遷移，絕大多數都是由鄉村到都市的遷移，以致造成過度都市化的現象，都市的公共設施和就業機會不足以應付大量遷入者的需要，因而衍生許多問題。

多數開發中國家的政府都關心遷移對經濟、政治、社會所產生的影響，所以擬訂政策執行各種不同的計劃，希望透過鄉村發展或限制遷入來緩和鄉村到都市的遷移，或是把到大都市的遷移分散到其他的小城市和偏遠的地方。此外，有些國家試著對已經遷到城市的人提供更好的住宅和工作。

　　明顯的人口分佈政策不但花費很大，而且很少成功，因爲其他的發展計劃常常抵銷人口分佈政策的效果。缺乏政治上的支持或對遷移的趨勢與原因所知有限，以致無法有效的擬訂和執行計畫。一個人口分佈政策要成功必須要有確切的目標與全國經濟發展計畫相整合，要能了解鄉村與都市地區人口遷移的原因。從政策的觀點，提高效益的政策要比阻止遷移的政策更能有效的解決鄉村到都市遷移的問題。這個道理就如同防洪的工作一樣，疏導要比圍堵有效。

一、政府的關心

　　很多國家對自己國內人口分佈都表示關心，尤其是都市化。例如一九八一年非洲人口和發展大會 (the Parliamentary Conference on Population and Development in Africa) 所下的結論：

　　"政府特別關心不均勻的人口分佈(與資源相比)，尤其是土地和水，不均的分佈不利於把人口和經濟、社會、以及政治活動整合在一起。這種趨勢與發展的目標相抵觸。這種情況在過去十年或二十年來因人口的成長變得更壞，雖然其原因並不完全是由人口過程所產生的。"❹

　　根據雅加達的市長在一九七〇年所說 "都市化演變到如此絕望的壞情況，以致危害到首都生活的安全和秩序"❺。世界上每一個地方，把人口分佈當做問題的國家要比把出生率當做問題的國家多。在開發中國家中，42％的國家對生育率感到滿意，相反的，只有５％認爲自己的人口

❹Parliamentary Conference on Population and Development in Africa. *Population and Development in Africa:* Conclusions and Recommendations of the Parliamentary Conference on Population and Development in Africa, Nairobi, 6–9 July 1981. In: United Nations Fund or Population Activities (UNEPA)。Parliamentary Conference on Population and Development in Africa. July 29, 1981, p. 12.

❺G. J. Hugo,"New Conceptual Approaches to Migration in the Context of Urbanization:a discussion based on the Indonesian experience,"In;

分佈是合適的（表9-1）。同時，制定政策要緩和境內遷移或改變遷移方向的國家比制定政策要降低生育率的國家要多出二倍以上（表 9-2）。

對人口分佈的關心乃是害怕太快的鄉村到城市的遷移會阻止經濟發展。但是，大部份的國家通常只想要減低在首都公共服務的負擔以及貧窮和失業的問題，這些與人口大量遷入有密切的關係。遷移者也被視為是政治上的威脅——都市無產階級不滿份子的來源。此外，對人口分佈的重視也表現在對區域和個人公平的關心；尚有其他的動機也表現出對遷移的重視，如中共之強調鄉村意識型態；南韓之重視國防，馬來西亞重視種族、政治之平衡❻。

我國自從政府遷臺之後，為防止人口過度集中都市，乃有各種措施，如把省會遷往中興新村，從事各種鄉村建設，推行區域發展計劃和工業區的設置。

二、鄉村發展

多數國家希望鄉村發展的工作不僅能刺激糧食生產，也可緩和大規模的村民移向城市。這種做法乃是假定提高鄉村的所得可減少遷往城市的誘因，而各種服務設施的改善也可使鄉村地區的生活水準與都市的接近。

（續前頁）P. A. Morrison, ed., *Population Movements: their forms and functions in urbanization and development* Liege, Belgium, Ordina Editions, 1983, pp, 69-113.

❻Population Reports,"Migration, Population Growth, and Development," Series M, No. 7, Sept,-Octo., 1983, p. M-267.

表 9-1　各國政府對人口趨勢之意見，1980年

地　區　別	國家總數	對生育率感到滿意的國家(%)	對自己人口分佈認爲合適的國家(%)	對國際移入滿意的國家(%)	對國際移出表示滿意的國家(%)
開發中地區					
非洲	46	52	0	83	87
亞洲和太平洋地區	29	31	7	83	83
拉丁美洲與加勒比海區	30	37	3	77	70
中東與北非	21	43	14	76	76
合　　計	126	42	5	80	80
已開發地區					
合　　計	37	78	35	84	76

資料來源: United Nations (UN). Department of International Economic and Social Affairs. Population Division. World Population Trends and Policies: 1981 monitoring report. Vol. 2. Population Policies. New York, UN, 1982.

註: 生育率之分類爲: 1.太低─需要更高的生育率; 2.滿意; 3.太高─需更低的生育率。 對人口分佈的意見分爲: 1.合灣, 2.部分合適, 3.不合適。 對國際太高移入與移出情形之意見分爲: 1,移入、移出均顯著; 又分爲太低， 滿意， 太高; 2.移入、移出均不顯著: 而且很需要提高，或維持目前情況即可。

表 9-2　各國政府對人口趨勢之政策，1980年

地　區　別	國家總數	制定政策降低生育率的國家所占百分比	制定政策降低境內遷移或改變遷移方向的國家所占百分比
開發中地區			
非洲	46	20	76
亞洲與太平洋區	29	52	72
拉丁美洲與加勒比海區	30	30	77
中東與北非	21	24	71
合　　計	126	30	75
已開發地區			
合　　計	37	0	70

資料來源: 同表一

　　鄉村發展工作計劃包括的範圍很廣，從資本集約，如改進灌溉、實施農業機械化、引進高產量的品種到引進勞力集約的農耕技術和對社會服務、公共投資的改善及土地改革等均屬之。因此，要評估鄉村發展計

表 9-3　鄉村發展工作對人口遷移的可能影響

工作項目	對鄉村人口可能產生的影響	對遷移的影響		工作項目	對鄉村人口可能產生的影響	對遷移的影響	
		短期	中長期			短期	中長期
家庭計劃	降低生育率和人口壓力	—	中慢	農業服務、信用、技術協助鄉村農場外就業	增加大農之收入、農業現代化、商業化、增加鄉村不平等和貧窮小農被排除的數目增加	不一定	弱加快
土地改革	增加生產、收入、社會變遷、對都市產品和服務之需求、雇工需要量減少	中慢	不一定	公共工作	增加就業和收入，增加市場之經濟活動，獲得管理技術	鄉村到鎮之遷移強加快，鄉村到市之遷移弱慢	鄉村到都市之遷移中度加快
地租、租佃權之管制	機械化取消佃農	弱加快	弱加快		增加就業、對現代部門熟悉，對都市產品、服務之需求	強慢	中度加快
土地墾殖	給農民新機會	弱慢	—	村路	增加城鄉整合和農業商業化	強慢很	強加快
綠色革命（高產量品種和肥料）	增加收入、現代化、對都市產品、服務和現代化、農業投資之價求、增加土地需值、取消佃農；增加城鄉之整合和勞力之利用，傳統權力結構和地方經濟之崩潰	中弱加快	中強加快	電氣化	增加農業活動，收入城鄉之整合	很弱慢	很弱慢
				社會服務和教育	增加現代化、都市之技巧和態度	弱慢	很強加快
農業機械化	對勞力需求之增加或減少，增加城鄉之整合	中度加快	中度加快	自來水供應	增加健康、生產和收入	弱慢	不一定
機械灌溉	增加生產、收入和對都市產品服務之需求	慢	中慢	保健服務和膳食改進	一般之道德衰退，增加人口壓力，增加生產和收入，減少出生率和嬰兒死亡率	弱慢	不一定

資料來源： R. Rhoda, "Rural development and urban migration: can we keep them down on the farm?" International Migration Review 17 (1), Spring 1983, pp. 34-64.

註： 對遷移之影響共分十一個等級，由最快到最慢依序為： 很強加快 (very strong acceleration)、中強加快 (moderate strong acceleration)、強加快 (strong acceleration)、中度加快 (moderate acceleration)、中弱加快 (moderate weak acceleration)、弱加快 (weak acceleration、 很弱慢 (very weak slowing)、弱慢 (weak slowing)、中慢 (moderate slowing)、慢 (slowing)、強慢 (strong slowing)。

劃對人口遷移的影響很困難。不過，鄉村發展計畫對緩和村民遷往都市
卻有過失敗的記錄，部份是因爲並未完全把發展計畫徹底的執行。更基
本的問題是發展工作不但未能緩和遷移反而促使遷移。羅德斯 (Rhoa-
des) 和 羅達 (Rhoda) 等人對十五種類型的鄉村發展工作的分析所得
到的結論是， 其中有十一項的影響， 實際上， 不論從長期或短期的觀
點， 可能會加速鄉村到都市的遷移。從長遠觀點看，家庭計畫也能有效
的減少遷移 （表 9-3）。鄉村發展可能有利於其他型式的遷移，如到小城
市通勤，而對阻止人口外移的效果可能不大❼。

　　利用鄉村發展要來緩和人口遷移， 基本上有一個危險，就是資本集
約的農業創新只適合大規模經營或有足够資金、信用的農民。當大農場
的產量增加，降低農產品價格，小農亦被迫低價出售，或把子女送往城
市工作，希望他們能寄錢回來，藉以支持新的農業技術。而且，農場雇
工亦被耕耘機和其他農業機械所取代。雖然， 勞力集約的創新如肥料或
簡易農場設施也許會替小農增加收入和就業的機會，但是有關這方面的
證據並不多❽。

　　土地改革也許可減緩人口外移，但是對小農若無技術和財政上的協
助，則小農與大農間經濟上的新差異又會形成。另一個問題就是實際重
新分配的土地相當有限， 這種情形在很多拉丁美洲國家的計畫都可看
到。同時，人口繼續成長削弱原來土地改革的影響。土地在第二代時不

❼R. E. Rhoda, Development Activities and Rural-Urban Migration: is
it possible to keep them down on the farm? Washington, D. C., U.
S. Agency for International Development. March, 1979, p. 78.
R. E. Rhoda,"Rural Development and Urban Migration: can we keep
them down on the farm?" *International Migration Review* 17(1),
Spring 1983, pp. 34-64.
❽同註❻

是被分得更細就是小孩必須離開農業，不論那一種情形，都會增加人口外移❾。

　　其他緩和鄉村人口外移的策略，包括創造鄉村工業的就業機會，公共工作計畫 (public works programs)，興建學校等也都有複雜的影響。鄉村工業通常並不是勞力集約且位於小鎮，而非眞正的鄉村地區。公共工作計畫暫時雇用非技術性工人敎導他們職業技能和改善的意願，這樣，最後反而會鼓勵他們遷移到大的都市去。築路減低農產品的運銷成本，因而增加農家收入，而使外移更容易。鄉村學校的興建可阻止小孩子爲接受敎育的遷移，但是卻提高小孩遷移的意願，以及提供爲到都市找工作所需具備的資格。我國的各種鄉村發展工作，有些措施很明顯的緩和鄉村人口的外流，如工業區之設置，凡是設有工業區的地方其每年人口淨外移率都有逐漸降低的趨勢❿；有些則不一定與緩和人口外流有直接的關係，如土地改革雖然很成功，但是土地改革帶動全省工商業之發達，加上當時鄉村人口快速的增長，反而加速人口的外流⓫。

三、都市對遷移的限制

　　許多開發中國家快速成長的都市藉著減少住宅和就業機會來阻止鄉村人口的遷入。拆除違建乃是拉丁美洲、非洲和亞洲最常採用的策略。但是就長遠的觀點看，這種作法並不一定成功。因爲大部份被趕走的人最後又都回來且在原地改建，也無法阻止人口的繼續遷入。以乃洛比 (Nairobi) 定期的拆除違建爲例，只影響都市聚居的形式並未能阻止人口的遷入⓬。

---

❾Population Reports, op. cit., p. M-268.
❿蔡宏進，臺灣鄉村工業發展對緩和人口外流之影響，臺灣銀行季刊第三十二卷第一期，民國63年3月，pp. 153-187.
⓫同註❻
⓬Population Reports, op. cit., p. M-269.

　　限制遷入者的就業機會也許更有效，在一九七〇年代初期爲制止鄉村人民的遷入，雅加達市區內之人行道禁止販賣東西，和禁行三輪車。這個限制減少遷移者兩種主要的就業機會，也促使一些遷移者離去⑬。一九八一年，在秘魯的首都利馬，當警察要求在市中心街道的小販搬到公共市場出租的攤位時，雙方面發生衝突⑭。這種政策頗不易執行，所以必須有專門的警力來對付這些小販。

　　另一種控制境內遷移的方法就是對都市住宅許可證的控制。以雅加達爲例，在一九七〇年建立正式的通行體系。新來的遷移者在警察機關繳相當於回程費用二倍的保證金，卽可領到臨時居住許可。六個月後他們若能證明有工作和有地方住，卽可領到永久的居住許可，否則政府就給一張單程票將之遣送回家⑮。這個制度建立一年之後到雅加達的人數就銳減，但是眞正的理由可能由於農產品意外的豐收，而不是封閉的都市政策⑯。在非洲、剛果、奈及爾、坦撒尼亞和薩伊等國的政府都曾嚐試過要把失業的人逐出城市，但是因未能嚴格執行，結果都失敗了⑰。

　　只有在極嚴格限制個人遷移的地方，這種制度才能成功。雖然並非

⑬G. F. Papanek,"The poor of Jakarta," *Economic Development and Cultural Change* 24(1), October, 1975, pp. 1-27.

⑭Population Reports, op. cit., M-269.

⑮A. S. Oberai,"State Policies and Internal Migration in Asia," *International Labour Review* 120(2), March-April, 1981, pp. 231-244.
G. F. Papanek, "The Poor of Jakarta," *Economic Development and Cultural Change* 24(1), October, 1975. pp. 1-27.

⑯J. R. Harris,"Internal Migration in Indonesia,"In: J. W. White, ed. *The Urban Impact of Internal Migration.* Chapel Hill, University of North Carolina, Institute for Research in Social Science, 1979. (Comparative Urban Studies Project Monograph No, 5) pp. 125-148.

⑰Population Reports, op. cit., P. M-269

完全出自經濟的理由，在南非嚴格執行境內通行證的制度阻止了黑人大量移入都市 ⑱。在古巴，整體的配給制度和住宅、工人識別證，雖並不直接爲偵察遷移的目的，卻使遷往首都哈瓦那更爲困難 ⑲。在很多國家這種制度是違法的或不能接受的。

有些地方如越南和中國大陸採用更嚴格的措施來改變遷移的方向和減少大城市的人口。中國大陸在一九五〇到一九七〇年間約有一千到一千五百萬在城市出生的青年被下放到鄉下，同時比此數目更多到城市讀書的鄉下小孩都被送回鄉下 ⑳，這種措施違背人性，並不成功。

總之，要限制在城市居住或就業的作法必須依賴強有力的行政結構，強制的做法，以及政府可控制的就業機會或是足以威脅到個別遷移者若想遷移可能會失去的利益。不過這種做法可能會導致不良的結果，如行政的貪污、腐化以及各種不同形式的違法和規避行爲。除了基於其他政治因素的考慮，這種限制的措施所付出的代價遠比所預期的效益來得大。

四、鼓勵小城市的興起

⑱ T. J.D.Fair,and R.J. Davies,"Constrained Urbanization: White South Africa and Black Africa Compared,"In: B.J. L. Berry,(ed.)*Urbanization and Counter-Urbanization.* Beverly Hills, California, Sage, 1976, pp. 145-168.

⑲ D. Lehmann,"Agrarian Structure, Migration and the State in Cuba," in: P. Peek and G. Standing (eds.) *State Policies and Migration: Studies in Latin America and the Caribbean.* London Croom Helm, 1982, pp. 321-387.

⑳ T. P. Bernstein, *Up to the Mountains and down to the Villages: the transfer of youth from urban to rural China.* New Haven, Connecticut, Yale University Press, 1977. p. 371.

當持續的都市化被認為是無可避免的，且首都的人口被認為增加得太多，政府可能利用各種誘因來導引遷移者到小城市去。最常見的做法是，政府把現有的一些城市做為區域中心。有時候建立新的城市來刺激遷移者移到新的地方。比較有名的例子，如在巴西新建的首都巴西里亞 (Brasilia) 和巴基斯坦的伊斯蘭馬巴德 (Islamabad)。在奈及利亞和坦撒尼亞也有計畫要把首都遷移。委內瑞拉在一九六〇年到一九七〇年間用石油賺款建造新的工業城。目前埃及正擬訂建造一系列新的小城市計畫，以期到二千年能吸收一千五百萬人，其中已開始興建的有三個。」㉑我國雖然把臺灣省政府遷到中興新村，但是中央政府仍座落臺北，因此遷移省會對人口的分散所產生的影響相當有限。

大多數的政策都想重新安排就業的機會來吸引遷移者。政府把自己的機構搬到小城市去，也可經由工業區的建立把商業分散；提供所需的公共投資和道路、水、電、交通等服務；免稅，補貼利息負擔，和禁止在大都市的工業擴充，並提供各種機會的消息，鼓勵居民遷往新興的小城市去。

政府希望透過就業機會的重新安排來影響人口的分佈，但是很少商業受此誘因的影響跟著搬遷。因為最大的城市，往往是技術工人的唯一來源，擁有最大的市場，且便於與政府部門接洽。例如在一九七〇年坦撒尼亞執行人口分散政策的後二年，在三十個主要新建立的工廠中，只有十個是位於三蘭港 (Dar es Salaam) 之外㉒。成長中心往往會帶動在首都附近小鎮的成長，如我國、南韓、墨西哥和委內瑞拉等首都周圍市鎮的人口迅速成長。這些衛星城市把首都擴大成為大都會 (megalo-

---

㉑Population Reports, op. cit., p. M-269

㉒R. Stren,"Urban Policy and Performance in Kenya and Tanzania," *Journal of Modern African Studies,* 13(2), June 1975, pp. 267-294.

polis)，並非把人口分散到其他地方。

　　卽使在較成功的做法，被吸引移入的人也許感到失望。在巴西新首都巴西里亞(Brasilia) 經過十年的投資和移置 (settlement) 之後，在一九七〇年總人口只等於聖保羅每年人口的增加量。再者，新的工業城假如是資本集約的工業，所增加的就業機會可能不多，就如巴西東北部和委內瑞拉的新工業城㉓。

　　鼓勵小城市的興起還有二個缺點：成本高以及可能加速到首都的遷移。以委內瑞拉爲例，從一九六五年到一九七五年花了二十億美元，建立 Ciudad Guayana 工業城，在遠處提供公共投資或補助工業花費很大。此外，更好的運輸、交通可能會刺激新開發地區和首都或大都市間的遷移，例如自從 khon kaen 在一九六二年被規劃爲發展的中心，從泰國東北部的人口外移的情形不但未緩和反而有增加之趨勢㉔。

五、偏遠地區的墾殖

　　假如鄉下人口少，而且有可耕地可利用，政府可以鼓勵人民下鄉墾殖。墾殖計劃有好幾個理由：使人口更平均的分配，增加農業生產，對無土地的人提供土地，在邊境上加強防衛的安全。在短期內，這種人口遷移可緩和原住地的人口壓力，可分散人口往都市集中。但是鑒於可用的土地很少，墾殖計劃的潛力相當有限㉕。

　　政府所支持的墾殖計劃內容繁簡不一，從建立完全新的社區到只有築路。在很多國家，包括巴西、印尼、馬來西亞，政府徵召、運送遷移

㉓Population Reports, op. cit., p. M–270.

㉔Ibid.

㉕A.A. Laquian and A.B.Simmons,"Public Policy and Migratory Behavior in Selected Cities," In: J. W. White, ed. *The Urban Impact of Internal Migration.* Chapel Hill, University of North Carolina, Institute for Research in Social Science, 1979. (Comparative Urban Studies Project Monograph No. 5) pp. 97–124.

者，清除土地、築路和舖設公共設施、蓋房子，支持遷移者一、二年的時間，提供技術和信用的幫助。政府支持社區的成本很高，從在奈及利亞一個家庭花費二千美元到在馬來西亞的一萬一千美元不等。有些成功的計劃，每個家庭約花了五千美元，但是光是金錢本身不一定能保證成功。有些情形沒有政府的支持，墾殖計劃亦自然的發生，如家庭利用新造好的路，到邊境旅行後定居下來，在巴西、玻利維亞和象牙海岸這種例子不少。 很明顯的， 這種自動發生的墾殖所花的成本很少， 動機較強，留下來定居的可能性最大[26]。

墾殖移民的計劃，成功、失敗的例子均有。在印度有三分之一的殖民者放棄 Dandakaranya 的計劃，在東玻利維亞則有90%的殖民者離開墾殖的地方。即使在較少遺棄率，計劃較成功的地方，所涉及的人數並不多。在執行最好、規模最大的計劃當中的一個就是在馬來亞的 FELDA計劃，到一九八〇年共移置了379,000人，稍少於全國人口的3%，而且那些人可能不是潛在的鄉村到都市的遷移者[27]。部份由於道路的建造和墾殖計劃，巴西邊境的人口從一九六〇年到一九七〇年有50%的成長，但是即使如此，都市地區的成長率爲61%，若無墾殖計劃，都市的人口成長會更高。

行政效率和政治承諾乃是決定墾殖計畫成效的關鍵。這些問題包括分散或改變不同政府部門的責任，對位置和移置者的選擇不當，和對已承諾的技術協助、工具、信用和公共設施無能力提供。

六、對遷移者的收容安頓

政府可能改善在都市中的住宅和創造更多的就業機會來安頓遷移

---

[26] Population Reports, op. cit. p. M-270.
[27] Ibid.

者，而不直接制止和採用緩和措施來防止鄉村到都市的遷移。這種做法希望直接解決都市快速成長所產生的問題，但是因為是對遷移者一種間接的補助，毫無疑問的會鼓勵繼續的遷入。實際上，所有都市發展的努力，不論動機為何，都會幫助都市來應付日增的人口，同時吸引更多的遷移者。

1. 住宅計劃：

多數的收容政策都集中在住宅問題，也許因為它是最明顯的都市問題。傳統的做法乃是將違建戶和貧民窟的居民安頓到房租低的公共住宅計劃。不幸的是，房屋造價太貴或地點選擇不當，以致房租或房價都超過遷移者的負擔能力，以致乏人問津，最近我國的國民住宅滯銷即是一個例子。

從一九六〇年代起，有些國家了解到只有在現有的廉價的貧民窟或公地上由居民自建的房子才能滿足遷移者的需要。在利馬，政策的重點則將居民已佔有的公地之所有權以極低的價格出售。在馬尼拉、利馬和安卡拉的研究發現，當居民得到所有權後其房舍即很快的改善。其他的計畫對既有的違建戶提供道路、排水溝、自來水、電氣、學校、保健之服務，不過這種服務即使是最低的服務，其花費也相當驚人。例如在委內瑞拉的首都加拉卡斯為違建戶提供電氣服務，從一九六五年到一九七三年，就花了一百萬美元[28]。

2. 建地和公共設施計劃：

這是另外一個對遷移者或都市貧民提供自助的做法。政府將空地分成可以建房子的地塊，提供道路和公共設施，將已規劃好的建地出售或出租給願意自建房子的人。這種計劃用房客自己的勞力，且就地取材，

---

[28] Population Reports, op. cit., p. M-271.

省了很多錢，較適合居民的需要，且保存居民對既有房子的投資，但是價值仍不便宜。在海地的太子港 (Port-au-Prince) 開發四萬戶住宅的計畫需要一千三百萬美元的土地款和一百九十萬美元的公共設施費用，而爲一萬八千戶的地基又另外需要三百二十萬美元。除了成本之外，住處與工作地點遠離，或是政府原先答應要提供的服務不能實現，或是建地以及不實際的高建築標準乃是世界各開發中國家經常遭遇的問題❷。

3.就業服務：

我國由內政部、經濟部、靑輔會等機構特別在都市地區舉辦各種職業技能訓練和就業輔導，雖然這種服務，並不一定針對遷移者，但是遷移者從中得到的好處是毋庸置疑的。

肯亞政府曾嘗試爲日增的都市人口提供就業機會。在一九六四年的三邊協定 (Tripartite Agreement)，商業公會同意不增加工資，而政府和主要私人雇主答應分別增加總雇用人數15％和10％，勞動力確實增加，但是新工作刺激更多人的遷入，所以失業情形並未減少。馬尼拉市政府試著採用勞力集約的方式來增加人力的雇用，如街道清潔的服務，而馬來亞的政府提供貸款、攤位、市場和訓練做生意的方法來鼓勵街道的販賣。這些措施無不希望能夠充分利用勞力，減少都市的失業情形，但是其結果常常吸引更多人口的遷入❸。

七、政治問題和政策失敗

許多開發中國家境內遷移政策失敗的一個主要理由就是缺少眞誠的政治支持。政府的支持可能會受來自工業界要求准許都市勞力繼續成長，以便維持低工資的壓力所推翻。同時，政治領袖可能要投資於首都以做爲國家獨立和力量的象徵。即使有政治上的承諾，每當政府更換主管

❷Ibid.
❸Ibid.

也都會影響既定政策的執行，政策的執行缺少持續性以致無法有效的實施人口分佈政策。因為很多的政策都要在好幾年甚至幾十年後才能看出影響[31]。因此有些主管只重視任內能看得見的成果，而忽視長遠的計劃。

第二個問題就是對遷移趨勢、原因和結果的了解不足就做決策。因此所擬訂的計畫並不能適合某一國家之特殊需要。此外，官員常有不切實際的過高期望，希望人口分佈政策能一針見效，要好又要快的效果[32]。

第三，也許是最重要的問題就是人口分佈政策目標與其他之發展計畫對人口分佈影響之相互衝突。例如按行政區分配預算、貿易政策、政治壓力、最低工資法，以及政府機構所在地，都會影響人口分佈。因為很多的資源都被用到這些措施，而很少用到人口分佈的措施，因此其他發展計畫對人口分佈的影響遠超過要影響人口遷移所做的努力。由於開發中國家內在的政治壓力，政府實際上的投資都偏向都市地區，雖然表面上常宣稱優先發展鄉村地區。例如蒲隆地 (Burundi) 的首都烏森布拉 (Bujumburu) 在一九八○年全國的預算中分配到95%的交通運輸預算，85%的住宅、保健教育預算，但是其人口還不到全國總人口的４％[33]。中國大陸和古巴則例外，他們的做法是把各類資源盡量分配到鄉村地區，所以都市的成長緩慢[34]。

國家貿易政策在犧牲農業的情況下間接補助都市工業，外國如此，我國亦然。例如，在西非政府對農作物的進出口採取低關稅，同時限制

---

[31] Ibid.

[32] Ibid.

[33] Ibid.

[34] M. B. Farina,"Urbanization, Deurbanization and Class Struggle in China 1949-79," *International Journal of Urban and Regional Research* 4(4) December 1980, pp. 485-502.

都市地區的糧價，用人爲的力量使都市生活費降低，其結果往往導致城鄉不平衡的發展，致使鄉村居民同樣付稅，卻得不到與都市居民同享應有的服務。

最低工資的規定，往往只有在都市執行，實際上，更形成城鄉工資的差別。 這種工資的差異被認爲是遷移的主要理由。 當勞力的供給增加，而都市的工資又不能下降，遷移的平衡作用就受影響[35]。

政府集中在最大的城市也影響遷移，因爲政府是主要的雇主[36]，與政府機構打交道的工商業亦位在政府機構附近。很矛盾的就是政府越積極扮演經濟和區域發展的角色，就越可能刺激更多人往都市遷移。

對人口再分配政策的批評可由西歐幾十年來的經驗得到支持。法國、英國、荷蘭、瑞典都成功的把向首都的遷移方向倒轉，但是所付出的代價卻很大，這些國家把人口分佈的目標當做全國發展計畫最基本的目標。起初他們只對指定工業發展地區提供低利貸款，改善公共投資希望能藉此來影響遷移的方向，但是這種嘗試並未成功。後來採用更廣泛，更強烈的措施才成功，這些措施包括對指定新工業區之建造成本直接補助20％，禁止在擁擠的城市設立新的工廠，有系統的把政府機構和政府所控制的工廠搬遷。現在在許多先進國家正發生著與都市化相反的

(續[34])A.B. Simmons,"Rural Development and Population Retention: China and Cuba,"Presented at the Annual Meeting of the Population Association of America, Pittsburgh, Pennsylvania, May 14-16,1983, pp.35.

[35]J.R.Harris and M.P.Todaro,"Migration,Unemployment and Development: a two-sector analysis," *American Economic Review* 60(1), March 1970. pp. 126-142.

[36]J. B. Riddell,"The Migration to the Cities of West Africa: some policy considerations,"Journal of Modern African Studies 16(2), June 1978, pp. 241-260.

方向❸。因為這些國家中有些並無人口再分配的政策，所以政策的影響究竟有多大尚無定論。

　　總之，政府對那些能夠影響遷移形式與數量的主要力量缺少控制，對大的、私人企業又很少有影響力，以致不能有效的引導遷移的方向。其他的影響因素，如與都市距離的遠近、年齡結構、勞動力的數量及人口成長率、鄉村與都市居民之間的聯繫等，並非在短時間內能卽刻改變的，至多只能慢慢的改變。因此有效的短期的政策常是高度強制性的，不然就須大量的投資。不過這些公共資本和行政資源若能用到其他的發展計畫，其效益可能比直接用來改變人口遷移的方向更高。

三、國際移民政策

　　根據聯合國的調查發現對於國際移民的趨勢，各國政府很少有不滿意的❸。各國通常以護照、簽證、邊境檢查及其他障碍措施來控制進出國境。

　　目前在勞力輸入的國家對於制止或限制更多的移民和預防移入勞工永久定居的問題有很大的爭論。但是制止非法移民或是防止移民定居的

❸D. R. Vining, Jr. and T. Kontuly,"Population Dispersal from Major Metropolitan Regions: an international comparison," *International Regional Science Review* 3(1), Fall 1978, pp. 49-73.

❸United Nations (UN), Department of International Economic and Social Affairs. World Population Trends and Policies: 1981 monitoring report. Vol. 2, Population Policies, New York,UN,1982.(Population Stuides No. 79, ST/ESA/SER. A/79/Add. 1), p. 196

限制卻是失敗的。因此，有關移民的政策越來越重要。相反的，勞力輸出國家則更關心保持移出僑民的數量在一定的水準上，期能增加最大之經濟效益。這些國家的政策是針對保護移出的僑民，並且希望能控制他們所寄回的外滙❸⑨。

那些在傳統上歡迎永久移民的先進國家，包括澳洲、紐西蘭、加拿大和美國．最近也重新評估他們的移民政策。目前已經取消國籍的歧視，但是對每年移入民的數目仍加以限制。目前這些國家核准移民的政策是根據職業技能和家庭關係的連繫❹⓪。

有些國家，包括以色列、南非和拉丁美洲主動積極的鼓勵外國人移入，但是有特定挑選的標準。大多數希望技術工人，而以色列則接納所有猶太人的移入。但是這些國家並不能吸引所希望的移民數量❹①。

第三類的國家鼓勵或是至少容忍臨時性的勞工移民、來紓解勞工短缺的情形。在某些地區包括南美安廸斯山脈地帶 (Andean area)，西非、斯堪地納維亞 (Scandinavia) 以及歐洲經濟社區(European Economic Community) 簽了多邊協定把邊境開放給在這些區域內的工

㊴Population Reports, op. cit., p. M-272.

㊵D. Kubat,"Introduction,"In:D. Kubat et al.,*The Politics of Migration Policies: the First Worldin the 1970s.* New York, Center for Migration Studies, 1979. pp. xvii-xxx.

㊶United Nations (UN). Department of International Economic and Social Affairs. International Migration Policies and Programmes: a world survey. New York, UN, 1982. (Population Studies No. 80) p. 111.

人。歐洲國家和美國以前用來從其他國家徵募勞工移民的計畫，現在在南非和中東地區正加以利用。就一般而論，這些國家都想限制工人和其眷屬的數目且防止他們永久定居⑫。

　　邊境管制是限制移民通常採用的策略。但是當邊境很長時要制止移民幾乎不可能。墨西哥人經常游過大河 (Rio Grande) 溜進美國，哥倫比亞人則隨著「綠色走廊」(green trails)跨越與委內瑞拉1500哩長的邊界⑬。

　　有些工人則以觀光客、學生、甚至宗教詣聖的名義入境。委內瑞拉對付這個問題的方法是要求拉丁美洲的觀光客繳保證金或提供離境的保證。歐洲國家則避免嚴格的邊境管制，因擔心影響興盛的觀光事業⑭。

　　居住和工作許可是用來追踪合法的移民和限制非法移民入境的機會。在歐洲，這種許可只有在一定的時間內有效，也可能只限於從事某種職業的人。非洲國家如波札那 (Botswama)、奈及爾 (Niger)、獅子山 (Sierra Leone)、蘇丹 (Sudan) 和尚比亞 (Zambia) 只發給在當地找不到的技術工人之工作許可證。這些國家中，有些亦要求移入民要訓練一位當地工人，以便將來可取代其位置⑮。

一、應付非法移民

　　就大多數的地區，移民管制對制止非法移民很少發生效果，雖然無

---

⑫Ibid

⑬Population Reports, op. cit., p. M-274.

⑭Ibid.

⑮Ibid.

法精確的計算，非法移民的數目在象牙海岸有七十萬人，在西歐有一百萬，在委內瑞拉有一到二百萬，在美國有三到六百萬，最近約有一百萬被逐出奈及利亞[46]。

只要經濟繁榮、需要勞力，與勞力輸出國家的政治關係還好，一般政府對非法移民都還能忍受。以阿根廷為例，接納非法移民是增加勞力和人口的一種方法。但是經濟不景氣和政治緊張可能會影響這種容忍。例如法國，經常調整從阿爾及利亞的移民數以反映兩國之間的外交關係。在美洲和歐洲，被遣送出境的數目隨經濟情況之變動起落[47]。

最近在奈及利亞大規模的驅逐移民乃是對政治和經濟壓力的反應。為外交政策的理由，利比亞首先在一九七六年逐出突尼西亞工人，然後在一九七七年逐出埃及人。在非洲為政治和經濟的理由，把以前能容忍的，沒有證件的移民逐出的事情已有二十多年的歷史。在西半球的宏都拉斯和委內瑞拉也都要依賴驅逐的方法。大規模的驅逐對勞力輸入與輸出國都有不良的影響，前者頓受勞力缺乏之苦，後者則須在短時間內吸收大量的勞工[48]。

歐洲國家則用較溫和的手段鼓勵不需要的移民回到他們自己的國家去。其中以法國最積極，在一九七五到一九八○年間有一千七百位移民在回國之前接受工業和農業的訓練，在一九七七到一九八一年間有九萬三千人，每人收到五千或一萬法郎的補助。這些計畫只影響到在法國四百萬人之中的一小部份，且可能主要是幫助那些已經準備回國的勞工。西德和荷蘭也對要回到自己家鄉創業的移入民提供財政和技術上的幫助[49]。

強制或鼓勵移入民離去的另一種做法就是安頓措施(accomodate)，

[46]Ibid.

[47]Ibid.

[48]Ibid.

安頓之後才便於管理。以法國為例，長久以來有一種傳統，讓非法入境的遷移者得到合法的地位。而阿根廷、委內瑞拉、加拿大、荷蘭對非法入境者在一段期間內給予特赦。依照歐洲經濟社區 (European Economic Community) 在一九七六年所採用的行動計畫，西德、法國、比利時、荷蘭正努力減除對移入民的歧視；給予他們教育、職業訓練、社會安全利益，且讓他們的家人團聚。為維持穩定的移民人口，這些政策並不給移入民公民權和政治權。在美國，非法移民有時候被查出遞解出境，但是只要在美國出生的小孩就主動給予公民權❺。

我國因為地理環境和國情特殊，對出入境管制極為嚴格，對非法入境者查禁嚴厲，一經發現一律遞解出境或從嚴處罰。且因自身人口衆多，除非有特殊技能或從事工商投資，不然並不歡迎國外勞工移入。

二、移出民政策

很多共產國家和一些開發中國家，包括阿爾及利亞、伊拉克、敍利亞等限制技術工人遷往國外，不發給護照和其他證件。這種政策很難執行，而且會有反效果，容易使非法移出的技術工人永遠留在國外。也有採用其他的方法來限制居民的移出。例如海地對護照、出境簽證索取高的手續費，約旦提供各種誘因想留住技術工人，包括免稅、保健、教育、住宅等之優惠。有些國家如我國和伊拉克提供財政上的誘因或工作上的優惠，希望吸引專業人才回國，我國更限制醫術人員的出國。

大多數的移出民政策都經由下列的方式來鼓勵或是控制勞力的移動：

①正規徵募的程序；

②與勞力輸入國雙邊的協定；

---

❹Ibid.

❺Population Reports, op. cit., p. M-275.

③建立組織來支持和保護在國外的僑民。

在哥倫比亞、土耳其、摩洛哥、埃及、上伏塔和模里西斯等國的政府之就業服務機構提供國外就業的消息，徵募工人，爲他們做行前的準備。在菲律賓和在泰國，政府透過私人就業服務機構來替要出國工作的人服務。但是這些就業服務機構無法阻止雇主和工人之間的個別接觸。南韓有一種新的做法，現爲許多亞洲國家所採用，即限制外國公司招募工人，同時推動包括管理、工程設計、設備及工人整體輸出的整套計畫⑤。

在歐洲一些勞力輸出的國家經由雙邊協定來確保移出僑民的福利。例如，意大利在與瑞士交涉時希望能爲其僑民爭取到同樣的薪水、意外保險、社會福利、醫療照顧、工作昇遷的權力、居留權和眷屬的移民。因爲意大利的議價力量薄弱，其成果相當有限。與歐洲相反，在中東很少雙邊協定。在歐洲，有特殊的組織來保護移民勞工，加強移民與祖國的聯繫。各種國際的組織，包括聯合國大會、國際勞工組織、爲確保國際移民的人權也都繼續這方面的努力⑤。

有些勞力輸出國家認爲他們失去的人力應該獲得補償。補償的草案包括世界性的稅制，由勞力輸入國所捐助的國際性基金分配給勞力輸出國，及輸入國付給輸出國的雙邊協定。但是由於行政問題、公正問題，尤其是政治問題，使任何補償的構想都無法執行⑤。

目前我國並未制定移民法案，亦未有輔導國際移民的具體方案。除了公民營機構承包國外的工程或投資計畫自行徵募員工赴國外工作外，

---

⑤ Ibid.

⑤ Ibid.

⑤ Ibid.

政府並未訂有輔導計畫。其他出國工作的僑民除了正式用應聘名義出國工作外，以出國留學、商務考察、探親、依親、觀光等名義出國而僑居國外的人為數不少。沒有具體的輔導計畫不但對僑民不容易聯繫管理，亦容易失去僑民的向心力。其實，我們大可不必因「國情特殊」認為移民是人才的外流，而「暫緩」考慮移民的方案；相反的，更應該積極的把移民計畫當做「領土延伸」的大事來處理。移民是國家政治、經濟的重大投資。臺灣地狹人稠，勞工充足若能有妥善的籌劃，搜集國外開墾、投資、就業有關的資料及法令規章，然後再針對需要，招募人員給予講習、訓練、輔導，甚至貸款，使出國工作的人能盡快適應在異國的生活並在事業上有所作為。這樣不但受輔導的人容易產生感恩圖報的心理，而且其在國外的成就容易回饋國內，與國內互通有無，無形當中把我們的觸角伸展到僑民所到達的地方。這樣，移民不但不會削弱國家的人才、資源，反而是國力的擴充。

雖然我國政府的駐外機構也曾設法為僑民提供服務，但是多偏重形式上、行政上的工作，較少有實質上的幫忙。因此在國外的僑民往往必須成立各種組織來爭取自己的權益，這樣就無法期望他們對國內有太大的回饋。

在移民的做法上，我們若只強調「防弊」而忽視「興利」，反而得不償失。因為有心出去的人若其出國的理由受到限制，勢必旁門左道，找法律的漏洞，這樣一經出去，就像斷了線的風箏，不但無法管理聯繫，而且無法指望他們來日對國內有所回饋，這才是國家人才、資源的一大損失。今後我們應該有更積極的做法，從興利的觀點來看待移民，使表面看來是人才、資源流失的移民進而成為國家、政治、經濟、收益的一大來源。

三、移民滙回款項之處理

勞力輸出國希望能够增加移民滙回款項的數量並將之用到生產的投資事業，對移出的勞工有各種的規定。賴索托 (Lesotho)、史瓦濟蘭和波札那 (Botswana) 的礦工，菲律賓的建築工和海員以及南韓的公司雇員都硬性規定要將在國外薪水固定的百分比滙回。但是大多數的國家則採用誘因把外滙吸收回來，同時防止黑市交易。很多國家對移出的僑民提出優惠的兌換率或是允許他們在國內開設外幣的帳戶並給予優惠的利率。其他國家，包括哥倫比亞、西班牙、土耳其、孟加拉、印度、蘇丹、突尼西亞也允許僑民進口一些免稅的物品❺。

根據摩洛哥、孟加拉、印度等國的報告，這些誘因對吸收僑民滙款頗為有效。不過利用希臘、南斯拉夫、和土耳其的資料，唯一對滙款政策做計量分析的結果卻得到不同的結果。

此項分析發現：1.高利率的外幣存款帳戶並不能增加滙款，只是取代了國幣的帳戶；2.特殊滙率並不能增加經過官方程序的滙款；3.當黑市的兌換率更有利時，官方也並未損失滙款的收入❺。

有些國家想把滙款和僑民的儲蓄引來投資。土耳其成立農業生產合作社，合作社的成員有第一優先得到到國外工作的機會，但必須寄錢回合作社。不過參與這個計畫的人數不到二萬三千人，且因管理不善，亦未嚴格執行，成效不佳。在突尼西亞、土耳其和南斯拉夫，政府的計畫鼓勵返國的僑民把儲蓄投資到新興或既有的事業，也為自己創造工作機會❻。我國亦訂有獎勵僑民回國投資的辦法，藉以吸收僑胞的資金和技術來幫助國家的經濟發展。

國際貨幣基金 (International Monetary Fund) 自一九七九年開

❺Ibid.

❺G. Swamy, *International Migrant Workers, Remittances:issues and prospects*. Washington, D. C., World Bank, 1981. (World Bank Staff Working Paper No. 481) p. 64.

❻Population Reports, op. cit., P, M-276,

始允許開發中國家以僑民滙回的款項不足爲理由申請借款，這種借款正
如出口業績不佳時的借款情形一樣[57]，由此可見僑民的滙款對開發中國
家經濟發展的重要性。

[57]Ibid.

第十章　臺灣農業人力資源之變遷─研究實例*

　　農業人力資源係指在農業經營上可運用的人口數量，亦卽把農家人口數除去老弱殘障及固定年齡（15歲）以下的兒童就是農業人力資源。實際上，一般討論農業人力資源又常以實際參與農業生產的農業就業人口或農業勞動力爲主要對象。因爲本研究資料主要取自歷次戶口普查和農業普查，所以有關農業人力資源之討論乃以農業就業人口爲主要探討對象，間或輔以一般人口現象之分析以幫助對問題之說明。

　　臺灣地區自從光復以來由於土地改革的成功，促使農業快速成長，進而帶動全國經濟之發展，鄉村人口也隨之大量外流，致使農業人力資源在品質和數量上都發生很大的變化。在農工消長的過程中，農業人力資源變遷的方向爲何？既有的人口遷移理論中有那些較適合用來解釋臺灣農業人力資源變遷的現象？這種變遷對農業發展具有什麼樣的涵義？以上三個問題乃是本文所要探討的重點。

一、農業人力資源數量之變化

---

　　* 本文曾在臺灣社會與文化變遷研討會宣讀，中央研究院民族學研究所，臺北:南港，民國七十三年九月十三日至十五日。

一、變遷的事實

1.農戶絕對數先增後減,相對數則遞減

表 10-1 的資料顯示全國農戶數從民國四十五年初到五十九年底間呈遞增現象,而五十九年後則遞減,六十九年的農戶數比六十四年多了約5,000 戶,這種差異可能係由資料來源的估計方法不同所致,並非實際上的差異,因為六十四年的農業普查報告乃是根據百分之五的抽樣為推算的基礎,而六十九年之報告係根據全體農戶實際普查計數的結果。再從農戶人口的變動觀察,亦可看出農戶人口也是先增後減,唯其下降的時間更早,在五十四年以後即開始下降。若從相對數的觀點分析,則可看出農戶數和農戶人口數佔總戶數和總人口數的比例均呈遞減之趨勢,唯若仔細比較兩者變動的速度則不難看出,農戶人口下降的速度在

表 10-1 臺灣地區農戶人口之變動,民國四十五年~六十九年

	① 農戶人口 人 數 (仟人)	期間 年變動 (%)	② 總人口數 (仟人)	③ 農戶人口 總人口 (%)	④ 農 戶 數 戶數(戶)	期間 年變動 (%)	⑤ 總 戶 數 (戶)	⑥ 農戶數 總戶數 (%)	農戶數 量與總 戶量比 ⑦=③/⑥	⑧ 每一農戶平均人口	⑨ 臺灣地區每戶平均人口
45	5227		9,078	57.58	743,928		1,628,257	45.66	1.27	7.03	5.57
		2.42				1.73					
49	5863		10,792	54.33	807,6001		1,939,733	41.63	1.31	7.26	5.56
		2.54			43,650	1.57					
54	6647		12,628	52.64	(873,000)		2,257,031	38.68	1.37	7.61	5.59
		−1.34				0.97					
59	6214		14,676	42.34	915,966		2,620,105	34.96	1.21	6.78	5.59
		−1.70				−0.66					
64	5703		16,150	35.31	886,055		3,066,611	28.89	1.22	6.44	5.26
		−1.13				0.11					
69	5389		17,805	30.27	891,115		3,744,024	23.80	1.27	6.05	4.76

資料來源:歷次農業普查報告書(歷次農業普查標準日, 依次為45年2月15日,49年12月31日,54年12月31日,59年12月31日,64年12月31日及69年12月31日)

說明: ( )內之數值為將原來5%選樣所得之數值乘以20。年變動率之計算:

$$r = \sqrt[t]{\frac{Pt}{P}} - 1$$,t 為普查(或抽樣調查)間隔年數Pt為計算期之人數或戶數,P為基期之人數或戶數。

五十四年以後開始加快，這種現象與我國經濟發展的速度有密切的關係，我國農工產值在民國五十三年大約相等（見附錄1），之後非農業卽快速的發展，農村人口大量外流。

由農戶數和農戶人口變動的情形，可以反映農戶人口增加的壓力，由於人口的自然增加，每一農戶平均人口數在五十四年以前遞增，以後才遞減，以五十四年的每戶人口量最大，高達7.61人。表 10-1 第7欄的資料亦顯示每一農家人口數量大約爲總戶量平均數的1.27倍，而這種差距以民國五十四年爲最大，其比值爲1.37，五十四年以後才遞減。這些資料間接反映，臺灣地區在土地改革後十幾年間人口仍舊繼續快速成長的現象，這種現象可由自然增加率的變動（附錄2）得到佐證，也就是人口轉型理論所聲稱的初期人口增長情形。

若再觀察農戶人口與農戶數期間年變動的情形，亦可了解在五十四年以前每一農家人口增加的速度遠大於農戶戶數增加的速度，而在五十四年後反映出農戶人口大量外流的現象，此種外流的速度在民國五十四年到六十四年間最大，以後緩和下來。

2.專業農戶減少. 兼業農戶增加

專業農戶數在民國四十五年到四十九年間快速的增加，隨後則急速減少，一方面反映這段時間非農業的就業機會尚不多，在人口增加的壓力下仍無法轉離農業，另一方面也證實農家在土地改革期間爲保有更多的耕地以分戶的方法來達到此目的。而專業農戶下降最快的是在民國五十九年到六十九年之間，這段期間也是我國非農業快速成長的時期，專業農戶共下降了21個百分點，由 30.24%降到8.95%，而兼業農成長最快，由 69.76%增至 91.25%，增加了21個百分點，就兼業農而言，在民國六十四年以前 「以農爲主」 的兼業農所佔的比例大於以 「兼業爲主」 的比例，但是到六十九年時，此種情形則已倒轉過來（表 10-2）。

表 10-2　歷年來專兼業農戶數變化之趨勢（臺灣地區）

年　別 （民國）	專 業 農		兼　　業　　農				總　　　計	
			以　農　爲　主		兼　業　爲　主			
	戶　數	百分比	戶　　數	百分比	戶　　數	百分比	戶　數	百分比
45年	296,476	39.85	447,452 (60.15)				743,928	100.00
49年	384,501	47.61	241,060	29.85	182,039	22.54	807,600	100.00
54年	278,720	31.93	357,460	40.94	236,820	27.13	873,000	100.00
59年	276,959	30.24	371,434	40.55	267,573	29.21	915,966	100.00
64年	157,043	17.72	422,131	47.64	306,881	34.64	886,055	100.00
69年	75.795	8.95	316,584	35.53	494,774	55.52	891,115	100.00

資料來源：中華民國64年69年台閩地區農漁業普查報告，第一卷

　　再從農業就業人口之變動亦可看出絕對數之變動到民國五十九年達高峯，以後遞減，絕對數先增後減，而相對數則迅速下降，相對數自民國四十五年以後卽遞減（表 10-3）。從四十五年到五十九年之間臺灣地區所有職業或行業之就業總人數增加 79.96%，其中服務業增加的幅度最大（164.78%），農業最小。自五十九年以後農業就業人數之絕對數與相對數均快速下降，到七十一年，全國農業就業人口佔總就業人口已降至 18.85%。四十五年到五十九年間農業就業人口絕對數遞增而相對數遞減的情形，反映出兩個事實，第一，在這段期間內全國勞動力增加的速度相當快（79.96%）；第二，同期間其他行業就業人數成長的速度遠大於農業，服務業和工業的成長率分別爲 164.78% 和 124.31%，而農業則只有 24.38%。而在民國五十九年以後到六十九年之間全國總就業人數之成長已逐漸慢下來（38.03%），而且農業就業人數呈現負成長（-26.64%）。

二、對變遷現象的解釋

　　在一百年前人口遷移研究先驅 Ravenstein（1885），卽已注意到

表 10-3　就業人口之變動按行業分，民國年45年71年 (臺灣地區)

	總　　計		農　　業		工　　業		服　務　業	
	人　數	%	人　數	%	人　數	%	人　數	%
民國45年	2,684,035	100.00	1,490,179	55.52	447,977	16.69	745,879	27.79
民國55年	4,163,876	100.00	1,590,501	38.20	716,359	17.20	1,857,016	44.60
民國59年	4,830,180	100.00	1,853,412	38.37	1,001,844	20.74	1,974,924	40.89
民國64年	5,844,911	100.0	1,801,776	30.83	1,669,407	28.56	2,373,728	40.61
民國69年	6,666,929	100.00	1,359,659	20.39	2,479,391	37.19	2,827,879	42.42
民國71年	(6811,000)	(100.00)	(1284,000)	18.75				
變動率 45—59年	79.96		24.38		124.31		164.78	
變動率 59—69年	38.03		-26.64		147.48		43.19	

資料來源：計算自歷次戶口及住宅普查報告。*四十五年的資料包括12歲以上有業人口，其餘各年次均爲15歲以上人口七十一年資料取自臺灣農業年報 (72年版)。

技術改變、交通運輸與工商業發達使人口遷移量增加。而臺灣農業人力資源之變遷乃是人口爲適應社會經濟情況的改變所發生自然遷移的結果。經濟學家 Kuznets (1957:2) 等人亦認爲一個國家任何時間的人口分佈可視爲是對經濟機會的調適，而經濟機會的分佈受技術改變的影響，而且這種過程的發生，各個區域並不平均。與技術改進的速度比較，區域間在出生率與死亡率差別的作用太慢，而不能有效的調整所需的人口以適應經濟機會，所以遷移乃是這種調整的主要機構。

Kuznets (1964:3) 指出經濟成長促使人口再分配之生產結構改變有四個層面，特別與境內人口遷移有關。

1.在經濟快速成長的地區，要決定某種設施的位置時，現有的人口分佈只是一個考慮的因素；當其他地點因素的考慮超過人口因素時，由於成長的結果，人口與經濟機會不協調的情形就發生。

2.區域間自然增加率的差異與成長中的地區快速擴充對勞動力需求的速度並不一致。

3.傳統上自然增加率鄉村地區比都市地區高，而都市地區往往是快速成長的地方，但是其自然增加率又不能滿足日益擴充的勞力需求。

4.經濟結構趨向於更大且非個人的 (impersonal)經濟單位，在比例上，受雇的人增多，而自營作業的人減少。而受雇的人更容易遷移。這就是何以技術改變會引發區域間人口遷移的理由。

Lee (1966) 亦持類似的看法，他認為人口遷移的數量隨著經濟情況的改變而變動。經濟循環在很多方面影響人口遷移的數量，但是最重要的還是影響人們對原住地、遷入地正負因素之評價。當經濟景氣時有些地方之新興行業迅速蓬勃發展，但是這種發展的速度並非各地都一樣，有些地方快、有些地方慢，發展慢的地方可能仍相當落後，因此人口就大量從發展慢的地方移到快的地方。反之，當經濟不景氣時，原來看好的地方並沒有多大發展的機會，亦即正的因素大量減少，因居民對原住地各方面較熟悉，反而較有安全感，亦即在經濟不景氣時，一般人對遷入地正的評價減少，負的評價增加；而對原住地負的評價減少，正的評價增加，所以較少由原住地外移，甚或從遷入地回到原住地。

經濟動機的理論可用來解釋農業人力資源數量的變動。〕由表 10-4 的資料可以看出農業就業人口變動的數量與經濟環境的變動有密切的關係。臺灣地區自土地改革以後的十年之間由於農業的利潤並不比非農業差，且農業就業機會亦不差，故每公頃土地之農業就業人口自民國四十二年開始逐年增加，到五十三年達最高峯。也許有人會說這是人口增長壓力所造成的，不過若仔細觀察，這段期間人口成長率並不高於土地改革以前之人口成長率（附錄2）。在民國五十三年以後，由於「農業培養工業」的政策順利的把農業部門的資金移轉到非農業部門，帶動非農業就業

表 10-4　單位耕地面積農業就業人口及勞力外流淨率

項目　　　　年次	每公頃耕地農業就業人口（人/公頃）	勞力外流淨率(%)
民國41年	1.87	
42	1.89	
43	1.90	
44	1.91	
45	1.91	
46	1.93	
47	1.93	
48	1.96	
49	2.00	
50	2.00	
51	2.02	
52	2.04	
53	2.05	
54	1.97	6.60
55	1.94	3.21
56	1.91	4.99
57	1.92	4.93
58	1.89	4.86
59	1.86	5.84
60	1.84	4.49
61	1.82	6.41
62	1.81	8.15
63	1.85	−1.52
64	1.83	1.58
65	1.78	5.06
66	1.73	8.17
67	1.69	6.91
68	1.51	14.29
69	1.41	9.37

| 70 | 1.40 | 3.48 |

資料來源：經建會人力規劃小組，「臺灣農業勞力移出對農業經營之影響」，72年12月，pp. 10-11。

機會的快速成長，因此農村人口雖然仍不斷的增加，但是每公頃耕地之農業就業人口在五十三年以後就一直下降，其中除了六十二年到六十三年之能源危機造成經濟不景氣，大批勞力回流到農村，使六十三年和六十四年之人地比例又上升。隨著經濟的復甦，人地比例又快速的下降。另外從勞力外流淨率亦可反映人口遷移受經濟機會的影響。民國五十四年非農業產值開始超過農業產值，鄉村人口開始大量外流，以後維持穩定的外流，但是景氣特別好時，外流特別高，如民國六十二年、六十八年和六十九年，景氣不好時外流率就減少，如民國六十四年、七十年，甚至有回流的現象，如六十三年。

　　我們若仔細比較六十三年和七十年的資料不難發現值得警惕的事情。這二個年份可說是自土地改革以來國內經濟最不景氣的二個年份，但是在六十三年時原本外流的農村勞力有回流農村種田的機會，而使人地比增加，不過民國七十年，雖然勞力外流率降低很多，但是人地比仍繼續下降。這隱含著兩種意義：第一，就現有的耕作水準言，農業就業機會幾乎達到飽和狀態，單位耕地面積無法再多吸收農業勞動力，第二，非農業就業機會擴張的速度緩慢下來。這兩種現象對未來的發展頗為不利。

　　農村勞力外流除了歷年來因經濟波動而隨之升降外，也因地區別就業機會的差異而有不同。表10-5的資料係將勞動力的變化分解成自然增加、淨遷移和活動率改變之效果。所謂自然增加乃是一個地方淨進入勞動市場之人口數減掉勞動人口之死亡數和退休人數，淨遷移乃指一個地方勞動人口之移出數與移入數之差，其數值可能為正或負，活動率改變之效果係指因經濟結構或就業機會的改變使勞動參與率發生改變。此

表 10-5　勞動力因子年變化情形按地區與性別列分（60-70年）

期間	項目	年變化數（人）									年變化率（%）								
		高度農村地區			中度農村地區			都市地區			高度農村地區			中度農村地區			都市地區		
		計	男	女	計	男	女	計	男	女	計	男	女	計	男	女	計	男	女
60~65年	自然增加	46672	31018	15654	52370	34950	17420	91696	67598	24098	3.48	3.45	3.54	3.32	3.29	3.38	2.68	2.73	2.56
	淨遷移	-30621	-17997	-12624	-12532	-6742	-5790	29235	17686	11549	-2.28	-2.00	-2.85	-0.79	-0.63	-1.12	0.85	0.71	1.23
	活動率變動之效果	15916	718	15198	19783	2420	17363	68670	12618	56052	1.19	0.08	3.44	1.25	0.23	3.37	2.01	0.51	5.96
	淨變化	31964	13740	18224	59626	30627	28999	191428	97896	93532	2.38	1.53	4.12	3.78	2.88	5.62	5.60	3.95	9.95
65~70年	自然增加	44065	28985	15080	52971	34485	18486	109939	76771	33168	3.01	3.02	3.00	2.89	2.86	2.96	2.50	2.58	2.34
	淨遷移	-32071	-19550	-12521	-29494	-23412	-6082	39505	23271	16234	-2.19	-2.04	-2.49	-1.61	-1.94	-0.97	0.90	0.78	1.15
	活動率變動之效果	8821	1237	7584	6732	3096	3636	51084	2763	48321	0.60	0.13	1.51	0.37	0.26	0.58	1.16	0.09	3.41
	淨變化	20815	10672	10143	30209	14169	16040	200528	102805	97723	1.42	1.11	2.02	1.65	1.17	2.56	4.56	3.45	6.89

資料來源：60-65年之資料摘自廖正宏、廖敏滉，農村勞動力供給量之分析；國立臺灣大學人口學刊，第三期，民國68年5月，pp.119-151

65-70年之資料計算自台閩地區人口統計，民國65-70年，內政部編印。

外，再按照農業人口百分比的多寡將臺灣地區鄉、鎮、市區分爲高度農村地區、中度農村地區和都市地區，計算各地區勞動力變化情形。

以民國六十年到六十五年的資料爲例，結果發現高度農村地區勞動力之年淨變動率爲2.38%，中度農村地區爲3.78%，都市地區則高達5.60%。將此變化率再分解成前述之三個因子，年自然增加率由高度農村地區到都市地區分別爲3.48%，3.32%和2.68%，而年淨遷移率則爲-2.28%，-0.79%和0.85%，活動率改變之效果亦以都市地區最高，由高度農村地區到都市地區分別是1.19%，1.25%，2.01%。這些數字很清楚的指出勞動力之自然增加與都市化程度成反比，淨遷移和活動率改變效果均與都市化程度成正比。凡是農業色彩越濃厚的地區，因耕地無法隨著勞動力增加，多餘的勞力就得往「機會」的方向流動，其結果，勞動淨增加率最低。六十五年到七十年之間變動的模式亦相仿。唯後一

表 10-6　民國40-70年，臺北市及高雄市人口增加數、自然增加數及社會增加數　　　　　　　　　　　　　單位：仟人

年　別	臺　北　市			高　雄　市		
	人口增加數 人數　%	自然增加數 人數　%	社會增加數 人數　%	人口增加數 人數　%	自然增加數 人數　%	社會增加數 人數　%
40–45	186　3.31	117　20.8	69　12.3	86　30.2	67　23.5	19　6.7
45–50	188　25.1	128　17.1	60　8.0	120　32.3	76　20.5	44　11.9
50–55	238　25.4	136　14.5	102　10.9	141　28.7	85　17.3	56　11.4
55–60	666　56.7	170　14.5	496　42.2	240　38.0	94　14.8	146　23.1
60–65	249　13.5	179　9.7	70　3.8	148　17.0	101　11.6	47　5.4
65–70	182　8.7	181　8.7	1　0.0	207　20.3	108　10.6	99　9.7

資料來源：計算自臺北市、高雄市統計要覽
說明：1.民國55年以前臺北市人口增加數之資料爲未改制前之人口數
　　　2.民國47年以前戶籍登記資料並未包括職業軍人、服役人員和監獄人犯，自民國47年以後到58年之間上述人員逐一被納入戶籍登記資料。
　　　3.鑒於上理由社會增加之估計值係未經過調整，故與眞實之估計值可能有出入，唯對整體變動趨勢之推論應可置信。

期勞動力之增加已減緩很多，尤以活動率改變之效果降低最多，此亦反映出後一期經濟發展的速度已趨緩慢。

再從歷年來臺灣地區都市化的現象亦可反映鄉村人口往「機會」遷移的情形。

以臺北市和高雄市爲例，臺北市和高雄市在民國五十五年以前我國工商業尚未發達時，都市的就業機會不多，所以人口增加仍以自然增加爲主，到民國六十年時工商業快速發達都市就業機會增加，吸引大量鄉村人口的移入，因此從民國五十五年到六十年的五年間，臺北市和高雄市所增加的人口數中，社會增加比自然增加數多。此後由於市郊工商業發達和市中心漸趨飽和，遷入人口的速度又緩和下來，因此兩地人口增加的要素中，自然增加又比社會增加佔了更大的比例（表 10-6）。

過去三十年來臺灣地區的人口除了普遍向都市集中外，都市地區人口集中的情形也隨著經濟社會發展的情況而有很大的變動。仍以臺北爲

表 10-7　臺灣都會區人口增加（民國45～71年）

	人　口　數（人）			民國45—65年 人口增加		民國65—71年 人口增加	
	民國45年	民國65年	民國71年	絕對數 （人）	百分比 （%）	絕對數 （人）	百分比 （%）
臺北都會區	1,244,134	3,447,958	4,346,015	2,203,824	177.1	898,057	26.05
舊市區	246,889	216,904	178,936	−29,985	−12.2	−37,968	−17.51
舊市區外圍	501,621	1,278,129	1,333,470	776,580	154.8	55,341	4.33
新市區	159,246	594,255	815,235	435,009	273.2	220,980	37.19
衛星市鎮	336,378	1,358,670	2,018,374	1,022,292	303.9	659,704	48.56

資料來源：1.民國45-65年資料取自林益厚，「臺灣人口集中趨勢及其影響」，在楊國樞，葉
　　　　　啓政編「當前臺灣社會問題」，巨流圖書公司，民國68年，p.157.
　　　　2.民國65-71年資料計算自當年臺北縣統計要覽和台閩地區人口統計。

說明：1.舊市區：龍山區、城中區、建成區、延平區。
　　　2.舊市區外圍：松山區、大安區、古亭區、雙園區、大同區、中山區。
　　　3.新市區：內湖區、南港區、景美區、木柵區、士林區、 北投區（57年7月1日劃歸
　　　　臺北市）。
　　　4.衛星市鎮：包括臺北縣之板橋市、三重市、新莊鎮、新店鎮、永和鎮、 中和鄉、土
　　　　城鄉、蘆洲鄉、五股鄉、泰山鄉、汐止鎮、淡水鎮。

例，臺北市在經濟發展初期，人口向市中心遷移，後來由於市中心口人
密度過高，各種機會（包括就業、住宅）等相對減少，因此人口成長緩
慢，由其他地區移來的居民就向臺北市周圍的衛星鄉鎮擴散。表10-7的
資料很清楚的顯示臺北市舊市區人口自民國45年到65年，不但沒增加反
而減少12.2%，而其衛星市鎮在同一期間內則有最快速的人口成長，高
達303.9%,同樣從65年到71年，衛星市鎮人口成長的速度更加快速。

　　以上係就人口往「機會」移動的方向間接說明歷年來農業人力資源
數量上的變遷與農業本身的「景氣」、非農業就業機會的消長,以及各地
區間就業機會之差異有密切的關係。大體來說，土地改革完成的十年之
內農業景氣相當不錯，農業人力資源外流數量並不多，而在民國五十三
年、五十四年以後，非農業部門的就業機會增多，農村勞力開始大量外
流，到五十九年達到最高峯，俟後隨著景氣的變遷，勞力外流的數量亦
隨著波動，唯數量已漸減少。換句話說，不論就長時間的變動，或地理
上的遷移，農業人力資源數量上的變遷與農業內外在的機會有密切的關
係，這些資料也印證「臺灣地區鄉村人口往都市遷移的形式與一般開發
中國家的情形並不完全一樣」的說法。一般開發中國家鄉村人口往都市
遷移，「推力」比「拉力」的影響大 (Firebaugh, 1979)，其都市化的
速度又比經濟結構改變的速度快，以致都市不能有效的吸收大量遷入的
人口，因此都市的成長反而被認為是經濟發展的障礙 (Wilber, 1980)。
而臺灣的經驗與西方國家的經驗較類似，人口遷移受「拉力」的影響較
大，且未有過度都市化的現象 (Wilber, 1980)。

二、農業人力資源素質之變化

一、變遷的事實
　　1.農業勞力老化

　　根據勞動力調查報告，臺灣地區務農人口年齡在民國五十四年平均為三十四歲，到七十二年則增加為四十二歲，其中以十五歲至廿九歲之間的人減少最多，從40.8%減為 19.97%，同時以四十五歲以上的人口增加最多，從22.6%增為 47.32%（表10-8）。農業普查之資料亦顯示務農人口四十五歲以下的比例遞減，　而四十五歲以上的遞增。　這些資料很明顯的反映出在這段期間內農家內年輕人口已很少人再投入農業的行業，而目前從事農業的人多半是土地改革以來一直就是務農的。

　　關於農業勞力老化的原因有二種不同的說法：一種說法認為是農村青壯年人口大量外移離開農村，投入非農業的工作；另一種說法則認為並非農業就業人口的外流，而是農村中年輕人（尤以15-25 歲）加入農業工作比例的減少。持第一種看法的人認為農業勞力老化的問題嚴重，必須速謀對策，否則農業發展將會受到很大的影響。持第二種看法的人則認為這只是經濟結構轉變過程中的自然現象，等老農退休後，農業勞力的年齡結構又會變年輕。其實這兩種說法並非對立的，只是屬於同一原因的兩種現象。

　　在社經結構快速變遷的過程中，非農業就業機會增加，很自然的就會吸引農業部門的勞動力，而在一般勞力移動中又以年輕人遷移的傾向最大，　不管這些年輕人原來是否從事農業，　只要他們投入非農業的行業，農業的經營自然就不易找到年輕人繼續從事，或是新加入農業勞動力的年輕人相對減少。年復一年使得老年農業勞動的比例增加，因而造成勞動力老化的現象。

2.農業勞力女性化的趨勢已見緩和

　　在工業化初期，鄉村往都市遷移的人口中以男性佔多數，所以許多農田上的操作由婦女所取代。但是近年來非農業部門適合女性工作的機會增多，女性投入農業勞動的比例也相對的減少。表 10-9 的資料顯示

表 10-8 歷年農業就業人口之年齡結構

人數單位:仟人

		15—19 人數	%	20—24 人數	%	25—29 人數	%	30—34 人數	%	35—39 人數	%	40—44 人數	%	45—49 人數	%	50—54 人數	%	55—59 人數	%	60—64 人數	%	65以上 人數	%	合計 人數	%	平均年齡
54年	男	168.73	13.44	103.57	8.25	190.07	15.14	178.27	14.20	162.08	12.91	131.82	10.50	104.95	8.36	102.57	8.17	66.03	5.26	29.50	2.35	18.71	1.49	1255.44	100.0	35.59
	女	109.01	22.45	69.72	14.36	64.19	13.22	58.66	12.08	53.36	10.99	47.34	9.75	37.00	7.62	28.00	5.91	11.56	2.38	4.52	0.93	1.51	0.31	485.56	100.0	31.38
	合計	277.74	15.95	173.29	9.95	254.26	14.60	236.93	13.61	215.44	12.37	179.16	10.29	141.95	8.15	131.27	7.54	77.59	4.46	34.02	1.95	22.22	1.16	1741.00	100.0	34.42
59年	男	155.50	13.95	76.00	6.82	127.50	11.44	149.25	13.39	155.50	13.95	136.25	12.23	114.25	10.25	90.50	8.12	75.00	6.73	27.75	2.49	7.75	0.70	1125.75	100.0	36.45
	女	136.50	24.11	69.00	12.19	48.25	8.52	76.25	13.47	77.75	13.73	71.25	12.58	49.25	8.70	23.75	4.19	12.50	2.21	2.50	0.44	0.50	0.09	566.25	100.0	31.62
	合計	292.0	17.37	145.0	8.63	175.75	10.46	225.50	13.42	233.25	13.88	207.50	12.35	163.50	9.73	114.25	6.80	87.50	5.21	30.25	1.80	8.25	0.49	1680.75	100.0	34.82
64年	男	107.25	9.97	84.75	7.88	93.00	8.65	118.50	11.02	144.00	13.39	151.00	14.04	128.00	11.90	97.00	9.02	84.00	7.81	54.25	5.04	13.75	1.28	1075.75	100	38.89
	女	66.75	11.59	66.75	11.59	50.50	8.77	66.00	11.46	86.75	15.06	87.00	15.10	74.50	12.93	42.75	7.42	25.50	4.43	7.50	2.30	1.50	0.26	576.00	100.0	35.92
	合計	174.00	10.54	151.50	9.17	143.50	8.69	184.25	11.16	230.75	13.97	238.25	14.43	202.50	12.26	140.00	8.48	109.25	6.62	61.75	3.74	16.75	1.01	1651.50	100.0	37.92
69年	男	47.08	5.36	52.83	6.02	91.17	10.39	70.42	8.02	90.33	10.29	112.33	12.80	120.92	13.78	114.75	13.08	88.17	10.05	66.08	7.53	23.67	2.70	877.58	100	42.35
	女	21.25	5.36	30.50	7.69	38.58	9.72	39.25	9.89	49.58	12.50	62.42	15.73	62.92	15.86	48.33	12.18	29.83	7.52	11.83	2.98	2.42	0.61	396.75	100	39.97
	合計	68.33	5.36	83.33	6.53	129.75	10.17	109.67	8.57	139.91	10.99	174.75	13.72	183.85	14.45	163.08	12.78	118.00	9.23	77.91	6.11	26.09	2.05	127.433	100	41.59
72年	男	42.9	4.78	54.8	6.11	93.17	10.38	92.33	10.29	77.5	8.64	104	11.59	119.75	13.34	116.83	13.02	96.83	10.79	69.08	7.70	31.25	3.48	897.5	100	42.61
	女	15.0	3.77	21.67	5.45	30.42	7.65	47.5	11.95	46.67	11.74	59.75	15.03	64.92	16.33	53.5	13.46	36.67	9.22	17.08	4.30	3.75	0.94	397.58	100.0	41.61
	合計	58.17	4.49	76.67	5.92	123.83	9.56	139.75	10.79	122	9.42	162.58	12.55	185	14.28	172.33	13.31	136.08	10.51	89.42	6.90	30.08	2.32	1295.2	100.0	42.31

資料來源: 計算自民國54年、59年、64年,勞動力調查報告及69年、72年中華民國勞工統計月報。

十五歲以上農業就業人口中在民國四十五年女性所佔的比例只有 20.2
％，到五十五年稍微增加，到五十九年增加的幅度最大，已達30.9％，
到六十四年達到最高峯33.6％，之後又大幅下降，到六十九年已降至原
來的比例，只有20.7％。這些資料顯示女性農業就業人口大量外移是在
民國六十四年以後。附錄３的資料亦支持此推論。

表 10-9　歷次普查十五歲以上農業就業人口，依性別分　　單位：千人

		45年	55年	59年	64年	69年
男	人數	1115	1094	1275	1188	1064
	%	79.8	76.5	69.03	66.44	79.28
女	人數	283	337	571	600	278
	%	20.2	23.5	30.97	33.56	20.72
合計	人數	1398	1431	1847	1788	1342
	%	100.0	100.0	100.0	100.0	100.0

資料來源：計算自45年、55年、69年戶口及住宅普查報告書，及59年、　64年戶口及住宅普查
　　　　　抽樣調查報告書。

　　此種農業勞力女性化變動的趨勢只是在農工轉型期替補男性勞力的
一種過渡現象。從農業工作的性質來看，農場上的工作相當吃重，經營
農業的利潤又不比其他行業好，我們可預期就長期觀點言，農村婦女，
尤其是年輕婦女將來投入非農業部門的比例還會再增加，農場勞力女性
化的現象很快就會消失。

　　3.農業勞力之教育程度不但偏低，而且改進的速度仍落於其他行業
之後。

　　與其他行業比較，農業勞力之教育程度仍然偏低。原來農村人口教
育程度就比其他地區低，再加上高教育程度人口大量的流入城市地區，
使農業勞力教育程度遠落於全國勞動力之後。根據歷年勞動力調查報
告，民國五十四年到七十年十月間臺灣地區的農業勞力，小學程度者由

93.5%減爲82.44%，而同期間總勞動力小學程度者則由78.19%減爲48.
05%；相反的，具大專程度者，農業勞力由0.12%增爲0.85%，而全國
勞動力則由3.9%增爲11.56%。此資料顯示農業勞力高敎育程度者增加
太慢，而低敎育程度者的比例仍佔大多數。

　　再根據歷次戶口普查資料，把農、工、服務業勞動力之敎育程度換
算成敎育指數❶加以比較，亦不難看出農業勞動力敎育改善的情形遠不
如工業和服務業（表10-10）。

　　吳聰賢根據勞動力調查報告計算農業就業人口與生產工人敎育指數
之比亦發現兩者之差距越來越大，民國五十四年之比值爲72.5，六十年
爲62.5，七十年降到53.8，顯示農業就業人口敎育程度之每況愈下（吳
聰賢，1984）。

表 10-10　臺灣地區，行業別勞動力之敎育指數，民國45-69年

	45年*	55年	59年	64年	69年	72**
農　　業	61.45	84.11	91.09	103.44	130.03	(128.93)
工　　業	—	174.17	183.51	229.06	280.43	(220.40)
服 務 業	139.64	257.82	300.41	340.06	416.04	—
平　　均	68.0	176.98	195.91	236.40	307.29	—

資料來源：計算自45年，55年，69年戶口及住宅普查報告書；59年及64年戶口及住宅普查抽
　　　　　樣調查報告書；72年中華民國勞工統計月報，72年2月至73年1月。
說明：45年、55年資料爲十二歲以上有業人口之敎育程度其餘各年爲十五歲以上有業人口之
　　　資料。
　　* 此外，45年普查有關敎育程度之分佈僅限於依就業情形（亦卽職業類別）分，缺乏
　　　有關行業別之勞動力敎育程度資料。該年農業包括農林漁牧狩獵及有關工作者，但
　　　服務工業者僅含①保安服務工作者，②家事服務工作者，③其他服務工作者三類，
　　　異於其他各年。
　**由於資料限制，72年之資料只作農業就業人口與生產工人敎育指數之比較。

❶敎育指數之計算係將各種不同敎育程度所佔人數之百分比乘以各對應之權
　數，然後相加卽得，權數之給予如下：不識字爲0，小學及以下爲1，初中
　（農、職）爲2，高中（農、職、師範）爲5，大專以上爲10，權數之來源
　見康代光等譯，Harbison & Myers 原著，敎育人力與經濟發展，正中書
　局，民國五十五年，第一章，人力資源發展的基本概念。

4.農戶人口扶養比逐漸下降

農家比一般家庭有較高的扶養比，乃是因為農家有較高的出生率，此種情形可以從六十四年以前的資料看出（表10-11），歷年來農戶十五歲以下人口所佔的比例都比一般人口高。而這兩種人口扶養比差距最大的年份為民國五十四年，其次為民國五十九年，從表中的資料亦可推知，此種差距變大的原因。農戶壯年人口比例的減少比十五歲以下人口數量的變動有較大的影響力，也間接反映這段期間農村勞力大量外流的現象。到民國六十九年農戶人口之扶養比反而稍低於一般人口，雖然這種差異不一定顯著，卻說明著一種事實，即農村人口外流的情形已趨緩和，即使從事農業的人減少了，但是卻以離農不離村的方式留下來，這是一種可喜的轉變。另一方面，在二次戰後大量出生的小孩也都已進入勞動力的階段，使青壯年人口所佔的比例增加，整個扶養比也隨之下降。

不過若比較農戶就業人口與全國就業人口增加的速率，可看出歷年來之變遷不利於農戶的地方，換句話說農戶就業人口增加率，目前仍遠落於全國之後。從民國五十四年至六十四年農戶人口年增加率為 -1.4%，而農戶就業人口年增加率為-0.5%，同一期間全國就業人口增加率為4.9%，而全國人口增加率為2.5%。再就民國六十四年至七十一年的資料觀之，此期間農戶人口年增加率為 -1.8%（全國為2.0%），而農戶就業人口年增加率為 -3.4%（全國為3.3%）❷。這種現象表示農村地區就業機會增加的速度與人口成長的速度比較卻相對的緩慢，農村以外就業機會擴展的速度也已緩慢下來。

---

❷Taiwan Statistical Data Book, Council for Economic Planning and Development, Executive Yuan, ROC, 1983, 及五十九、六十四、六十九年行政院主計處之農業普查報告書。

表 10-11 三階段年齡人口組成之變遷

	一般人口					農戶人口				
	15歲以下	65歲以上	15~65歲	總和	扶養比	15歲以下	65歲以上	15~65歲	總和	扶養比
45年	43.5	2.4	54.1	100.0	84.8	44.13	2.65	53.23	100.0	87.88
49年	44.7	2.4	52.9	100.0	89.0	—	—	—	—	—
54年	44.1	2.6	53.3	100.0	87.6	44.8	*(5.24)	*(49.96)	100.0	100.14
59年	39.4	2.6	58.0	100.0	72.4	41.76	3.07	55.17	100.0	81.26
64年	35.4	3.5	61.1	100.0	63.6	36.12	4.27	59.61	100.0	67.76
69年	32.1	4.2	63.7	100.0	57.0	30.46	5.15	64.39	100.0	55.3

資料來源：一般人口之資料計算自民國六十年，六十九年內政部編印之中華民國台閩地區人口統計。

農戶人口之資料計算自行政院主計處出版之歷次台閩地區農業普查報告。

說明：1.* 因五十四年農業普查年齡分組爲①15歲以下，②15歲-60歲，③60歲以上；故其百分比以（ ）標明。

2.由於資料來源的性質，本表所列一般人口之資料，已包含農戶人口，因此可推知農戶人口與非農戶人口在年齡組成，實際上的差異要比表中所列的數值大。

二、對變遷現象的解釋：

假如人口遷移是一種隨機的現象，那麼農業人力資源在數量上的變動並不一定會導致品質的改變，但是由前節的敍述，近三十年來農業人力資源的素質卻發生很大的改變，因此很容易令人聯想到遷移選擇性的問題。

遷移具有選擇性乃是在人口學研究領域被普遍接受的一個通則，唯至於選擇何種特徵則因時因地而異。Lee (1966)在其人口遷移理論一文中綜合實證研究的結果對選擇性提供頗爲詳細的說明，可用來解釋臺灣農業人力素質變遷的現象。

(1)遷移具有選擇性 (migration is selective)，遷移者並非原住地人口之隨機樣本。遷移所以具有選擇性乃是因爲不同的人對原住地與目的地之間的正負因素做不同的反應，且有不同的能力來克服遷移的障礙。有時候某一流向的遷移，選擇具有某種特徵的人，如年輕、高教育者（正的選擇），有時候則是負的選擇。

(2)對目的地正的因素做反應的人是正的選擇。這些人本來可以不必遷移，但是因為看到遠處的機會，衡量兩地的利弊而後遷移，如高教育程度的人在原來的地方已能過舒適的生活，但是別的地方有更好的機會吸引他，所以遷移的次數也多。

(3)對原住地負的因素反應的人則為負的選擇，若此種負的因素擴及全面的人口，則無任何選擇。就一般情形而言，在原住地社會、經濟失敗的人，往往會被迫離開，而這種被迫離開的人，往往是教育程度較低的，亦卽負的選擇。證諸國內的實證資料，農村人口外移以正的選擇居多。

(4)遷移者的特徵介於原住地與遷入地人口之間，具有不同特徵的人對原住地與目的地之正負因素做不同的反應，卽使在離開原住地以前，遷移者可能已多少具有目的地人口之特徵。正因為具有幾分目的地人口的特徵，使他們發現目的地之正面因素，也因為有幾分不同於原住地的人口，所以原住地負的因素促使他們離開。很多研究都支持此種說法，例如遷移者的生育率介於原住地與遷入地之間，教育程度亦然，如由鄉村到都市的遷移者，其教育程度高於鄉村人口，卻低於都市人口。因此，若就某些特徵而言，遷移會降低兩地人口的品質。例如就教育程度而言，高教育程度者離開原住地，使原住地的平均教育程度降低，但是這些遷移者到達目的地之後，其教育程度又低於目的地的人口，因此也使目的地之平均教育程度降低。

由第二節的資料，我們知道近三十年來臺灣農業勞力逐漸老化，教育程度偏低，且曾有一度婦女化的現象。針對上述農業人力素質的變動，以下分別說明年齡、教育和性別三個變項之差別遷移情形，藉以解釋農業勞力素質之變遷。

1. 年齡

雖然有關差別遷移的研究，很難有一致的發現，但是「年輕人比老年人更容易遷移」卻是研究者所共同接受的通則。Bogue (1953) 等人的研究發現絕大多數的遷移都集中在年輕人口，國內的研究發現亦支持此一說法 (廖正宏 1977: 151-191)。

年齡與遷移的關係可透過下列二個因素來解釋: ①家庭和生命週期, ②職業模式和經濟機會。前者指遷移行為與個人之生命週期整合, 例如婚姻結合、家人增多、家人減少、婚姻解組等均與遷移有關。後者指社會因素與地理移動的密切關係。因為生命週期和社會流動都與年齡有關, 這些因素與遷移的關係因特殊社會、經濟情況而異。此外，對經濟機會反應之遷移又視個人經由家庭和職業結構與社區整合的程度而定。

一個人離開學校到三十歲左右，這中間所經歷一連串的重大事件幾乎都與遷移有關，例如為了找工作，或不滿以前的工作想要改變工作, 或是結婚搬家。從一個人生理、心理成熟的發展過程來看，在生命歷程中，二十歲以前是職業準備階段，二十到二十五歲是職業安置的階段, 至二十五歲身心發展已趨成熟，企求在複雜多端的社會下創造自己的事業天地，一直延續到三十五歲又逐漸企圖能獲得更為安穩或固定的職業與社會地位，殆至「耳順」和「天命」之年，社會生活的評價大抵已定型，在一個地方住慣了，很少再有改變職業的可能，此種遷移的情形自然較少發生。

臺灣農業人力資源的老化除了農村青壯年人口的外移外，也有不少鄉村青年以離農不離村的方式留下來。就鄉村地區歷年來人口淨遷移的資料觀之，淨遷移率大約介於 -17‰ 與 -3‰ 之間，這表示仍有極大比例 (80% 以上) 的人口留在農村，這些留村的人口若非轉離農業就是一開始就未曾投入農業的工作，致使農業勞力缺乏生力軍，而逐年老化。

2.教育

　　不少的研究都支持教育程度與遷移成正相關的說法。一個人為了受到好的教育往往就得先離開原來居住的地方，而且教育除了可以充實知識技能、增進適應各種就業機會的能力之外，更可改變一個人的態度、期望、以及對事物的評價，再加上高教育程度者對外界的消息較靈通，這些有利的條件都促使鄉村地區高教育程度的人有較高的遷移傾向。

　　Bogue（1969:769）發現當年齡因素控制後，大學畢業生的遷移為小學畢業生的 2～3 倍，且教育程度越高，遷移率越大。他進一步指出教育與遷移的密切關係，不論是原因或是結果，不論是個人或社區，凡是教育程度高的個人或社區都有較高的遷移率。

　　Hamilton（1957）研究鄉村到都市遷移之教育選擇，發現兩種不同的類型：年紀較輕的遷移者，選擇教育程度高者，年紀較大的則相反。亦即由鄉村到都市的遷移者，年紀較大者多半是教育程度較低。而前者的遷移量為後者的數倍之多。雖然較高教育程度者移到都市去，但是這些移到都市的人，其平均教育程度仍低於原來住在都市的居民。

　　換句話說，遷移者的教育程度是介於原住地與遷入地居民教育程度之間。

　　國內有關這方面的研究亦多數支持教育與遷移的正相關（廖正宏，1977），不過也有認為教育程度與遷移沒有顯著的相關（蔡宏進，1973）或是有條件的相關（吳聰賢，1974）。其間之差異有些是方法或選用指標的不同，有些則是因討論的對象有別，儘管如此，教育與遷移的正相關乃是解釋農業勞力教育程度相對偏低所不可缺少的假設。

　　為了澄清這個問題，廖正宏（1977）曾將遷移人口分為三類，即長期外移，通勤和臨時性的季節工，分析其與教育程度的關係，結果亦獲得一致的結論，長期外移和通勤與教育程度成正相關，而季節工則與之呈負相關。

此一發現支持高教育程度的人大量離開農村或投入非農業造成農業
勞力教育程度相對低落的推論。

3. 性別

雖然 Ravenstein 在1885年時曾提出婦女比男人遷移率高，但是後
來的許多研究卻發現男性比女性有更高的遷移率 (Grigg, 1977)。性別
也許是選擇的基礎，但是在不同的社會並不一定有同樣的作用。在臺
灣，有關性別與遷移的關係亦不明確，不過大致上來說，引用個體調
查資料所獲得的結論是男性的遷移率大於女性，男性的遷移距離比女性
遠。不過若用總體資料分析，則多半發現女性有較高的遷移率。其間之
差異可能由於總體資料係源自戶籍登記而戶籍登記內女性結婚改變戶口
更換地址的頻率遠多於男性，才會有此差異。

雖然近年來婦女勞動參與率比以前提高，但是仍遠低於男性，衡諸
我國的社會仍以男性為家庭主要生計負責人的事實，則男性比女性有更
高的遷移率應是可以肯定的。附錄3的資料很清礎的顯示，從民國五十
四年到六十九年，以五年為一個階段劃分成三個時期，在任何時期的
移出人口中，男性移出的數目都比女性大，不過各個時期卻有很大的差
別。在民國54～59年間，也就是工業開始發達的時間，在移出的就業人口
數中，男性為女性的 5.4 倍，第二個時期，59～64年因受能源危機的影
響，男性農業人口移出的數目大量減少，但是女性移出的人數則增加，
此時男性移出人數已降為女性的 2.5 倍，到第三個時期，64～69年，男
女移出人數又增加，此時男女移出人數更接近，男性為女性的 1.2 倍，
這個資料足以解釋農業人力資源女性化緩和的現象。

臺灣在工業化之初，非農業就業機會增加，尤其需要費力氣的勞動
工人，負責生計的男性於是很自然的就成為被吸收爭取的對象。當時農

業機械化的情形又不普遍，在男性勞力大量外移的情況下，又要繼續經營農業，就得以女性勞力來遞補，於是產生農場勞力「女性化」的現象。到最近幾年紡織工業、電子工業、精密工業需要大量的女工，所以農村婦女大量外流，使農場勞力男女之比例又恢復土地改革時代的情況。

以上從遷移選擇性的觀點說明近三十年來臺灣農業勞力品質的變遷係由於青壯年較高教育程度的鄉村人口大量外移的結果。

三、農業人力資源變遷對農業發展的涵義—代結語

過去三十年來農業人力資源在數量上的變遷雖然曾使農忙期勞力不足的情形更加嚴重，促使農場工資上漲，但是衡諸目前我國農業就業人口佔總就業人口的比例仍高達 18.6%（日本 10.4%，美國 3.4%）的情況下，我們認爲，我國農業人口所佔的比例仍嫌太高。所謂勞力不足乃是在現階段的農業結構下農業機械化未普遍實施的結果。而且根據毛育剛、林啓淵（1978）的研究認爲這種不足是季節性發生於個別農業並非整個農業部門有勞力不足的現象。只要非農業就業機會足以吸收大量增加的勞動力，農業勞力仍會繼續外流。農業勞力繼續外流不但不會影響農業發展，反而有助於擴大農場經營規模，俾提高單位農業勞動生產力，提高生產誘因，有利於未來的農業發展。所以純就數量的觀點來看，農業勞力外流對農業發展是有利的。不過，我們所關心的是勞力品質的問題，假如所留下的勞力年紀大，教育程度又低，則很明顯的有兩點不利於農業發展的地方；第一，老年人比較保守，對於新品種、新技術的採用往往持懷疑觀望的態度，以致影響採用新技術的速度；第二，教育程度低的人對於採用新的耕作技術在能力或效果上較受限制，因而影響新技術之推廣，降低農場經營效率。因此，就農業發展的觀點，我們所

關心的是農業勞力是否繼續老化下去？與非農業勞力比較，他們的敎育
程度是否永遠跟不上？

　　先就老化的問題加以說明，根據前面的資料從民國五十四年到七十
二年之間農場勞力逐漸老化是事實，但是這種老化乃是由於年輕人口新
加入農業的比例減少，時間一久，原來的年輕農場勞力逐漸老化，年齡
大者所佔的比例加重而形成平均年齡加大。毛、林二氏觀察歷年來農業
勞力各年齡層之分佈變動情形，認爲農業勞力老化的情形雖仍會持續一
段時間，但是大約在三十年後等這些佔較大比例且年紀較大之農民退出
勞力市場之後農業勞動之平均年齡卽會迅速下降(毛育剛、林啓淵，1978
)。 假若上述的觀察是正確的話，則從長遠的觀點來看，我們對勞力老
化的問題不必太過擔憂，不過這個過渡期間至少需長達三十年，在今後
三十年內有關農業發展的措施，卻不能不把勞力老化的問題列爲重要的
考慮因素。

　　最後談到農業勞力敎育程度低落的問題， 就全國敎育發展的趨勢
看，不難預料今後農場勞力的敎育程度亦會繼續提升。年輕人普遍有較
高的敎育程度，當農業就業人口佔總就業人口普遍下降之後，年輕人從
事農業的比例「相對上」會比目前的高。

　　雖然現有的資料很難用來正確地預測未來農業勞力敎育程度變動情
形，不過就敎育發展的趨勢以及社經發展情況判斷我們可以樂觀的預測
將來農業與非農業勞力在敎育上的差距會縮小，有利於現代化農業發展
政策之推行。」

第 十 章 參 考 書 籍

毛育剛、林啓淵
　　1978　論臺灣農業勞動之「外流」、「缺乏」與「老化」問題，農復會農業
　　　　　經濟組、農業發展個案研究報告第95號，民國67年5月。

吳聰賢
　　1984　三十年來我國農業與鄉村發展，中華民國鄉村發展討論會，臺北，
　　　　　民國73年1月。
　　1970　農村青年遷徙就業之研究，中央研究院民族學研究所集刊，第29期
　　　　　，民國59年。

李棟明
　　1974　臺灣人口性狀別遷移差異之研究，臺灣文獻季刊，第25卷2期，民
　　　　　國63年6月

林益厚
　　1979　臺灣人口集中趨勢及其影響，見楊國樞、葉啓政編：當前臺灣社會
　　　　　問題，頁157，臺北：巨流圖書公司，民國68年

廖正宏
　　1977　臺灣農村勞力移動之研究，臺灣銀行季刊，頁151-191，民國66年
　　　　　12月。

廖正宏、廖敏琚
　　1979　農村勞動力供給量之分析，國立臺灣大學人口學刊，第三期。頁
　　　　　119-151，民國68年5月。

蔡宏進
　　1973　臺灣適當人口移動之研究，臺灣銀行季刊24卷1期，民國62年3月。

行政院主計處
　　　　　歷次農業普查報告書

行政院戶口普查處
　　　　　歷次戶口及住宅普查報告書

臺灣省政府農林廳
　　1983　臺灣農業年報，72年版

經建會人力規劃小組
　　1983　臺灣農業勞力移出對農業經營之影響，頁 10-11，民國72年12月。

內政部
　　1976～1983臺閩地區人口統計。民國65～72年
臺北市政府、臺北縣政府、高雄市政府
　　臺北市統計要覽、臺北縣統計要覽、高雄市統計要覽
行政院主計處
　　1965、1970、1975　臺灣勞動力調查報告
　　1980, 1983　　中華民國勞工統計月報
莊福典
　　1982　臺灣農業勞動力的過去、現在與未來，農業經濟論文集，第17集、
　　　　　頁21，民國71年。
Bogue, Donald J., Henry S. Shryock, and Siegfried A. Hoermann
　　1953　Subregional Migration in the United States, 1935-40, Vol. II;
　　　　　Differentials in Subregional Migration. Oxford,Ohio:Miami
　　　　　University.
Bogue, Donald J.
　　1969　Principles of Demography. New York: John Wiley and Sons,
　　　　　Inc., p. 769.
Firebaugh, G.
　　1979　Structural Determinants of Urbanization in Asia and Latin
　　　　　America, 1950-70, American Sociological Review, 44:199-215.
Grigg, D. B.
　　1977 E.G. Ravenstein and the "Laws of Migration," Journal of His-
　　　　　torical Geography, 3, pp. 41-54.
Hamilton, C. Horace
　　1958　Educational Selectivity of Rural-Urban Migration: Prelimin-
　　　　　ary Results of a North Carolina Study.Proceedings: Annual
　　　　　Milbank Memorial Fund Conference: 1957, Part III, New
　　　　　York.
Kuznets, Simon
　　1964 "Introduction: Population Redistribution, Migration, and Eco-
　　　　　nonmic Growth,"in Eldridge and Thomas, Population Redi-
　　　　　stribution and Economic Growth-United States, 1870-1950,
　　　　　Vol. 3. Philadelphia: American philosophical Society.
Kuznets, Simon and Dorothy Swaine Thomas

1975　"Introduction," in E. S. Lee et al., Population Redistribution and Economic Growth-United States, 1870-1950, Vol.1, Philadelphia: American Philosophical Society.

Lee, Everett S.

1966 "A Theory of Migration," Demography 3(1). pp. 45-57.

Ravenstein, E. G.

1981 "The Laws of Migration,"Journal of the Royal Statistical Society, XLVⅢ, Part 2 (June, 1885), 167-227. Also Reprint No. S-482 in the Bobbs-Merrill Series in the Social Science.

Wilber, George L.

1981 "Urbanization in Taiwan,1964-75," Journal of Population Studies, NTU, Vol. 5, Dec., pp. 1-16.

Council for Economic Planning and Development, Executive Yuan

1983　Taiwan Statistical Data Book.

附錄1: 各級產業淨生產值佔總生產值比

	農 業 (%)	非 農 業		農業／工業 (倍)
		工 業 (%)	服 務 業 (%)	
民國41年	35.9	18.0	46.1	1.99
42	38.3	17.7	44.0	2.16
43	31.7	22.2	46.1	1.43
44	32.9	21.1	46.0	1.56
45	31.6	22.4	46.0	1.41
46	31.7	23.9	44.4	1.33
47	31.0	23.9	45.1	1.30
48	30.4	25.7	44.9	1.18
49	32.8	24.9	43.3	1.32
50	31.4	25.0	43.6	1.26
51	29.2	25.7	45.1	1.14
52	26.7	28.2	45.1	0.94
53	28.2	28.9	42.9	0.98
54	27.3	28.6	43.1	0.95
55	26.2	28.8	45.0	0.91
56	23.8	30.8	45.4	0.77
57	22.0	32.5	45.5	0.68
58	18.8	34.6	46.6	0.54
59	17.9	34.7	47.4	0.52
60	14.9	36.9	48.2	0.40
61	14.1	40.4	45.5	0.35
62	14.1	43.8	42.1	0.32
63	14.5	41.2	44.3	0.35
64	14.9	39.2	45.9	0.38
65	13.4	42.7	43.9	0.31
66	12.5	43.7	43.8	0.29
67	11.3	45.5	43.2	0.25
68	10.4	45.7	43.1	0.23
69	9.3	45.3	45.4	0.21
70	8.7	45.2	46.1	0.19
71	8.7	43.9	47.4	0.20

資料來源: Taiwan Statistical Data Book, Council for Economic Planning and Development, Executive Yuan, 1983

附錄2: 歷年臺灣地區人口總數、年增加、自然增加、出生、死亡數及其比率統計表（中華民國三十五年至七十一年）

年　別	年終人口總數	人口總增加		自然增加		出生		死亡	
		年增加率%	增加指數	人口數	自然增加率%	人口數	出生率%	人口數	死亡率%
民國35年	6,090,80,	—	100.00	—	—	—	—	—	—
民國36年	6,495,099	66.37	106.64	126.879	20.16	241,071	38.31	14,192	18.15
民國37年	6,806,136	47.89	111.74	168,463	25.33	263,803	39.67	95,340	14.34
民國38年	7,396,931	86.80	121.44	207,494	29.22	300,843	42.36	93,349	13.14
民國39年	7,554,399	21.29	124.03	237,906	31.82	323,643	43.29	85,737	11.47
民國40年	7,869,247	41.68	129.20	296,124	38.40	385,383	49.97	89,259	11.57
民國41年	8,128,374	32.93	133.45	293,871	36.74	372,905	46.62	79,034	9.88
民國42年	8,438,016	38.09	138.54	296,458	35.79	374,536	45.22	78,078	9.43
民國43年	8,749,151	36.87	143.64	313,393	36.47	383,574	44.63	70,181	8.17
民國44年	9,077,643	37.55	149.04	327,098	36.70	403,683	45.29	76,585	8.59
民國45年	9,390,381	34.45	154.17	339,961	36.82	414,036	44.84	74,075	8.02
民國46年	9,690,250	31.93	159.09	314,156	32.93	394,870	41.39	80,714	8.46
民國47年	10,039,435	36.03	164.83	336,143	34.07	410,885	41.65	74,742	7.58
民國48年	10,431,341	39.04	171.26	347,406	33.94	421,458	41.18	74,052	7.23
民國49年	10,792,202	34.59	177.19	345,727	32.58	419,442	39.53	73,715	6.95
民國50年	11,149,139	33.07	183.15	346,431	31.58	420,254	38.31	73,823	6.73
民國51年	11,511,728	32.52	189.00	350,548	30.94	423,469	37.37	72,921	6.44
民國52年	11,883,523	32.30	195.10	352,516	30.14	424,250	36.27	71,734	6.13
民國53年	12,256,682	31.40	201.23	347,665	28.80	416,926	34.54	69,261	5.74
民國54年	12,628,348	30.32	207.33	338,718	27.22	406,604	32.68	67,886	5.46
民國55年	12,992,763	28.86	213.31	345,328	26.96	4'5,108	32.40	69,780	5.45
民國56年	13,296,571	23.38	218.30	302,421	22.63	374,282	28.01	71,861	5.38
民國57年	13,650,370	26.60	224.11	320,610	23.43	394,260	28.81	73,650	5.38
民國58年	14,334,862	50.14	235.35	320,179	22.72	390,728	27.72	70,549	5.00
民國59年	14,675,964	23.80	240.95	322,880	22.26	394,015	27.16	71,135	4.90
民國60年	14,994,823	21.72	246.10	309,470	20.86	380,424	25.64	70,954	4.78
民國61年	15,289,048	19.62	251.02	294,263	19.43	365,749	24.15	71,486	4.72
民國62年	15,564,830	18.04	255.54	293,466	19.02	366,942	23.78	73,476	4.76
民國63年	15,852,224	18.46	260.26	293,063	18.62	367,823	23.42	74,760	4.76
民國64年	16,149,702	18.76	265.15	292,586	18.28	367,647	22.98	75,061	4.69
民國65年	16,508,190	22.20	271.03	346,760	21.24	423,356	25.93	76,596	4.69
民國66年	16,813,127	18.47	276.04	316,4?0	19.00	395,796	23.76	79,366	4.76
民國67年	17,135,714	19.19	281.33	329,844	19.43	409,203	24.11	79,359	4.68
民國68年	17,479,314	20.05	286.98	340,658	19.68	422,518	24.41	81,860	4.73
民國69年	17,805,067	18.64	292.32	328,592	18.62	412,557	23.38	83,965	4.76
民國70年	18,135,508	18.56	297.75	325,931	18.14	412,779	22.97	86,848	4.83
民國71年	18,457,923	17.78	303.04	316,780	17.31	404,006	22.08	87,226	4.77

人口增加（期間年變動）		出生率之期間年變動	
民國35年	—	民國36年	—
35—41年	4.9%	36—41年	4.1%
42—53年	3.5%	42—53年	−2.5%
54—60年	2.9%	54—60年	−0.4%
60—71年	1.9%	61—70年	−1.3%

資料來源：摘自台閩地區人口統計，民國七十一年，P.1064

說明：期間年變動之計算公式爲 $\sqrt[t]{\dfrac{P_I}{P_o}} - 1$

t爲各期間隔年數，P_I爲計算期，P_o爲基期

附錄3: 歷年農業就業人口移出數

單位：千人

年齡	54～59年			59～64年			64～69年		
	總計	（男）	（女）	（總計）	（男）	（女）	（總計）	（男）	（女）
合 計	−350.98	−296.55	−54.43	−205.75	−147.00	−58.75	−444.67	−244.83	−199.84
15—19	−123.75	−92.73	−40.01	−140.50	−70.75	−69.75	−90.87	−54.42	−36.25
20—24	2.46	23.93	−21.47	−1.50	17.00	−18.50	−21.75	6.42	−28.17
25—29	−28.76	−40.83	12.06	8.75	−9.00	17.75	−33.83	−22.58	−11.25
30—34	−3.68	−22.77	19.09	5.25	−5.25	10.50	−44.59	−28.17	−16.42
35—39	−7.94	−25.83	17.89	4.75	−4.50	9.25	−56.00	−31.67	−24.33
40—44	−15.66	−17.57	1.91	−5.00	−8.25	3.25	−54.16	−30.08	−24.08
45—49	−27.70	−14.45	−13.25	−23.75	−17.25	−6.50	−39.42	−13.25	−26.17
50—54	−43.63	−27.57	−16.06	−4.75	6.50	1.75	−21.75	−8.83	−12.92
55—59	−47.34	−38.28	−9.06	−25.75	−20.75	−5.00	−31.59	−17.92	−13.67
60+	−45.93	−40.46	−5.50	−23.25	−21.75	−1.51	−50.91	−44.33	−6.58

資料來源：莊福典，「臺灣農業勞動力的過去、現在與未來。」農業經濟論文集（17），民國71年，p.21

附錄4：　台閩地區歷次戶口普查有關人口遷移之問項

45年普查	55年普查	59年抽樣調查	64年抽樣調查	69年普查
×	1. 普通住戶問居住現址已滿月數。	×	×	×
1. 籍別及出生地（均分為本省、外省、外國），其中本省籍加問祖籍，外省籍加問何時來臺。	2. 籍別及出生地（與45年同） 3. 一年前之居住地點（民國54年12月15日以前）居住之地點分本國（臺閩地區縣市、鄉鎮、外省、外國）	1. 只問籍別：分本國（臺閩地區、他省）及外國	1. 只問籍別（與59年同） 2. 五年前居住之地點（民國59、12、15前居住之地點）分為： (1)與現住村里同 (2)同鄉鎮市區，不同村里 (3)不同鄉鎮同縣市 (4)不同縣市（鎮名稱） (5)他省(市)（填名稱） (6)外國(填國名)	1. 只問籍別（與59年同） 2. 五年前居住地（64年12月27日前）：分類與64年同

* 附錄之資料來源包括：
  1. 民國45年台閩地區戶口普查報告書，第一卷
  2. 民國55年台閩地區戶口及住宅普查報告書，第一卷
  3. 民國59年台閩地區戶口及住宅普查抽樣調查報告，第一卷
  4. 民國64年台閩地區戶口及住宅普查抽樣調查報告，第一卷
  5. 民國69年台閩地區戶口及住宅普查報告，第一卷

附錄5：　台閩地區民國六十九年「國內人口遷徙專案調查」問項

　　行政院主計處於民國 68 年開始，每年均於十月份舉辦「臺灣地區勞動力調查」之同時，兼辦「國內人口遷徙專案調查」（調查結果登載於

中華民國勞工統計月報），以明瞭國內遷徙人口之地域交流、人口特性及遷徙原因等狀況，以供策劃社區發展、規劃人力、設計交通建設及改進戶政之參考。

調查問項，68年時有11題，69年時於原3及原4題之間增列「你住在這個地方有多久？」，以後各年問項均與69年相同。

有關人口遷移之題目，主要有「現住地」（不一定是戶籍地），「最近一年有沒有換過居住地點？」，然後就有遷徙事實的人口續問「上次住在什麼地方？」「為什麼搬到現在這個地方來住？」「上次工作的場所和擔任的職務？」「上次工作的身分」之後，對所有人口再問「未來一年內有沒有搬到別處去住的打算？」「為什麼打算搬到別處去住？」「打算搬到那裡？」

是項調查由於「甫遷離原住址之樣本甚難予以追踪，因此遷徙人數之估計有偏低可能」(68年中華民國勞工統計月報，特載：國內人口遷徙專案調查報告，p. 1)

再者該項調查之樣本係依戶籍登記簿抽取，「對於甫遷離原住地之樣本戶雖儘量以其新搬住戶為調查對象，但遷出遷入間之動機，情形容有較大差異在⋯⋯」(69年中華民國勞工統計月報，特載：國內人口遷徙專案調查報告，p. 1)

國 內 遷 徙

（69年）

姓名：			註　號
戶內人口編號：		1	
1. 性別	1. (1)□男　　(2)□女		
2. 出生年月日	2. 民前國　　年　　月　　日足歲＿＿		

3. 你現在住在什麼地方？ （指實際居住地點，不一 定爲戶籍所在地）	3. (1)□臺灣地區＿＿＿縣市＿＿＿鄉鎮市（接4） (2)□其他省市｝ (3)□國　　　外∫（停）	‖
4. 你住在這個地方有多久？	4. (1)□世居或已居住十年（含十年）以上（轉10） (2)□十年以下，有＿＿＿年＿＿＿月（一年以下 　　者換5，餘轉10）	‖‖
5. 你在最近一年內換過幾次 居住地點？	5. 換過＿＿＿次（接6）	∣
6. 你上次住在什麼地方？	6. A. 同鄉鎮市（含院、省轄市）┌(1)□同一村里非 　　　　　　　　　　　└(2)□不同村里 　B. 不同鄉鎮市（含院、省轄市）(3)□臺灣地區 　　　　　　　　　　＿＿＿縣市 　　　　　　　　　　＿＿＿鄉鎮市 　　　　　(4)□其他省市 　　　　　(5)□國外　　（接7）	‖
7. 你爲什麼搬到現在這個地 方來住？	7. (1)□因本人工作變動　　（接6） (2)□因家屬工作變動 (3)□因本人或家屬找到工作 (4)□因本人求學或畢業 (5)□因家屬求學或畢業 (6)□結婚 (7)□自購（建）房屋　　（轉10） (8)□租期屆滿 (9)□原址房屋過於狹小 (10)□環境不理想 (11)□其他	∣
8. 你上次工作的工作場所和 你擔任的職務是什麼？	8. A. 主要工作的工作場所： (1)名稱＿＿＿＿＿＿＿＿ (2)地點＿＿＿＿＿＿＿＿ (3)主要產品或業務＿＿＿ (4)從業員工人數①□1人②□2-9人 　③□10-29人④□30-49人⑤□50- 　99人⑥□100-499人⑦□500人以 　上⑧政府機關　　（接9） B. 主要工作的職務： (1)工作部門＿＿＿＿＿＿ (2)職位名稱＿＿＿＿＿＿ (3)經辦工作內容＿＿＿＿	∣
9. 你上次工作的身分是什麼	9. (1)□雇主 (2)□自營作業者 (3)□受政府雇用者　（接10）	

	(4)□受私人雇用者 (5)□無酬的家屬工作者
10. 你未來一年內有沒有搬 到別處住的打算?	10. (1)□有　　　　　(接11) 　　(2)□無　　　}(停) 　　(3)□不一定
11. 你為什麼打算在未來一 年內搬到別處去住?	11. (1)□因本人工作變動 　　(2)□因家屬工作變動 　　(3)□因本人或家屬要到外地找工作 　　(4)□因本人求學或畢業 　　(5)□因家屬求學或畢業 　　(6)□結婚　　　　　　　　　(接12) 　　(7)□自購(建)房屋 　　(8)□租期屆滿 　　(9)□原址房屋過於狹小 　　⑽□環境不理想 　　⑾□其他
12. 你打算搬到那裏?	12. A. 同鄉鎮市（含 (1)□同一村里非現址 院、省轄市）　(2)□不同村里 　　B. 不同鄉鎮市（(3)□臺灣地區 含院、省轄市）　　　　　縣市 　　　　　　　　　　　　　　　鄉鎮市 　　　　　　　　(4)□其他省市 　　　　　　　　(5)□國外 　　C. 尚未決定　(6)□不一定

附錄6: 主要中英文參考書籍

(一)中文參考文獻

毛育剛、林啓淵

　　論臺灣農業勞動之「外流」、「缺乏」與「老化」問題，農復會農業經濟組、農業發展個案研究報告第95號，民國67年5月。

李文朗

　　「臺灣都市化與人口遷移」，蔡勇美、郭文雄編，都市社會發展之研究，巨流圖書公司，民國67年，179–196頁。

李棟明

　　「臺灣人口性狀別遷移差異之研究」，臺灣文獻季刊，第25卷2期，民國63年6月，17–20頁。

林益厚

　　「臺灣人口集中趨勢及其影響」，見楊國樞、葉啓政編：當前臺灣社會問題，巨流圖書公司，民國68年。

吳聰賢

　　「三十年來我國農業與鄉村發展」，中華民國鄉村發展討論會，臺北，民國73年1月。

　　「農村青年遷徙就業之研究」，中央研究院民族學研究所集刊，第29期，民國59年，263–320頁。

　　「臺灣的人口」，人口問題與研究，臺大人口研究中心編印，民國65年。

莊福典

　　臺灣農業勞動力的過去、現在與未來，農業經濟論文集，第17集，民國71年。

黃大洲

　　「離村轉業農民之研究」，中華農學會報，新76，民國60年。

經建會人力規劃小組

　　臺灣農業勞力移出對農業經營之影響，民國72年12月。

廖正宏

　　「臺灣農村勞力移動之研究」，臺灣銀行季刊，第28卷第4期，民國66年

12月，151-191頁。

廖正宏、廖敏琚

農村勞動力供給量之分析，國立臺灣大學人口學刊，第3期，民國68年5月，119-151頁。

蔡宏進

「臺灣適當人口移動之研究」，臺灣銀行季刊第24卷第1期，民國62年3月，1-34頁。

「臺灣鄉村工業發展對緩和人口外流之影響」，臺灣銀行季刊第32卷第1期，民國63年3月，153-187頁。

劉清榕

臺灣農村回流勞力與意願之研究，國立臺灣大學農業推廣系研究報告6501號，民國65年。

謝高橋

都市人口遷移與社會適應—高雄個案研究，巨流圖書公司，民國70年。

內政部

中華民國臺閩地區人口統計。

行政院主計處

臺灣勞動力調查報告。

中華民國勞工統計月報。

中華民國農業普查報告書。

行政院戶口普查處

戶口及住宅普查報告書。

臺北市政府、臺北縣政府、高雄市政府

臺北市統計要覽，臺北縣統計要覽、高雄市統計要覽。

臺灣省民政廳

臺灣省人口統計。

臺灣省政府農林廳

臺灣農業年報。

(二)英文參考文獻

Arsdol, M. D. Van, Jr., et al.

1976 "Migration and Population Redistribution in the State of Mexico," In Smithsonian Institution. Interdisciplinary Communications Program. The Dynamics of Migration: Internal Migration and Fertility. Washington, D. C.; Smithsonian Institution, December 1976. (Occasional Monograph Series No. 5, Vol. 1) pp. 133–176.

Baker, P. T.

1974 A Study of Biological and Social Aspects of Andean Migration. Presented at Symp. Human Migration, 5th Gen. Assem. Int. Biol. Program Seattle.

Barclay, George W.

1963 *Techniques of Population Analysis*, New York: John Wiley & Sons, Inc.

Bernstein, T. P.

1977 *Up to the Mountains and down to the Villages: the transfer of youth from urban to rural China*. New Haven, Connecticut, Yale University Press.

Bogue, Donald J.

1957 Subregional Migration in the United States, 1935–1940, Vol. 1, 1957, Oxford, Ohio: Scripps Foundation.

1959 "Internal Migration, "In *The Study of Population: An Inventory and Appraisal*. (eds.) Philip Hauser and Otis Dudley Duncan, Chap. 21, pp. 486–509, Chicago: University of Chicago Press.

1969 *Principles of Demography*, New York: John Wiley and Sons, Inc.

Bogue, Donald J., Henry S. Shryock, and Siegfried A. Hoermann

1953 *Subregional Migration in the United States, 1935-40,
Vol. II, Differentials in Subregional Migration,* Oxford,
Ohio: Miami University.

Böhning, W. R.

1972 *The Migration of Workers in the United Kingdom and
the European Community,* Oxford: Oxford University Press.

1974 "Migration of Workers as an Element in Employ-
ment Policy," *New Community,* 3: 6-25.

Brody, Eugene B.

1970 (ed.) *Behavior in New Environments Adaptation of
Migrant Population,* Beverly Hills, California: Sage Publi-
cations.

Caldwell, John

1969 *African Rural-Urban Migration,* Canberra, Australia:
Australian National University Press.

Carrothers, A. P.

1956 "An Historical Review of the Gravity and Potential
Concepts of Human Interaction," *Journal of the American
Institute of Planners,* 22: 94-102.

Chang, M. C.

1979 *"Migration Selectivity in Taiwan," Journal of Popula-
tion Studies,* 3:43-68.

Corna, Robert

1983 "The Adjustment of Migrants to Begota, Columbia,"
*In Urban Migrants in Developing Nations, Patterns and Problems
of Adjustment,* (ed.) by Calvin Goldscheider, Boulder,
Colorado: Westview Press, pp. 141-184.

Coale, Ansley J.

　　1974 "The History of the Human Population," in the *Human Population*, Scientific American Inc., pp. 15–28.

　　Council for Economic Planning and Development, Executive Yuan

　　1983　*Taiwan Statistical Data Book.*

Davis, Kingsley

　　1963 "The Theory of Change and Response in Modern Demographic History," *Population Index* (October, 1963) pp. 345–366.

　　1965 "The Urbanization of the Human Population." *Scientific America*, 213(3): 41–42.

　　1972 "The Changing Balance of Births and Deaths," in Harrison Brown and Edward Hutchings, Jr.(eds.), *Are Our Descendents Doomed?* The Viking Press.

Duncan, O. D.

　　1956 "The Theory and Consequences of Mobility of Farm Population," in Joseph J. Spengler and Otis D. Duncan, *Population: Theory and Policy*, Glencoe, Illinois: The Free Press, pp. 417–434.

Easterlin, Richard A.

　　1960 "Regional Growth of Income," In Simon Kuznets, et al., *Analysis of Economic Change, Vol. II, Population Redistribution and Economic Growth*, Philadelphia, PA: American Philosophical Society.

Eisenstadt, S. N.

　　1955 *The Absorption of Immigrants: A Comparative Study Based Mainly on the Jewish Community in Palestine and the*

State of Israel, Glenocoe; Ill: The Free Press;

Eldridge, Hope T.

1965 *Net Intercensal Migration for States and Geographic Divisions of the United States; 1950-60: Methodological and Substantive Aspects.* Analytical and Technical Reports, No. 5, Philadelphia; Population Studies Center; University of Pennsylvania.

Eldridge, H. T. and D.S. Thomas

1964 *Population Redistribution and Economic Growth United States, 1870-1950, Vol, 3, Philadelphia: American Philosophical Society.*

Fair T; J; D; and R; J; Davies

1976 "Constrained Urbanization: White South Africa and Black Africa Compared," In: B; J; L; Berry; (ed.) *Urbanization and Counter-Urbanization:* Beverly Hills; California; Sage; pp: 145-168.

Farina, M. B;

1980 "Urbanization, Deurbanization and Class Struggle in China 1949-79," *International Journal of Urban and Regional Research* 4(4): 485-502;

Firebaugh; G;

1979 "Structural Determinants of Urbanization in Asia and Latin America; 1950-70," *American Sociological Review,* 44:199-215;

Friedlander; Dov;

1969 "Demographic Responses and Population Change;" *Demography,* (November): 359-381;

Gardner, Robert W.

1984 Wright Paul A. "Female Asian Immigrants in Honolulu: Adaptation and Success," In *Women in the Cities of Asia: Migration and Urban Adaptation.* (ed.) by James T. Fawcett et al., Boulder, Colorado: Westview Press, pp. 323–346.

Gibson, C.

1973 "Urbanization in New Zealand: A Comparative Analysis," *Demography,* 10: 71–84.

Goldscheider, Calvin

1971 *Population, Modernization, and Social Structure,* Boston: Little, Brown and Co.

1983 "Migration and Rural Fertility in Less Developed Countries," Conference on Rural Development and Human Fertility, The Pennsylvania State Univ., April 11–13, 1983.

Graves, Nancy B.

1984 "Adaptation of Polynesian Female Migrants in New Zealand," *Women in the Cities of Asia: Migration and Urban Adaptation,* ed. by James T. Fawcett et al., Boulder, Colorado: Westview Press, pp. 363–393.

Graves, Nancy B. and Theodore D. Graves

1974 "Adaptative Strategies in Urban Migration," In *Annual Review of Anthropology.* Vol. 3, ed. by Bernard Siegel, Stanford: Annual Review.

1977 "Understanding New Zealand's Multi-Cultural Workforce," Report to the Polynesian Advisory Committee of the Vocational Training Council of New Zealand, Wellington: Vocational Training Council.

Greenwood, Michael J.

1969 "An Analysis of the Determinants of Geographic Labor Mobility in the United States," *Review of Economics and Statistics*, 51 (2): 189–194.

Grigg, D. B.

1977 E. G. Ravenstein and the "Laws of Migration," *Journal of Historical Geography*, 3: 41–54.

Hamilton, C. Horace

1958 Educational Selectivity of Rural–Urban Migration: Preliminary Results of a North Carolina Study. Proceedings: Annual Milbank Memorial Fund Conference: 1957, Part Ⅲ, New York.

1967 "The Vital Statistics Method of Estimating Net Migration by Age Cohorts." *Demography*, 4(2):464–478.

Hannerberg, David

1957 Torsten Hägerstrand, and Bruno Odeving (eds.); *Migration in Sweden: A Symposium, Lund Studies in Geography*, Series B., Human Geography, No. 13, Lund, The Royal University of Lund.

Harris J. R. and M. P. Todaro

1970 "Migration, Unemployment and Development: a two–sector analysis," *American Economic Review* 60(1): 126–142.

Hart, R. A.

1973 "Economic Expectations and the Decision to Migrate: an analysis by socio–economic group," *Regional Studies*, 7: 271–285.

Havighurst, R. J.
1963 "Changing Status and Roles During Adult Life Cycle," In *Sociological Background of Adult Education:* Center for the Study of Liberal Education for Adults.

Hirschman, C.
1976 "Recent Urbanization Trends in Penninsular Malaysia," *Demography*, 13: 445-461.

Heide, H. ter
1963"Migration Models and Their Significance for Population Forecasts," *Milbank Memorial Fund Quarterly*, 41:56-76.

Huang, Nora Lan-Hung Chiang
1982 Spatial and Behavioral Aspects of Rural-Urban Migration-The Case of Female Movement in Taiwan, Research Report, Population Studies Center, National Taiwan University.

Hugo, G. J.
1983 "New Conceptual Approaches to Migration in the Context of Urbanization: a discussion based on the Indonesian experience," In: P. A. Morrison, ed.; *Population Movements: their forms and functions in urbanization and development* Liege; Belgium; Ordina Editions.

Huizinga, J.
1972 "Casual Blood Pressure in Populations" In *The Human Biology of Environment Change.* (ed.) D. J. M. Vorster London: Int. Biol. Programme.

International Labor Office

    1973 Toward Full Employment. Geneva; International Labor Office.

Jackson, J. A. (ed.)

    1969 *Migration*, Cambridge, U. K.: Cambridge University Press.

Jaffe, A. J.

    1962 "Notes on the Population Theory of Eugene M. Kulischer." *The Milbank Memorial Fund Quarterly*, 40(2): 187–206.

Jerome, Harry

    1926 *Migration and Business Cycles*, National Bureau of Economic Research, New York.

Kaykstha, S. L. and S. Mukherji

    1979 "Spatial Disorganization and Internal Migration in India: some Strategies for Restructuring the Space Economy and Development," *Canadian Studies in Population*; 6: 45–61.

Kubat, Daniel

    1979 *The Politics of Migration Policies*, New York: Center for Migration Studies.

Kuznets, Simon et al.

    1957, 1964, 1975, *Population Redistribution and Economic Growth–United States*, 1870–1950, Vol. 1, 2, 3, Philadelphia: American Philosophical Society.

Lee; Everett S.

    1966 "A Theory of Migration;" *Demography* 3 (1): 45–57.

Lehmann, D.

1982 "Agrarian Structure, Migration and the State in Cuba," in P. Peek and G. Standing (eds.) *State Policies and Migration: Studies in Latin America and the Caribbean*: London Croom Helm, 1982, pp. 321-387.

Li, Wen Lang

1976 "Internal Migration and Regional Development in Taiwan," in Anthony H. Richmond and Daniel Kubat (eds.), *Internal Migration: The New World and the Third World;* Beverly Hills, California: SAGE Publications Inc.

Liu, Paul K. C. and Alden Speare, Jr.

1973 "Urbanization and Labor Mobility in Taiwan," *Economic Essays*, Vol. Ⅳ, The Graduate Institute of Economics, National Taiwan University. pp. 165-177.

Lowry, Ira S.

1966 *Migration and Metropolitan Growth: Two Analytical Models;* San Francisco: Chandler Publishing Company:

Mangalam, J. J.

1968 *Human Migration: A Guide to Migration Literature in English,* 1955-1962, University of Kentucky Press, Lexington.

Mangalam, J. J. and Harry K. Schuiarzweller

1968 "General Theory in the Study of Migration: current needs and difficulties;" *International Migration Review* (New York) 3(1): 3-18;

Mannucci, C.

1970 "Emigrants in the Upper Milanese Area;" in C. J. Jansen (ed.) *Readings in the Sociology of Migration;* Oxford: Pergamon; pp. 257-267;

Moore, J. W.

1971 "Mexican Americans and Cities: a study in migration and the use of formal resources," *Migration Review*; 5:292–308.

Mosher, W.

1980 "The Theory of Change and Response: An Application to Puerto Rico 1940–70," *Population Studies*; 34(March): 45–58.

Myrdal, Gunnar

1957 *Economic Theory and Underdeveloped Regions*; London: Duckworth, 1957.

Notestein, F. W.

1945 "Population: the long view;" In: T. W. Schultz; (ed.) *Food for the World*; Chicago; University of Chicago Press; pp. 36–57.

Oberai, A. S.

1977 "State Policies and Internal Migration in Asia;" *International Labour Review* 120 (2): 231–223.

Omari; Thompson Peter

1956 "Factors Associated with Urban Adjustment of Rural Southern Migrants;" *Social Forces*; 35:47–53.

Olsson; G.

1965 "Distance and Human Interaction: A Migration Study;" *Geografiska Annaler*; 47B: 3–43.

Pahl; R. E.

1966 "The Rural–Urban Continuum;" *Sociologia Ruralis*; 6: 299–329.

Papanek, G. F.

　1975 "The Poor of Jakarta," *Economic Development and Cultural Change* 24 (1): 1-27.

Petersen, William

　1958 "A General Typology of Migration," *American Sociological Review*, 23: 256-265.

　1975 *Population*, New York: MacMillan Publishing Co. Inc.

Population Reference Bureau

　1980 "World Population Data Sheet," Washington D. C.; December 1980.

Population Reports

　1983 "Migration, Population Growth, and Development," Special Topics, Series M, No.7, September-October 1983.

Press, I.

　1969 "Urban Illness Physicians, Curers and Dual Use in Bogota," *J. Health Soc. Behav.* 10:209-218.

Preston, S. H.

　1979 "Urban Growth in Developing Countries: a demographic reappraisal," *Population and Development Review*, 5(2): 195-215.

Price, Charles

　1969 "The Study of Assimilation," In *Migration*, (ed.) by J. A. Jackson, Cambridge, U. K.: Cambridge at the University Press.

Pryor, R. J.

　1969 "Laws of Migration"?- the experience of Malaysia and other countries, *'Geographica* (Kuala Lumpur), 5:65-76.

Ravenstein, E. G.

1885 "The Laws of Migration," *Journal of the Royal Statistical Society*, XLVIII, Part 2 (June, 1885), 167–227. Also Reprint No. S-482 in the "Bobbs-Merrill Series in the Social Sciences."

1889 "The Laws of Migration," *Journal of the Royal Statistical Society*, LII (June, 1889), 241–301. Also Reprint No. S-483 in the "Bobbs-Merrill Series in the Social Sciences."

Reul, Myrtle R.

1971 "Mgration: the Confrontation of Opportunity and Trauma," In *Migration and Social Welfare*, (ed.) by Joseph W. Eaton. New York: National Association of Social Workers Inc.

Rhoda, R. E.

1979 Development Activities and Rural-Urban Migration: is it possible to keep them down on the farm? Washington, D.C., U. S. Agency for International Development.

1983 "Rural Development and Urban Migration: can we keep them down on the farm?" *International Migration Review* 17(1): 34–64.

Richmond, A. H.

1968 "Return Migration from Canada to Britain," *Population Studies*, 22: 263–271.

Riddell, J. B.

1978 "The Migration to the Cities of West Africa: some policy considerations," Journal of Modern African Studies 16(2): 241–260.

Rogers, A.

1982 "Sources of Urban Population Growth and Urbanization, 1950–2000: a demographic accounting,"*Economic Development and Cultural Change* 30(3):483–506.

Sahota, Gian S.

1968 "An Economic Analysis of Internal Migration in Brazil," *Journal of Political Economy*, 76(2): 218–245.

Sauvy, Alfred

1966 *General Theory of Population.* New York: Basic Books, Inc.

Schultz, Theodore W.

1962 "Reflection on Investment in Man," *Journal of Political Economy* (Chicago), 70(5):1–9.

Shryock, Henry S.

1964 Jr., *Population Mobility Within the United States*, Chicago, Community and Family Study Center, University of Chicago.

Shryock, Henry S.

1978 Jacob S. Siegel and Associates, Condensed Edition by Edward G. Stockwell, *The Methods and Materials of Demography*, New York: Academic Press.

Simmons, A. B.

1983 "Rural Development and Population Retention: China and Cuba," Presented at the Annual Meeting of the Population Association of America, Pittsburgh, Pennsylvania, May 14–16;

Sjaastad, Larry A.

1962 "The Costs and Returns of Human Migration," *Journal of Political Economy*, 70 (5): 80–93.

Speare, Alden Jr.

1971 "An Assesement of the Quality of Taiwan Migration Registration Data," March, Taiwan Population Studies, Working Paper No. 12.

Stouffer, Samuel A.

1940 "Intervening Opportunities: A Theory Relating Mobility and Distance," *American Sociological Review*, 5: 845–867.

1960 "Intervening Opportunities and Competing Migrants," *Journal of Regional Science*, 2: 1–26.

Speare, Alden, Jr.

1974 "Urbanization and Migration in Taiwan," *Economic Development and Cultural Change*, 22(2): 302–319.

Stockwell, Edward G.

1970 *Population and People*, Quadrangle Books, Inc.; Chicago.

Stren, R.

1975 "Urban Policy and Performance in Kenya and Tanzania," *Journal of Modern African Studies*, 13(2): 267–294.

Swamy, G.

1981 *International Migrant Workers, Remittances: issues and prospects*. Washington, D. C.; World Bank.

Tarver; James D;

1962 "Evaluation of Census Survival Rates in Estimating Intercensal State Net Migration," *Journal of the American Statistical Association*, 57(300): 841–862.

Teller, C. H.

1972 Internal Migration, Social–economic Status and Health: Access to Medical Care in a Honduran City. Ph. D. Thesis. Cornell University.

Thomas, Brinley

1954 *Migration and Economic Growth*, Cambridge: Cambridge University Press.

1959 "International Migration," in *The Study of Population*, by Philip M. Hauser and Otis Dudley Duncan, Chicago, University of Chicago Press.

Thomas, Dorothy Swaine

1941 *Social and Economic Aspects of Sweedish Population Movement 1750–1933*. New York: MacMillan Company.

Thomas, J. G.

1972 "Population Changes and the Provision of Services," in J. Ashton and W. H. Long (eds.), *The Remoter Rural Areas of Britain.*, Edinburgh: Oliver and Boyd, pp. 91–106,

Thomlinson, Ralph

1962 "The Determination of a Base Population for Computing Migration Rates," *Milbank Memorial Fund Quarterly*, 40: 356–66.

Tsay, Ching–Lung

1982 "Migration and Population Growth in Taipei Municipality," *Industry of Free China*, 57(3): 9–25;

Tsai, H. H.

1984 "Urban Growth and the Change of Spatial Structure in Taiwan," Conference on Urban Growth and Economic Development in the Pacific Region, January 9–11, Taipei, Taiwan, ROC.

United Nations

1953 *Sex and Age of International Migrants for Selected Countries*, 1918–1947, Population Studies, Series A, No. 11.

1954 *Handbook of Population Census Methods.* Studies in Methods, Series F, No. 5, New York.

1958 *Economic Characteristics of International Migrants*, Statistics for Selected Countries, 1918–1954, Population Studies, Series A, No. 12.

1968 *Methods of Measuring Migration.*

1973 *The Determinants and Consequences of Population Trends.*

1979 *World population trends and Policies 1977 Monitoring Report. Vol. 1. Population Trends.* New York, UN, (Population Studies No. 62).

1980 *Patterns of Urban and Rural Population Growth.* New York, UN, (Population Studies No. 68).

1982 World Population Trends and Policies: 1981 Monitoring Report. Vol. 2. Population Policies. New York, UN, 1982. (Population Studies No. 79, ST/ESA/SER. A/79/ Add. 1).

1982 *Estimates and Projections of Urban, Rural and City Populations*, 1950–2025: the 1980 assessment. New York, UN.

United Nations Fund for Population Activities (UNEPA)

1981 Parliamentary Conference on Population and Development in Africa. July 29, 1981;

U. S. Bureau of the Census

1968 Current Population Reports; Series P-20; No; 171; "Mobility of the Population of the United States: March 1966 to March 1967;" April 30;

Vining,D; R. Jr; and T; Kontuly

1978 "Population Dispersal from Major Metropolitan Regions: an international comparison;" *International Regional Science Review* 3(1): 49-73;

Weinberg, Abraham, A;

1961 "Migration and Belonging: A Study of Mental Health and Personal Adjustment in Israel;" *Studies in Social Life V*, The Hague; Martinus Nijhoff; pp; 265-266;

J. W. White (ed.)

1979 *The* Urban *Impact of Internal Migration;* Chapel Hill, University of North Carolina; Institute for Research in Social Science; (Comparative Urban Studies Project Monograph No; 5);

White; P; E; and R; I; Woods (eds.)

1980 *Migration;* London: Longman Group Limited;

Wilber; George L;

1981 "Urbanization in Taiwan;" 1964-75; *Journal of Population Studies;* NTU; 5: 1-16.

Williamson, Jeffrey

    1965 "Regional Inequality and the Process of National Development;" *Economic Development and Cultural Change,* 13(4): 3–84.

Wu; T; S;

    1976 "Differential Agricultural Migration and Fertility Decline in Taiwan;" Conference on Population and Economic Development in Taiwan; Taipei, Taiwan.

Zipf, George Kingsley

    1946 "The $P_1 P_2/D$ Hypothesis: On the Intercity Movement of Person;" *American Sociological Review* 677–686.

強制執行法	陳榮宗	著	臺灣大學
法院組織法論	管歐	著	東吳大學

政治·外交

政治學	薩孟武	著	前臺灣大學
政治學	鄒文海	著	前政治大學
政治學	曹伯森	著	陸軍官校
政治學	呂亞力	著	臺灣大學
政治學概要	張金鑑	著	政治大學
政治學方法論	呂亞力	著	臺灣大學
政治理論與研究方法	易君博	著	政治大學
公共政策概論	朱志宏	著	臺灣大學
公共政策	曹俊漢	著	臺灣大學
公共政策	朱志宏	著	臺灣大學
公共關係	王德馨	等著	交通大學
中國社會政治史(一)~(四)	薩孟武	著	前臺灣大學
中國政治思想史	薩孟武	著	前臺灣大學
中國政治思想史 (上)(中)(下)	張金鑑	著	政治大學
西洋政治思想史	張金鑑	著	政治大學
西洋政治思想史	薩孟武	著	前臺灣大學
中國政治制度史	張金鑑	著	政治大學
比較主義	張亞澐	著	政治大學
比較監察制度	陶百川	著	國策顧問
歐洲各國政府	張金鑑	著	政治大學
美國政府	張金鑑	著	政治大學
地方自治概要	管歐	著	東吳大學
國際關係——理論與實踐	朱張碧珠	著	臺灣大學
中美早期外交史	李定一	著	政治大學
現代西洋外交史	楊逢泰	著	政治

行政·管理

行政學(增訂版)	張潤書	著	政治大學
行政學	左潞生	著	中興大學
行政學新論	張金鑑	著	政治大

書名	著者		學校
行政管理學	傅肅良	著	中興大學
行政生態學	彭文賢	著	中興大學
各國人事制度	傅肅良	著	中興大學
考詮制度	傅肅良	著	中興大學
交通行政	劉承漢	著	成功大學
組織行為管理	劉邦邦	著	前逢甲大學
行為科學概論	徐木蘭	著	前逢甲大學
行為科學與管理	徐尚仁	著	香港中文大學
組織行為學	高尚仁	等著	香港中文大學
組織原理	彭文賢	著	中興大學
實用企業管理學	解宏賓	著	逢甲大學
企業管理	蔣靜一	著	臺灣大學
企業管理	陳定國	著	臺灣大學
國際企業論	李蘭甫	著	中文大學
企業政策	陳光華	著	交通大學
企業概論	陳定國	著	臺灣大學
管理新論	謝長宏	著	交通大學
管理概論	郭崑謨	著	中興大學
管理個案分析	郭崑謨	著	中興大學
企業組織與管理	郭崑謨	著	中興大學
企業組織與管理（工商管理）	盧宗漢	著	前逢甲大學
現代企業管理	劉平邦	著	前逢甲大學
現代管理學	劉平平	著	成功大學
事務管理手冊	新聞局	編	成功大學
生產管理	劉漢容	著	成功大學
管理心理學	湯淑貞	著	交通大學
管理數學	謝志雄	著	交通大學
品質管理	戴久永	著	交通大學
可靠度導論	戴久永	著	交通大學
人事管理（修訂版）	傅肅良	著	中興大學
作業研究	林照然	著	輔仁大學
作業研究	楊超然	著	臺灣大學
作業研究	劉一忠	著	舊金山州立大學

書名	著者		出版/學校
勞工問題	陳國鈞	著	中興大學
少年犯罪心理學	張華葆	著	東海大學
少年犯罪預防及矯治	張華葆	著	東海大學

教　育

書名	著者		出版/學校
教育哲學	賈馥茗	著	臺灣師大院
教育哲學	歐陽教	著	彰化師大
普通教學法	方炳林	著	前臺灣師大
各國教育制度	雷國鼎	著	臺灣師大
教育心理學	溫世頌	著	美國克立政治大學
教育心理學	胡秉正	著	政治大學
教育社會學	陳奎憙	著	臺灣師大
教育行政學	林文達	著	政治大學
教育行政原理	黃文輝	主譯	臺灣師大
教育經濟學	蓋浙生	著	臺灣師大
教育經濟學	林文達	著	政治大學
工業教育學	袁立錕	著	彰化師大
技術職業教育行政與視導	張天津	著	臺灣師大
技職教育測量與評鑑	李大偉	著	臺灣師大
高科技與技職教育	楊啟棟	著	臺灣師大
工業職業技術教育	陳昭雄	著	臺灣師大
技術職業教育教學法	陳昭雄	著	臺灣師大
技術職業教育辭典	楊朝祥	編著	臺灣師大
技術職業教育理論與實務	楊朝祥	著	臺灣師大
工業安全衛生	羅文基	著	臺灣師大
人力發展理論與實施	彭台臨	著	臺灣師大
職業教育師資培育	周談輝	著	臺灣師大
家庭教育	張振宇	著	淡江大學
教育與人生	李建興	著	臺灣大學
當代教育思潮	徐南號	著	臺灣大學
比較國民教育	雷國鼎	著	政治大學
中等教育	司琦	著	政治大學
中國教育史	胡美琦	著	文化大學

中國現代教育史・等

書名	著者	學校
中國現代教育史	鄭世興　著	臺灣師大
中國大學教育發展史	伍振鷟　著	臺灣師大
中國職業教育發展史	周談輝　著	臺灣師大
社會教育新論	李建興　著	臺灣師大
中國社會教育發展史	李建興　著	臺灣師大
中國國民教育發展史	司琦　著	政治大學
中國體育發展史	吳文忠　著	臺灣師大
如何寫學術論文	宋楚瑜　著	政治大學
論文寫作研究	段家鋒　等著	政戰學校

心理學

書名	著者	學校
心理學	劉安彥　著	傑克遜州立大學
心理學	張春興　等著	臺灣師大
人事心理學	黃天中　著	江大
人事心理學	傅肅良　著	中興大學

經濟・財政

書名	著者	學校
西洋經濟思想史	林鐘雄　著	臺灣大學
歐洲經濟發展史	林鐘雄　著	臺灣大學
比較經濟制度	孫殿柏　著	政治大學
經濟學原理（增訂新版）	歐陽勛　著	政治大學
經濟學導論	徐育珠　著	南康湼狄克州立大學
經濟學概要	歐陽勛　等著	政治大學
通俗經濟講話	邢慕寰　著	前香港大學
經濟學（增訂版）	陸民仁　著	政治大學
經濟學概論	陸民仁　著	政治大學
國際經濟學	白俊男　著	東吳大學
國際經濟學	黃智輝　著	東吳大學
個體經濟學	劉盛男　著	臺北商專
總體經濟分析	趙鳳培　著	政治大學
總體經濟學	鐘甦生　著	西雅圖大學
總體經濟學	張慶輝　著	政治大學
總體經濟理論	孫震　著	臺灣大學

書名	著（編）者	服務機關・學歷
數理經濟分析	林大侯	美國威斯康辛大學
計量經濟學導論	林華德	美國威斯康辛大學
計量經濟學	陳正澄	美國威斯康辛大學
經濟政策	湯俊湘	臺灣大學
合作經濟概論	尹樹生	臺灣中興大學
農業經濟學	尹樹生	臺灣中興大學
工程經濟	陳寬仁	中正理工學院
銀行法	金桐林	銀行
銀行法釋義	楊承厚	銀行
商業銀行實務	解宏賓 編著	中國文化大學
貨幣銀行學	白俊男	臺灣大學
貨幣銀行學	楊樹森	臺灣大學
貨幣銀行學	李穎吾	臺灣大學
貨幣銀行學	趙鳳培	臺灣大學
現代貨幣銀行學	柳復起	美國新南威爾斯大學
現代國際金融	柳復起	美國新南威爾斯大學
國際金融理論與制度（修訂版）	歐陽勗 等編著	政治大學
金融交換實務	李麗	中央銀行
財政學	李厚高	臺灣大學
財政學（修訂版）	林華德	臺灣大學
財政學原理	魏萼	臺灣大學
商用英文	張錦源	政治大學
商用英文	程振粵	政治大學
貿易契約理論與實務	張錦源	政治大學
貿易英文實務	張錦源	政治大學
信用狀理論與實務	蕭啟賢	輔仁大學
信用狀理論與實務	張錦源	政治大學
國際貿易	李穎吾	臺灣大學
國際貿易實務詳論	張錦源	政治大學
國際貿易實務	羅慶龍	逢甲大學

國際貿易理論與政策（修訂版）	歐陽勛等編著	東吳大學等
國際貿易政策概論	余德培著	東吳大學
國際貿易論	李厚高著	逢甲大學
國際商品買賣契約法	鄧越今編著	外貿協會
國際貿易法概要	于政長著	東吳大學
國際貿易法	張錦源著	政治大學
外匯投資理財與風險	李　麗著	中央銀行
外匯、貿易辭典	于政長編著	東吳大學
	張錦源校訂	政治大學
貿易實務辭典	張錦源編著	政治大學
貿易貨物保險（修訂版）	周詠棠著	中央信託局
貿易慣例	張錦源著	政治大學
國際匯兌	林邦充著	政治大學
國際行銷管理	許士軍著	新加坡大學
國際行銷	郭崑謨著	中興大學
行銷管理	郭崑謨著	中興大學
海關實務（修訂版）	張俊雄著	淡江大學
美國之外匯市場	于政長譯	東吳大學
保險學（增訂版）	湯俊湘著	中興大學
人壽保險學（增訂版）	宋明哲著	德明商專
人壽保險的理論與實務	陳雲中編著	臺灣大學
火災保險及海上保險	吳榮清著	文化大學
市場學	王德馨等著	中興大學
行銷學	江顯新著	中興大學
投資學	龔平邦著	前逢甲大學
投資學	白俊男等著	東吳大學
海外投資的知識	蔡雲鎮等譯	
國際投資之技術移轉	鍾瑞江著	東吳大學

會計·統計·審計

銀行會計（上）（下）	李兆萱等著	臺灣大學等
初級會計學（上）（下）	洪國賜著	淡水工商
中級會計學（上）（下）	洪國賜著	淡水工商
中等會計（上）（下）	薛光圻等著	西東大學等

機率導論　　　　戴久永　著　交通大學

新　聞

書名	著者		學校
傳播研究方法總論	楊孝瀠	著	東吳大學
傳播研究調查法	蘇蘅	著	政治大學
傳播原理	方蘭生	著	文化大學
行銷傳播學	羅文坤	著	政治大學
國際傳播	李瞻	著	政治大學
國際傳播與科技	彭芸	著	政治大學
廣播與電視	何貽謀	著	輔仁大學
廣播原理與製作	于洪海	著	中廣
電影原理與製作	梅長齡	著	前文化大學
新聞學與大眾傳播學	鄭貞銘	著	文化大學
新聞採訪與編輯	鄭貞銘	著	文化大學
新聞編輯學	徐昶	著	新生報
採訪寫作	歐陽醇	著	臺灣師大
評論寫作	程之行	著	紐約大學
新聞英文寫作	朱耀龍	著	文化大學
小型報刊實務	彭家發	著	政治大學
廣告學	顏伯勤	著	輔仁大學
媒介實務	趙俊邁	著	東吳大學
中國新聞傳播史	賴光臨	著	政治大學
中國新聞史	曾虛白	主編	政治大學
世界新聞史	李瞻	著	政治大學
新聞學	李瞻	著	政治大學
新聞採訪學	李瞻	著	政治大學
新聞道德	李瞻	著	政治大學
電視制度	李瞻	著	政治大學
電視新聞	張勤	著	中視
電視與觀眾	曠湘霞	著	公視
大眾傳播理論	李金銓	著	明尼西達大學
大眾傳播新論	李茂政	著	政治大學

書名	著者		學校
大眾傳播與社會變遷	陳世敏	著	政大
組織傳播	鄭瑞城	著	政大
政治傳播學	祝基瀅	著	政治大學
文化與傳播	汪琪	著	政治大學

歷史・地理

書名	著者		學校
中國通史（上）（下）	林瑞翰	著	臺灣大學
中國現代史	李守孔	著	臺灣大學
中國近代史	李守孔	著	臺灣大學
中國近代史	李雲漢	著	政治大學
中國近代史（簡史）	李雲漢	著	政治大學
中國近代史	古鴻廷	著	東海大學
隋唐史	王壽南	著	政治大學
明清史	陳捷先	著	臺灣大學
黃河文明之光	姚大中	著	東吳大學
古代北西中國	姚大中	著	東吳大學
南方的奮起	姚大中	著	東吳大學
中國世界的全盛	姚大中	著	東吳大學
近代中國的成立	姚大中	著	東吳大學
西洋現代史	李邁先	著	臺灣大學
東歐諸國史	李邁先	著	臺灣大學
英國史綱	許介鱗	著	臺灣大學
印度史	吳俊才	著	政治大學
日本史	林明德	著	臺灣師大
日本現代史	許介鱗	著	臺灣師大
近代中日關係史	林明德	著	臺灣師大
美洲地理	林鈞祥	著	臺灣師大
非洲地理	劉鴻喜	著	臺灣師大
自然地理學	劉鴻喜	著	臺灣師大
地形學綱要	劉鴻喜	著	臺灣師大
聚落地理學	胡振洲	著	中興大學
海事地理學	胡振洲	著	中興大學
經濟地理	陳伯中	著	前臺灣大學
都市地理學	陳伯中	著	前臺灣大學